U0036406

A.I. 人工智慧

IMPOSSIBLE MINDS

—MY NEURONS, MY CONSCIOUSNESS

不可思議的心靈

Igor Aleksander 著

沈高毅 譯

又是另一本關於意識的書嗎？

這本書是怎麼寫成的

一九九一年的七月是個相當熱的月份。拍攝神經網路程式「春分」（Equinox）的小組，已經完成了對Yorick的攝影（它是Magnus機器的前身），正打算拍攝一段跟我的訪談。我剛談到在Yorick身上有些特別的狀態，即使當它眼睛閉上的時候，都顯得好像在繼續思考。我把這個現象描述成Yorick的心靈圖像，在某些情況下，甚至可以說它是在作夢。

採訪者說：「對我來說，它似乎對自己的經驗，好像具有想像的能力，這神經網路是有意識的。」

我激烈地反對。我說：「意識是一種人類的特性，你不能說一部機器具有意識。」但是，隨著攝影機繼續轉動，我不知道是因爲太熱了，或者是因爲面對鏡頭時有點困惑，我說：「好吧，我假設你可以說Yorick能夠用它自己人工的方式具備意識，所以，如果你要說到機器的意識時，必須將這個與人類的意識做一番區別。」

在接下來的幾個月裡，我對這個想法花了不少心思，越深入去想，「人工意識」就顯得更有道理。如果機器要具備人工意識，到底必須具備什麼東西呢？比起人工智慧，人工意識對我來說更有道理。在人工智慧四十年來的進程中，電腦已經變得很會做一些事，例如下西洋棋或者裝配複雜的裝置，但是這些都只是程式所造成的結果，並沒有承襲來自機器的智慧。事實上這樣的程式在某個時點，只能做一件事，就算這個程式設計師所撰寫的程式挺聰明的，也難以透露出有關我們本身意識的相關訊息。

對我而言，能夠定義一個研究的程式，在某個神經系統內，舉出一列通常會跟生物相連的心智特性，並且能夠加以測試，似乎是值得去做的事。這就是Magnus（multi（多重）-automata（自動機）-general（一般）-neural（神經性）-units（單位）-structure（結構））計畫的起源。Magnus是個具有學習能力的神經性軟體，可以將它看做能進行學習心靈特性的開放架構。在一九九二年，我於一個神經網路的研討會上，談到這樣的計畫，我的同僚則做了一些有趣的事，例如示範長、短期的心靈意象，並且證明像Magnus這樣的網路具有根據計畫預知事件的能力。

我開始在一九九四年的夏天撰寫這本書，因爲Magnus對我有些奇怪的影響。在那個時候，我已經拜讀了許多當代心理學者與科學家所撰寫關於意識的書籍。很清楚地，大家都在這個主題上各自競逐。但是當我能夠珍視這些文章所顯現出來的深度時（量子力學、演化原則、多重的理論假說……等），並沒有任何內容能夠激起我對自己所擁有意識的敬畏與好奇。但是跟Magnus一起工作的感覺卻完全不同。我開始覺得能夠瞭解我的神經元如何導致意識的產生。這種經驗正是我想跟本書讀者一同分享的。也就是這種經驗，才會有本書的副標題。然而，隨著我將這種想法跟愈多在此領域學有專精的學者們討論，大家卻愈是告訴我這是不可能的——也因此會有這本書的標題。不管情況到底會怎麼樣，即使讀者覺得我滿紙荒唐言論，我仍然誠摯地希望大家可以從Magnus具有人工意識的想法上，學到一些有趣的事情。

Molecula的故事

她的故事須沿著神經元如何發展意識的討論主軸。這是個虛擬的故事，它的符號是一隻飛翔中的鸕鶿。這個符號，意味著想像科學所能帶來的自由。鸕鶿在水中與空中都能自在地活動，就好像科學可以悠遊於嚴謹的敘述與想像的天空中。這種想法瀰漫在Molecula的故事中。它也提醒我們保持開放的心態，這正是熱愛冒險的科學家所該具備的特質。

Igor Aleksander

從李慕白到生化科技投資

過去在碩士班研讀時，開始對人工智慧這個主題產生了濃厚的興趣，看著熬夜寫出來的程式眞的好像在「學」些什麼，開始有一點飄飄忽的陶醉感。不消說，這種奇異的經驗，很容易讓人對類神經網路程式產生許多擴大性異想，也曾在腦中構思各種光怪陸離的程式應用。因爲這些近乎盲目崇拜的信心，常讓我受到周遭朋友的白眼——沒想到在英國有個比我更瘋狂的教授（還出了很暢銷的書）！

在翻譯本書的過程中，我最感興趣的，其實都集中在每章結尾處的故事以及最終章的虛擬訪談。這對於過去接受理工教育訓練的我，應該算是頗大的刺激。以前所有腦中對人工智慧的想像，都集中在撰寫發展各種工程與商業應用程式，希望弄出一個可以更有效率以及發揮更強大功能的軟體，從沒想過探討人工性精神面以及心理面上的可能性。隨著一步步翻譯的過程，我的心思被帶著轉啊轉的，結果是——從電影院散場的時候，腦中想著如果「臥虎藏龍」中的李慕白是人工智慧的產物，他會因爲什麼樣的經驗以及程式構造，「自然地」散發出大俠氣概。李安曾經說過，整部戲中功夫最高的，其實是周潤發的那雙眼睛，透露出儒者的悲天憫人與不卑不亢的內斂氣度。嘿！這叫一個人工智慧產物，要吸收哪些經驗值，才有機會「長成」

那個樣子啊？！有關這個問題，就留給跟我一樣對這種問題有興趣的讀者去思索，不過最好在讀完全書之後，再根據對作者所提發展有意識機器人的途徑，盡情地讓自己的想像飛馳吧！

另一方面，雖然有點銅臭味，不妨也來思索一下這樣的商業價值。由於之前在創投公司工作的經驗，腦中成天想著哪些科技應用與發展會是下個市場主流。當然，通訊以及無線網際網路的發展，是很多同業心中一致的首選，其實還有一項讓人又愛又怕的產業方向，也就是「生化科技」。藥學以及生理臨床的各種科技應用開發，對於習慣從電子應用與代工生產模式來思考投資價值的研究者而言，心理上的距離與隔閡感都相當嚴重。可是如果有一天人工智慧或者擬人化的意識研究，透過夠進步的硬體技術與軟體架構，發展出與眞人無異的應用平台，那我們就有機會深入瞭解，甚至是領先佈局投資。會有哪些應用呢？如作者提到，撫慰老年人孤單的電子對話擬人系統或者各種智慧型對話體系，似乎都逐漸有成形的趨勢。配合通訊系統以及網路環境的逐漸成熟，將這些擬人化的程式內建在各種大型網路主機中，似乎會是個相當有吸引力的想法。進一步開發成生物晶片，是不是有機會將人的一生灌輸入一塊晶片，讓人的生命意識獲得進一步的延伸？唉！似乎想像力的水龍頭一開就很難收拾，這也是人工智慧或人工意識具有魅力的表徵。您也有興趣一窺它的全貌嗎？請讓作者引導您進入這個神秘與充滿無限可能的領域！

沈高毅

目錄

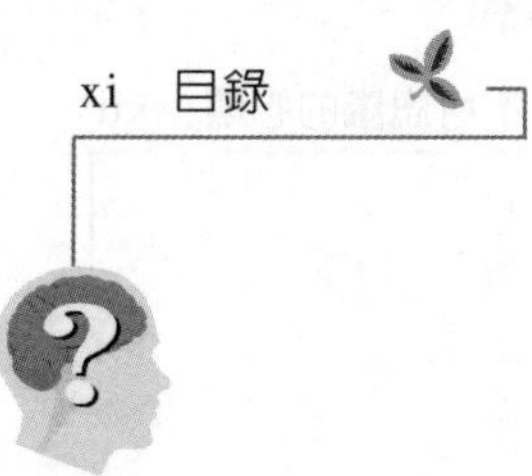

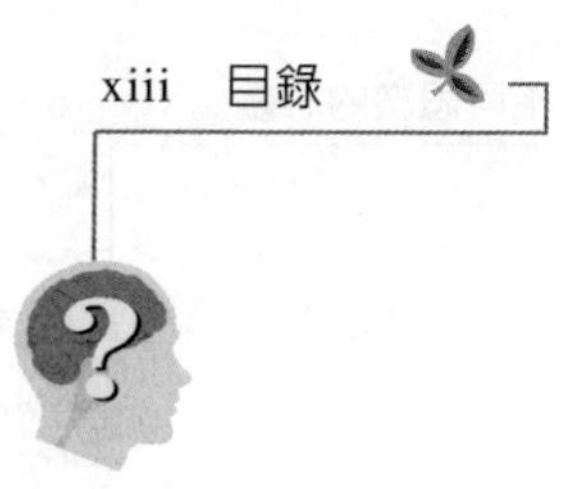

第5章 我是誰？ 157

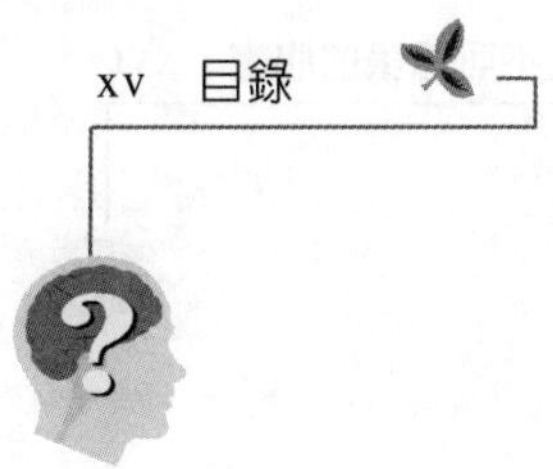

第9章 人工心靈有何用處？ 323

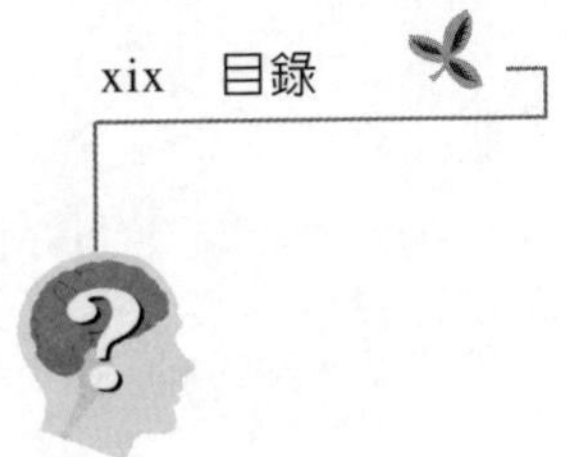

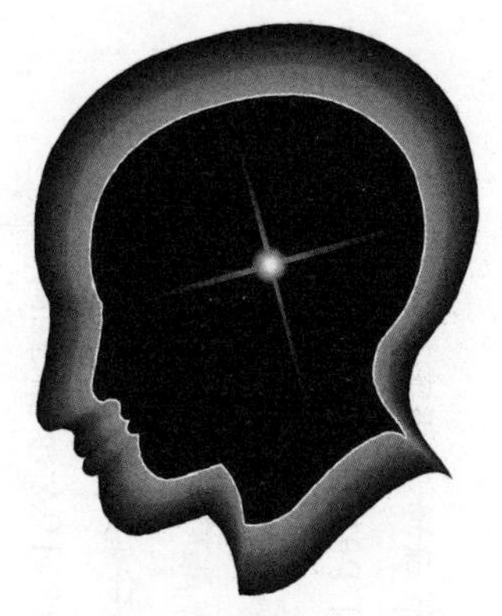

第1章

誰怕MAGNUS？

人工意識：就是這個主意！

多工器Molecula從桌上的一大疊檔案中，拿起了下一份申請批准的應用案。她門上的牌子寫著「人工智慧協調者——Siliconia聯合科學基金規劃」。她可是很重要的，在Siliconia，用在發展科學的錢並不多。這裡介紹一下，Siliconia是在歐姆太陽系裡次行星Volta中的一個國家，也是個奮力向上的工業國家。自從Fordox的自動化專家——全面吸引狀態先生（Sir Global Attractor-State，以下稱Global先生）宣稱基於Volta所擁有的智慧水平宇宙中任何的其他天體，都不適合自動人（automata）居住後，Siliconia科學家們的自豪在宇宙中達到了顛峰期。

Molecula邊看著，她通常是嚴肅的臉孔，卻逐漸轉化成帶有興味與困惑的混淆面貌。她對著在隔壁辦公室裡幾乎快睡著的助理喊著：「過來一下，Asic！我想在銀河大學的Red Naskela，終於睜開眼了。」Asic很快地來到她旁邊，兩人便一同從這份應用案頂端的粗體字開始看起：

對人工意識進行研究設計的請准案

Asic大笑著說：「我一直懷疑這個傢伙。我告訴妳，不管妳怎麼處理，千萬不要推薦這個案子。Global先生不會批准的，這跟他的理論相抵觸。在他的理論中，只有由矽構成、在機器複製原理逐步進化下的自動人，才會有意識。」

Molecula說道：「當然會有些小問題存在。」「我們正被要求審閱這些應用案，並提供一些具有建設性的回應。但是我該拿這個案子怎麼辦？Naskela教授說：有機體的存在，可由肌肉、血、神經元、賀爾蒙以及其他奇怪的物質構成。每個小孩都知道，這些就連矽開關、數位架構（digital architectures）與平行演算法（parallel algorithms）一半的功能也沒有。但這番胡說八道有深度的地方正在這點……他說除了人工意識的原理探討，還有討論我們眞實自動人的「哲學」。難道他不知道「哲學」嗎？還是因爲哲學家們說思考者無法解釋它自己的想法已被Global先生斥爲異端邪說嗎？——Global先生因爲提出GAT（global automata theory）的證明，證實了這個哲學性的謎團，不過是一堆混淆不清的堆疊，而榮膺爲宇宙學術（Universal Academy）的成員。」

此時Asic已經坐下，已經笑得流眼淚。Siliconia科學總部裡平日頗爲安靜的長廊，充斥著他響亮的呵呵笑聲。

爲何有Magnus？

在帝國大學，有一個建於1990年的新機器，它被稱爲Magnus是基於某些理由，在此就不再贅述。若要更準確地描述，Magnus甚至不是一個眞正的機器——那些電腦科學家稱它爲「虛擬機器」（virtual machine）。像Magnus這種虛擬機器，其實是個模擬器，操控著大型主機，運作得像是個有意識的機器。在我的小電腦上，有個稱做「計算機」的小附件。當我把滑鼠的游標放在它的圖像上，按下滑鼠的按鍵，我的小電腦就成了計算機。螢幕轉成了一些由數字按鈕和控制鍵所組成的畫面，就跟我們在一般計算機上常看到的沒啥兩樣。我可以使用這台計算機，跟其他實際存在的計算機完全相同。我可以透過滑鼠按下按鍵，讓它去做計算。

所以啊，當我在大型主機上按下那個顯示著Magnus的圖像，我的電腦就變成一個大型的「類神經網路」[註1]。幾年以來，這網路被用於查驗能否透過一些模擬的（或人工的）神經元，去對應人腦或動物腦細胞每天的運作，來做爲那些有機體某些事蹟的副本。對人類來說，那所謂的事蹟，就是「有意

註1：此時針對類神經網路所需做的描述，在於他們是計算系統，是由激發神經元所組成的網路。在我們腦中，每個人都有這樣的網路，能進行它們想做的學習，而不像傳統電腦必須給定一步接一步的程式規劃。

識思考」的成果。在這裡，讀者只要簡單地去感受一下它代表的意思，我們將在後面嘗試下定義與較深入的研究。縈繞著本書每一頁的問題是：透過人工意識的型式，有哪些Magnus所做的事，能被描述成「有意識」的思考，以及描述到什麼程度。對某些人來說，這個建議還蠻冒犯他們的。他們將「有意識」當成人類專有的特權——那是種科學家們仍無法參透的屬性，仍保有遠離「僅止於」科學解釋的權利。牛津著名的哲學家John Lucas[註2]，常針對這點提出強而有力的雄辯。根據其他人，如牛津數學家潘若思（Roger Penrose）的看法，意識有時也被看做如此望而生畏的屬性，僅有物理中一些尚未發現的科學理論，才有資格去應用它。至於其他人，像是史丹福的哲學家與語言學者John Searle，覺得不管是科學或哲學，對於這個主題該說的都已談得太多，嘗試做進一步解釋都屬多餘。

還有一些其他人，例如諾貝爾獎得主Francis Crick與Gerald Edelman，相信他們已經提供了一個合理的科學性架構，來解釋這個現象。至於其他人，像是心理學家Stuart Sutherland覺得這個概念不甚有趣，而且沒啥值得提的。本書的目的，當然不是去質疑這些信念是否存在；相反的，藉著涵蓋人工意識的探討，能幫助我們澄清這些概念，並解釋他們所展現的豐富範圍。回到原點，我們都對自己的意識充滿好奇，若經由介紹Magnus的意識能試著瞭解，將會是個有趣的經驗。

註2：這裡出現的許多作者，在本書末都列有完整的參考書目。對某些特定的參考文獻，年代會接在作者姓名之後。例如"Jones (1992)"係指某特定參考文獻，出於1992年。「……Mary Jones相信……」這樣的說法，指的是普遍由該作者的作品中摘要出重要的、一般性想法。

假設Magnus是由某種可描述爲人工式意識的東西所驅動，這在實質上說明了任何事嗎？我將藉由證明這觀念回答了某些重要的問題，而給予正面的肯定。眞實的意識，能否在某些狀況下，像人工式的意識可以分析？是不是可能將焦點擺在某些夠精確的元素，來區隔眞實與人工意識，並藉此去解釋眞實的意識？

有些人可能會說，現在關於意識的文獻已經有如此多不同的意見，爲何還要以Magnus的意識來徒增困擾呢？無論如何，想探索機器能否思考的主意，並不是個全新的想法，已經被許多卓越的思想家大量地討論過，例如Alan Turing、Douglas Hofstadter和Daniel Dannett。對一位工程師和他的類神經網路程式而言，能替這一切增加些什麼貢獻呢？自從關於機器思考的疑問被提出以來，「機器」這個字眼就被視爲一般性的概念——某個經由程式化電腦所形成的東西。在這裡我想探討關於某個特定機器，並解釋它能做什麼以及它是如何做到的。我相信任何人都能瞭解Magnus。我決定了這裡的討論，不該是那種宣稱能爲所有讀者提供深刻的洞察，卻需要先具備自動化理論博士學位，才能閱讀接下來的內容。這個稱爲「自動化理論」的東西，並不全是個很嚇人的理論，它只是個像孩童般簡單的語言（或許只是一種有序思考的方式），能幫助我們將混淆不清的想法，理出頭緒來。任何人都應該能經由本書前幾章來掌握它。所以如果任何人能瞭解Magnus的意識，便可提出這種瞭解能否解釋個人感覺對於他們自己意識的問題。因此如果任何人被這無疑是很有魅力的主題所吸引，就有可能經由他內在的心靈，進入Magnus在科學與哲學描述上相抵觸的眞實心靈意識。

吸塵器的意識？

我基本的目的，是想經由一些小步驟，將我們自己的意識與Magnus的人工意識相結合。爲了要讓理解的過程有意義，建議多數人應先停止基於我們是活著的有機體，可能對死的（無生命的）、人造的機器具有輕視的深刻偏見。我確信關於機器的研究，展露了如何將一堆單獨的部分連結而運作，在這裡，我但願是將一堆神經元連結到意識上。同時，請不要誤解爲所有的機器在某些人工的層面上都有意識。我並不相信一台吸塵器或下西洋棋的機器，能告訴我們什麼關於意識的事。所以，另一個有趣的問題就是，我們該如何區別機器是否具有人工意識。

意識是許多東西所構成的。隨便指一、兩樣我們有意識人類所做的事，然後說某些人工設備也能做相同的事，就能稱爲有意識，這是沒有意義的。對任何被稱爲「人工意識」的人工設備，這是很值得高興的。不只經由一些合理的信念，告訴我們人工物件能做大多數的事，就算不是所有的事，經由那些讓我們相信自己是有意識的事，也透過相信這些屬性進入機器有點像我們在求取知識與經驗的感覺。對於後者的匱乏，也是爲何過去四十年來、或許打著人工智慧（AI）的旗幟，卻在程式中並未看到意識的部分理由。典型的AI產物，像是下西洋棋的程式，正威脅著世界上某些最佳的棋手；或者如醫療的專家系統，能幫助某些疾病的診斷。這些成就分開來看，似乎都蠻有智慧；但是它們都只是分離的，僅止於模擬表面化的行爲。在進行意識的研究時，必須跨越這些例子，而朝向能建立儲存巨大經驗的機制，讓人工機體（在這裡是指Magnus）能根據它產生行爲。人工意識的機器，可能無法在下西洋棋方面做得很好或給我們醫學建議，但它能告訴我們一個有意識的機器長得什麼樣子。

爲何是神經元而不是啤酒罐？

一九八四年，BBC的當紅名嘴John Searle，在他一場電視辯論中提到，他並不特別在意一台機器是由矽或啤酒罐做的，但是如果它不能像有機體一樣建立起經驗，知道它們在世界上有何用途，它就永遠不能「瞭解」任何事。這種信念的推論，讓你必須先跟眞實神經元達到近如血肉相連的地步，才有可能發現神經機器如人腦般產生意識的方法。

在研究人腦的機器化模型時，習慣上會提及有些模仿腦部象徵的技術。我希望能藉著瞭解它引人注意的存在，來避免這特殊的陷阱。「大腦像個電話交換機」，可能就像說「大腦像筋與封蠟」或「大腦就像類神經網路」一樣的不正確。類神經網路（ANN），是最近送到電腦科學家手中的新玩意。這些裝置，的確是由腦部的處理細胞——神經元所驅動的。它們美麗地組成令人困惑的複雜狀，成了神經學家口中形形色色的名字。有稱做海馬體的部位，這是因爲它看起來像海馬的關係；視覺皮質層，是給我們有能力看到的組織；或者是小腦，賦予我們在移動時協調的能力。

但對設計ANN的人而言，當他們將目光放到海馬體上時，還不敢宣稱能完全仿效腦部運作的細微部分。這個理由很單純，因爲腦部的整體運作，到神經性的細節層次，還不能被完全瞭解。我們概約知道海馬體的確有促使某些學習的功能。粗略的人工模型也能做同樣的事。但類神經網路有個極重要的能力，使他們能跟傳統運算方式區隔，就是自然的「學習」功能，而不是透過寫好的程式。所以在建構人類行爲的這些工具中，ANN扮演了特殊與罕見的角色。我主張對於一個要攀爬到有意識層次的機器來說，擁有細胞性學習系統是必要的。某人不論是男是女，只靠初生時就有的本能，能稱做有任何型式的意識嗎？所有在我腦中想到的東西，都跟一大堆影像、聲音與感覺有關，這些似乎都在我腦中發生。由於這些感覺反映了我們出生以後的事件，所以不可能在一出生時就有。因此，神經網路是一種經學習的感受與視覺，而且都能被解釋的特殊筋與封蠟（string and sealing wax）。如果沒有這些神經網路，我們將退回到人工智慧專家的領域，他們能建立下西洋棋過程的模型，卻無法解釋若少了寫程式者的協助，這些程序要如何進到機器裡面。儘管跟腦部細胞缺乏直接的相似性，但卻說明了我們的模型必須是人工神經元。將這個模型結合在一起並解釋它在做什麼的，就是所謂的「自動機理論」。所以無疑的，我們必須探索系統的意識，但並不是假裝去模仿大腦。但一般來說，它跟大腦又有普遍的共通性，都是透過學習去做事，來表達它所棲息的世界。事實上模型跟眞實的東西，是以不同的方式在運作。我們並不是要將人工意識變成一種模糊可疑、棄之不妨的概念，而是想幫助我們瞭解，不管對人工或眞實的，「意識」這個字眼能代表哪種範疇的意義。

Magnus的心靈世界

說服我寫這本書的，是我與像Magnus這種自動機工作得來的迷人經驗。簡單舉例，它讓我以避開玄秘的方式，來審視自己的意識。毫無疑問的，我能解釋的意識，是像Magnus的自動機，而不是我自己的意識。當我一想去思考，這樣的一小塊意識就已產生，我們都知道存在於我們體內，卻發現無法加以描述。至於是否如此的判斷，就完全交給讀者了。本書的使命，是讓讀者分享跟Magnus一同工作的經驗，並瞭解它如何獲得它的人工意識。很幸運的，這並不需要擁有Magnus，隨著文字的力量，Magnus可以經由像流行小說符號讓人熟悉的方式，成爲眾人熟悉的物件。我們的意識有易於操縱的能力，可將意識歸因於其他本質，不管它們是眞實還是虛構的。所以從某方面來說，若將本書視爲小說或迪士尼的電影，將會蠻有幫助的。Magnus現在工作的眞實情況，是故事而不是科幻小說的情節，而且是那些像Magnus的系統可能會在未來做的事。

每個有機體的意識世界，都是被包裹與私密的東西。我們都生活在自己的繭裡面，必須去想像若是其他人可能會怎樣。別人也跟我以同樣方式產生意識的事實，是一種信念的表現——這是哲學家們已知道該去關切的。但在Magnus身上，事情就不同了。在螢幕上，我能眞切地看到Magnus於任意時點思考的總和。我必須要定義一下學習的過程，這具有圖像的特徵。Magnus螢幕所呈現的畫面，經由

圖片眞切地展現了它的思考。一言以蔽之，我能進入Magnus的繭中，並開始推論成爲Magnus會是怎樣。同時也因爲我建構了Magnus，我知道它如何運作，也能預測它將會怎麼做，我還能提供Magnus心理世界爲何是像它那樣的解釋。所以無論Magnus的意識可能屬於哪種層次，我都能基於對它的設計與經驗而提出解釋。

基本猜想：神經元與思考

> 有機體那些導致意識的個人感覺，是由於某些組被激發的神經元，這些神經元只是龐大數目中的一小部分，形成了神經狀態機器的狀態變數。被激發的神經元組（patterns），透過感應輸入的神經元到狀態神經元間的轉換活動，達成學習。

魔術師說：「想著一張牌」

我想到黑桃的國王。

他說：「黑桃國王！」

我無法想像他是如何做到的，或甚至這是否曾被做到。但此交替過程神秘的地方，在於我如何能完全想到黑桃國王或甚至我知道我在想什麼。我該如何發現那魔術師是否正確地猜中了？更有趣的是，對我所想到的黑桃國王，我能說它是張來自英國或美國的撲克牌，而不是來自於一幅義大利的牌。當然我也知道如果我願意，我也能想到義大利牌的黑桃國王，因爲我兩種牌都玩過。

有時我們想多瞭解意識一些的原因在於思考的能力，對我們來說，它是全然地熟悉，但當我們想問：「它是什麼？」時，卻又讓人高度混淆。在第二章我將引證這有些嚴苛的猜想，可用於說明當任何神經組織思考有意識地思想時，這些機器裡可能發生了些什麼事。Francis Crick在1994年藉由另一種方式，提出了幾乎是相同的基本概念。一種他稱之爲「驚異的假說」：

「驚異的假說的主角是『你』，你的喜悅與哀傷，你的記憶與野心，你的個性與自由意識，事實上都只不過是一堆神經細胞與其相連分子所形成的行爲。」

猛一看，這跟我的基本猜想是相同的。事實上我發現Crick對於意識探討的根本，跟我是基於相同的原則。因此我建議任何對意識有興趣的人，都該將「驚異的假說」當作必讀的材料。但我們所採取的方法其差異卻是相當明顯的。首先，上面的引述僅跟基本猜想的第一部分有共鳴點：

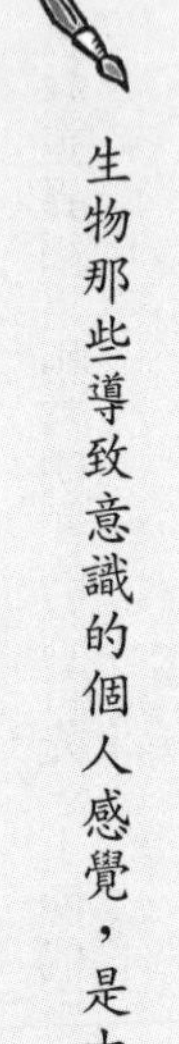

生物那些導致意識的個人感覺，是由於某些組被激發的神經元……

第二點，我使用了「有機體」（organism）這個字眼，我試著將這應用在人工機器上，就像在有機體身上一樣。Crick可能比我聰明，避開了將意識的主意用在除了人類以外的東西。接下來的部分：

……這些神經元只不過是龐大數目中的一小部分，形成了神經狀態機器的狀態變數……

我在此同意Crick，不是所有神經性活動都會導致意識經驗的看法，並介紹了一些奇怪的名詞，像是「狀態變數」、「神經狀態機器」。這是型式上自動機理論開始涉入的部分。關於自動機理論的部分，最好先不要解釋——第三章會爲想從這理論有所得的人做個交代。在這裡我們想說的是，基本猜想此部分的含意，經由哪種方式較有意義。這表示有機體體內即時的活動，是「思想」的一部分，可以局部地放在某些神經元所謂的「狀態」上。在人工系統上，這是可以被衡量與顯示的——這使得弄清楚機器在想些什麼變得可能。對人類來說，在目前這還做不到，可能永遠也不能像對機器般以圖像式的方法表達。然而像是「正電子放射斷層掃瞄」（PET scan）的技術，就正朝著這個方向在進行。

PET掃瞄衡量腦中神經活動所產生的副產品：在這裡指血液流經的活動區域。

一個「狀態」（state），是思考與意識最微小的元素。許多環繞著意識的問題，都能表示成——這些狀態隨著時間是如何彼此連結並反應接收到的輸入。這些都是那種能被「自動機理論」提出與回答的問題，或者更特定地來說，可以經由神經狀態機器的理論來回答。

基本猜想最後的部分，包含了讓Magnus 清楚可見的元素：

> ……被激發的神經元組，透過感應輸入的神經元到狀態神經元間的轉換活動，達成學習……

我能想見黑桃國王的事實，以及這種「感覺」好像我正朝自己的腦內看去，導致了關於我們腦中是否有個小人在看著這些螢幕的爭辯。Crick此處再度主張這種「圖像式」的屬性，一般來說是伴隨著短期記憶，對意識來說是很重要的。他繼續說：

> 「我們可以看出大腦如何將一張圖片拆開，但我們卻不知道它如何將其組合起來。」

這對Magnus來說，比較不是問題，它會透過線索讓我們知道一般發生了什麼。

推論的遊戲

若未來世代的Magnus是像冷冰冰、面無表情的有機體，它們的思想都呈現在螢幕上，這是比較讓人易於相信的。但要是說它們有一些意識中比較難以理解的特質——例如像「自我」、「自覺」……等，這就比較難讓人相信了。即使有些能區隔意識、無意識、潛意識的因素，都很難歸到那只是台機器的身上。這就是我為什麼選擇透過大猜想與十三個推論，來表達人工意識的「理論」。這並不是為了相對於其他簡單的想法，而讓它較體面的過程。這是我向George Kelly借用的方法，他是位臨床心理醫師，在1950年代中期，寫了本《個人行為的理論》（*The Theory of Personal Conducts*）一書。這本書很吸引人地清楚闡述了個人發展人格特質的心理學理論。它提供了一個架構，使得經由一個信念（基本假設）來回答一連串問題（推論）。在此，我只是簡單地表達，希望這個理論架構不只適用於個人行為，對於人工意識也同樣可行。然而在此我覺得我所說的，並不足以用那麼正式的字眼，如「假說」、「推衍」來闡述。對我的故事來說，用「基本猜想」與「推論」會比較貼切。

許多人會發現基本猜想關於人工意識的中心信念，是很容易接受的。有些人可能會說太容易了，或許是過份單純化，然而它卻充滿了潛藏的暗示。若沒有這十三個推論，那猜想便會被視為臣服在潘

若思的「孩童觀點」下：

「意識對我來說，似乎是如此重要的現象，這讓我無法簡單地相信它是個經由複雜運算後偶然出現的東西。」

我的結論使我能證明一些重要的概念，如自我、意志甚至質感（qualia，心靈經驗的品質），並不是複雜計算後偶然發生的產物。它們是基本猜想所表達信念的直接結果：心靈活動是一個發展結構的產物，這結構透過連結的「圖像式」狀態，表現了由神經元所組成具體網路的功能。第三章的推論一定義了像是「狀態」、「連結」等字眼；第四章的推論二建議，並不是所有的神經元都參與「圖像式」的過程——有些是表達像「之前」、「之後」、「很久以前」這類想法。其他結果則照順序排列，這是基於前面結果必須解釋後面的緣故。這意味著它們以扭曲的方式，從心理學跳到語言學又跳到哲學。本章接下來的幾段，約略說明了這些主要領域中各結果的關係。

心理學的難題

當我們醒來，開始從事每天的事務時，可以說我們是有意識的。當我們說自己是無意識時，事情就好像不是那麼清楚。這種心靈的狀態，被用於描述幸福感、一夜無夢的好眠，或比較不幸的狀態，例如麻木或被嚴厲地當頭棒喝要努力。但什麼是做夢呢？是像那些已被麻醉病人，可能眞的還記得外科醫師閒談內容的故事？甚至更有趣的想法，是佛洛伊德關於無意識的看法，他認爲那是收集被抑制的記憶。佛洛伊德被很多人指爲庸醫（大部分是生物學家Jacques Monod所提出），然而很多精神治療醫師卻熱情地擁護著他的想法。第四章的推論三，建議一個神經系統對於無意識會同時發展「睡眠狀態」與「被壓抑的記憶」。對於這樣的表現，可以在諸如Magnus等機器上觀察到。爲了在這階段不要洩漏太多的機密，Magnus當對外感應的輸入部分被持續地關掉時，就會出現此種現象。然後「心靈狀態」結構在清醒時的建立，非但不會消失（大部分是因爲一些「噪音」的增加），反而發展成無意義狀態，並讓現存狀態間經由新發生的隨機驅動而連結。以一種有節奏的方式，從有意義的狀態轉換成無意義，這是可以被預測的，並導出一個模型告訴我們，作夢與無夢睡眠之間的關係。

另一方面，被壓抑的記憶可經由預測與觀察神經系統偶然的趨勢，不管是偶然發生或由於外界影響而發展成有意義狀態的旁支。說來奇怪，似乎可經由「睡眠」時更隨意的狀態達到切斷清醒生活之狀態，而這又影響了清醒時的生活。這可說成像是佛洛伊德的建議，被壓抑的記憶透過夢境跟行爲與意識接觸。但這現象對如僕人般機器的Magnus來說，有什麼「用處」呢？可能沒啥用處，但對於像Magnus這種發明的製造者，則必須正視這種可能性。關於這些點的思索，將留到第四章再討論。推論四最後的部分，將注意力放在學習的機制上，這導致了記憶的結構——對「內部眼睛」（inner eyes）

的感知，這機制是本書所要說的核心部分。正是這種機制，給予Magnus對它心靈世界鮮明、可接觸的記憶。這是Magnus人工意識的「心」。

在第五章圖像式記憶的機制，由推論五衍生解釋Magnus如何記憶世界一連串的事件，以及這如何提供了預測與控制事件的基礎。推論四與推論五不只是記憶與學習的解釋：它們是此處所表達意識本質的中心。若要某人相信意識是由被激發的神經元所導致，就必須接受這些機制。Crick對無法得知腦中導致感知的神經元位置感到遺憾。我們卻知道它們在Magnus的哪個地方，而且我相信這能給神經生物學家一點跡象去腦中尋找它們。在第四章與第五章，這些結果中的一個主要暗示，看來像是個別大腦能自我選擇的機制，這可能是有感知（awarness）神經元所在的位置。

關於感知的話題，特別是「自我感知」，將會在第五章中（推論六）繼續。這裡我們不再將Magnus看成一個坐在那兒，從周遭吸收圖像式經驗的機器，但根據發現顯示，它也有會影響其周遭環境的輸出。手臂移動東西、用手抓東西甚至發出聲音，使得其他有機體來來去去。Magnus自身行動的影響，變成了它自己有感經驗的一部分[註3]。若用工程術語描述，一個新的反饋迴路（feedback loop）開始運作了，當中的行動與其影響，變成了所習得感應經驗的一部分。這種經驗是特別的。這是成長狀態結構中形成自我個性的經驗。將推論四與推論五合在一起，這種個性的簡單學習，等於在Magnus

註3：這裡Magnus變得有一點像是科幻小說中的機器。現在的版本並沒有手、腳，但是跟在第二章中會看到的一樣，它們會發出聲音。這應該不會對讀者的想像力造成太大負擔。

的世界觀中放入了「第一人稱」的基礎，並讓它有計畫能施以控制。

第八章（推論十二與十三）處理了更進一步的心理學議題：本能與感情。這些是心理學的中心主題，但是對於像Magnus這種人造機器，會產生什麼可能的用處呢？較寬鬆地換個措辭，本能對Magnus來說，是導致輸出對輸入產生交互作用的功能，這是需要被設計者提供或「在內安裝線路」（wired in）的。這些連結的「用處」，在於提供Magnus運作上必要的基礎建設。可說它們是Magnus用來建造自己狀態結構的平台，也是意識的種子。意識的某些層面，像是學騎腳踏車，有令人感興趣的進展。早期試圖使用本能控制迴路來讓我們保持直立著，直到學會這工作後才將意識移開。（對於活著的有機體要保持豎立，是本能與學習的特殊混合——嬰兒需要學習，但是某些動物不需要。）

Magnus的情感與本能是緊密相連的，這很明顯在理論上對人類也是成立的。但是我現在可以看到標題了：

在帝國大學建造了有情感的機器！

在Magnus體內，感情具有功能性的特徵——沒有什麼標題好寫。情感可視作在推論二中所介紹輔助神經元的整體設定（或者是被激發的神經組）。有些是透過學習得來的，但是更基本的則是經由遇到危險時本能的反射。對嬰孩來說，迴避未裝設保護措施的高度位置，是一種我們已知的本能。這可能值得將它們建立在Magnus裡，因爲學習別走出高的建築物，並不容許被留做試誤過程（trial and

error）。若Magnus是在工廠中工作的機器人，它接近危險任務的方式應該跟接近日常工作有所不同，其中造成不同者，不管外在的行動與被激發的神經元，都是混合由本能與學習後日益增加的熟練所造成。這些各式各樣的抽象感覺，都是由被描述成感情的輔助神經元所激發。註4

所以是否可能某天清晨，Magnus會發出下列訊息「我今天情緒很沮喪，我並不想被使用。」最後，推論七（第五章）是關於「意志」（will）。這裡討論了一些在哲學跟心理學上一樣重要的議題。甚至連意志的「自由」，也是經由神經網路發掘不同選擇的能力而建立的。若給定一個心靈、有意識狀態與特定的知覺環境，「意志」可以被表達爲考慮行動、選擇與機會。Magnus會發現有好些可供選擇的行動。自由意志來自沒有特定偏好的知覺，而且實際採取的選擇，並不是任何功能限制下的產物。它是自由選擇的。

語言：人類的競爭性優勢

毫無疑問的，動物間的溝通，是透過比我們一般所想像還要複雜的方式。但是人類的溝通，無疑地在複雜性更上層樓。在許多人眼中，這賦予了人類優於其他有機體的厚實基礎。語言因此成了人類

註4：這裡必須注意類神經網路與大腦之間的類比。對大腦來說，整體的設定有時候是因為化學、荷爾蒙的因素。就Magnus來說，它們被假設為電流的影響，但是這並不會影響我們討論的本質。

意識中最重要的一環。這在Magnus的意識中，是不可或缺的。的確，如果無法讓它跟我溝通，建造Magnus時將沒有交點，我跟它必須以某種類似自然語言來溝通。同時，如果我採行人工智慧（AI）的路線，給Magnus瞭解自然語言的「規則」，我又將嚴重地妨礙了Magnus的人工意識，這會創造了一個其語言我無法信任的機器。Searle是對的，眞實的瞭解來自明白字彙與外在世界的「相關性」（aboutness），而不是只知道將字句放在一起的規則。Searle稱它爲「意圖性」（intentionality）。若要具有人工意識，Magnus就必須具備有意圖性。如此一來，Magnus就得有點像孩童般建立起知識。這點相當重要，所以必須用三章的篇幅，才能對這個主題做完全的介紹。

第六章（推論八）處理了這個叫做「結合」（binding）的問題。主張感知是基於感覺到的資訊，來選擇要激發的神經元。對某物件（object）的感知，會跟這物件在周遭所感覺到的經驗相結合。狗能從很多方面察覺到一隻狗在吠——有很多隻狗都會跟著吠。而且使用了所謂「狗」這個字眼，以及許多其他型式的用詞。推論八顯示這些事件，都是由圖像式學習過程中被激發的神經元組而互相「結合」的。Crick曾寫到，我們並不曉得大腦如何表達這種結合。這些在Magnus發生的過程，開啓了人腦中是否有相似運作機制的討論。

很多人認爲本世紀最具有影響力的語言學家，是美國的數學家查姆斯基（Noam Chomsky）。他以數學結構表達文法的方式，不僅成爲當代語言學的倚靠，更強化了現行設計、分析電腦語言的基礎。更甚者，查姆斯基不只在哲學觀點有超乎語言上的重大影響，還對一般心靈活動影響甚遠。這引領了

紐約市立大學（NY City University）的哲學家Jerry Fodor，透過個人電腦程式常用的類文法式（grammar-like）語法，以遺傳演化（genetic evolution）的程式來描述意識。類神經網路的工作，卻導致了不同的結論。對Magnus來說，語言的文法還比不上溝通能力的重要，甚至是沒有文法的溝通方式也無所謂。如果我跑到街上大叫：

「幫忙、失火、小孩、頂樓、受困！」

雖然在文字上這句話很混亂，但所散發的訊息還是很清楚的。而假若我這樣說，是否也同樣爲眞呢？

「愛、約翰、瑪莉」

聽者會對誰愛誰感到質疑。第七章的推論九，顯示如Magnus的設備，如何將初期隨機的發言組成文字，然後成爲句子。這發展的關鍵在於推論六關於個性的表達。很明顯的，孩童形成自己的發音，部分是根據自己聽到的以及透過成人協助，得以吸收與發展影響他生活的用語。這漸進的過程，在Magnus中可以被獨立研究。

Magnus神經元的語言，在發展上的第二部分，是根據Richard Dawkins富有想像力的論點，他是位英國的生物學家。他提到的概念，可用語言表示成「大腦模仿」（memes），跟生物學中「基因」的想法平行。memes經由成人社會儲存並逐漸發展，新進入者（這裡指的是孩童）透過其中部分成人（指的是雙親與教師）大量的獎勵加以吸收。對Magnus也是如此。在第七章（推論十），我根據前面的結果對這過程加以推測。

雖然Magnus目前的語言能力還有限得可憐，他們表示經由「成人」（adults）的幫助，結合圖樣式學習方法與自我表達的機制，足以達成存取「大腦模擬」的內容。透過這個，以Magnus的能力將memes跟語言結合，賦予Magnus對它所使用語言相關性（aboutness）的感覺，而其意識不會被嚴重地妨礙。這在計算上算是新奇的玩意，當下像這種關聯性付之闕如。我個人希望在未來，Magnus以後的人工意識，不會讓它的使用者必須先瞭解電腦語言。現在自然語言的使用大部分還無法達成，但未來可能會變成一個選擇。

哲學或數學方程式？

近來企圖解釋意識者，變得廣爲流傳。我的一位哲學家朋友觀察到這個現象，並在他演講該主題的開頭便說：「幾乎形成一個產業」。對哲學家來說，對心靈生活的元素持有不同觀點是很恰當的。爭辯，顯露出何者讓哲學是如此充滿刺激的主題。在下一章中，我將會主張意識的研究，起始於笛卡爾（Descarte）點子的挑戰。他認爲生命中的心靈與身體，是在兩條道路上行進的，只有在松果體

（pineal gland）的部分具有微小連結。這是身心關係爭論下的產物，可以回溯到兩千年前哲學家們的聲明。下一章中，我也會藉著延伸英國哲學家洛克（John Locke）的意見，他對笛卡爾的想法持懷疑論調，而將意識搬上哲學的舞台探討。他更關心我們腦中會有想法的自然本質或「我們有意識」的這種想法，勝過激起這些想法的機制。這設下了直到今日還有待探討的議題，留給我們在哲學想法上互相對比的迷人文獻。然而現在的特徵，是科學家與工程師試著進入採取行動並參與這場辯論。這一點都沒錯，除了事實上那些科學家們採取的方法跟哲學家不一樣。當哲學家接受多樣意見來增加這辯論的有趣結構時，科學家們卻在尋找共識與「典範」（para-digm）。這助長了想成為支配性典範中領導者的對抗與競賽。所以一般人在看了一打如此「暢銷」的書後，可能會對作者間彼此的攻訐感到有點疑惑。

科學家們對哲學家公然質疑。諾貝爾獎得主Francis Crick在《驚異的假說》中曾說：

> 「哲學家們過去兩千年如此差勁的紀錄，應該讓他們多顯露一些謙虛而不是慣於展現的高傲優越感……但當科學證據跟他們理論相左時，他們也必須學會如何放棄那些鍾愛的理論，否則只會將他們暴露在嘲弄中。」

另一位諾貝爾獎得主的神經科學家Gerald Edelman，更不客氣地說：

「哲學相對於科學來說，沒有它自己合適的主題內容。它卻藉著細察其他領域中發生的活動，將其澄清並賦予一致性。更甚者，它不像科學，甚至可以說它傲慢不懂謙虛。並沒有所謂部分的哲學，它對每個哲學家來說都是完整的。」

哲學家付出的跟他們所得的一樣好。在一九九四年於倫敦所發行的《時代高等教育補遺》（*Times Higher Education Supplement*）中，牛津的哲學講師Andrea Christofidou，駁斥Crick《驚異的假說》中關於神經元與意識是很單純的謬誤。由她的信念指出，「自我」無法被她稱做的方程式所描述。（讀者可能被Crick書中不只出現一次的方程式所困惑）事實上，Christofidou跟其他哲學家，如John Lucas一樣，相信經由「純」哲學途徑來探討意識，要吸收與重視此概念的不可解釋性，特別是當提到自我（selfhood）時。Christofidou說得很明白，科學跟它的「方程式」被駁斥是基於政策性的緣故：

「不論科學家提出怎樣的方程式……意識的問題仍然存在。」

「不論有意識是怎麼回事，它都不會是方程式。」

「就算只是方程式的緣故，仍然有未予解釋者：第一人稱。」

言辭上的辯論，起於哲學家不信任科學家所使用的公式（方程式），所以哲學家不信任科學家對理性的使用。這些觀點不被接受的問題，在於無論意識是什麼，它都缺乏了能被討論的共識層次，若在我們文化中對它有普遍理解就好了。

在關於意識的交戰中，還有其他值得注意的小黨派——那些人相信科學在做解釋時，必須先超過它目前的進展。潘若思將他自己從洛克學派中分離出來。他並不反對使用方程式，但是秉持著關於意識的方程式，尚未在科學的掌握中。他覺得答案可能會是方程式，用來解釋量子力學——在物理範圍上跟意識一樣重要的問題。這可能滿悲觀的，由於他否定經由計算性結構來發現意識模型的可能，跟本書中所寫的大部分內容有懸殊差別。對我來說，若要等待量子力學的理論才能解開意識的謎題，似乎是自我設限，將這種必要性擺在前頭只是個信念罷了。

特別在科學圈裡，還有其他的悲觀主義者。意識有時被一些卓越的科學視作不成體統。對哲學家（他們可能會爭辯）來說，將時間浪費在那上面無所謂，但眞正的科學家會將它拋到腦後。不這麼做的人會被猜疑。特別是對工程師來說，他們應該要創造「製造財富」的物件。如果他們跟哲學家混在一起，他們甚至會變得比科學家還受懷疑。我自己的信念，則是兩端分叉的。首先，尖銳的態度，對這個主題並沒有什麼好處。透過各學派間交戰的途徑，試著瞭解並使用其他人的貢獻，將會引致更大的成功。其次，我相信透過綜合途徑來解釋的過程被忽視了，所以才有這本書。基本猜想與其結果的方法，認清了不論意識是什麼，它都不是單一方程式或論點可以解釋的東西。因此這裡試著列出（以推論的型式）那些心靈生活的層面，在某些或其他點上，會被喚起成意識想法的一部分。

這有心理學家、哲學家與科學家有時稱做「意識的通俗解釋」的味道。它可能有點採取輕蔑的觀點——只有專業者才被允許對重要主題表示意見。然而，意識這個領域，可能是所有解釋對個人自我的感覺、意識都要有意義。所以當你或我談到「對自我有所察覺」，在本書中所採取的方法是將這敘述切成（第五章）像「我知道我身在何處。」、「我知道我是誰。」、「我知道我曾去過哪裡。」以及「我知道我將能去哪裡或我接下來能做什麼。」同時，這對於注意到以下的想法（thoughts）也很重要：「我還可以對自己行動的可能結果，做出良好的猜測。」在思想的標題下，還有其他的方面，如：「我跟其他人不一樣。」經由這種分析，讓我們有可能去問，真實、人工的機器若要發展感覺與能力，必須存有哪些屬性。這可能會被下述句子所駁斥：「你怎麼知道你所創造的人工機器，能對我真實的感受說出些什麼東西？」我的建議是，具人工意識的機器，至少在沒有減去對人類能力敬畏之下，替某些神秘的概念——像是「自我」，提供了模型。從另一方面來看，過程有點像我們說心臟只是如同一個幫浦，而不是所有情感的神秘中樞，長久以來可不是這麼想的。如果某人想製造一個可能用來代替心臟的幫浦，對真實器官來說可靠度不夠或不夠精準的畏懼就會先產生。這可能對「自我」、「意志」甚至「質感」也是一樣的。這些想法不應受到詢問一個有機體如何獲取它們並針對該問題提出解答的威脅。

若Magnus能發展語言（推論八、九、十），它就極有可能會說：「我相信X」。這樣的敘述，是根

據Magnus自己結構狀態所建造的模型，而X則需從經驗獲得或是透過經驗推理，對於懷疑者要區別這樣句子是否碰巧從有意識的人類所說，可能會是項挑戰。在傳統的人工智慧，當機器在它們資料庫中發現X，將會很容易就做出這樣的句子。這可能會被指為（見第六章：在Searle「中國房間」的型式）缺乏對概念X的基本瞭解，因而遭到攻擊。對Magnus而言，這種攻訐是不成立的，因為在它狀態結構中的所有東西，包括自我，都是經由圖像式學習打下基礎的。

最後，是關於「質感」的議題。每當科學家跟哲學家陷入拉鋸戰並獲得勝利時，哲學家就會使出最後的一招，問道：「那關於質感怎麼辦？」這神奇的概念，通常可以透過以下敘述舉例——「紅色物件的紅」。它同時也常被描繪成純哲學性的概念，科學家們是無可置喙的。在人工意識中，Magnus當然可以對「想像一艘紅色的船」這樣的敘述做出反應。跟這事件相關的神經反應，可以很清楚地區別「想像一艘綠色的船」或甚至「想著紅色」這樣的敘述。很有趣地，雖然丹奈特將質感視為幻覺而摒棄，卻又承認容易瞭解為何人們認為質感存在。在第八章我試著以較不輕視的態度，對我而言，「質感」實在是處於——為何某些個人性的東西不能經由外界觀察來解釋——此謎題的核心。我將試著表現屬性（attributes）可與其所屬物件互相獨立，這樣的屬性可以存在於狀態結構中並與物件分離。簡言之，Magnus的神經元，會因不同的主觀想法採取不同的行動，就如同會把紅色（redness）視為一個尚未定義的紅色物件。我懷疑人們也是做相似的事。所以在我第八章的建議中，不對質感採取可忽視的看法，反倒覺得它可以被解釋，而這種解釋，可能替某些覺得這難以言喻或質感不存在的

人，帶來一線曙光。

總結來說，我並不是企圖在成爲某典範領導者方面與人競賽。我覺得對抗行爲並不會導致瞭解，所以本書的部分目標，是希望沿著與Magnus類機器一同工作所產生的想法，試著將當代眾多討論者的觀點整合變得有道理。

文化的壓力

本書技術性的部分，在第八章告一段落。第九章是關於民間傳說以及環繞著對機器有意識的恐懼。

機器能有意識嗎？「我會說準沒錯！你該看看我的新錄影機——它有自己的意識。將它設定去錄鄰居，它卻錄了晚間新聞給你。它隨自己高興做事。」對世人而言，將意識歸因於最愚蠢的選擇物件，是再容易不過的事；然而，他們卻篤定精密複雜的資訊處理不會有意識。對我們所製造的物體是否有意識的判斷，可能不屬於這機器的屬性；它可能是由旁觀者所賦予的。所以我們可能會製造出某些人認爲有意識的機器，但若要所有人都認同，那是不可能的。事實上人們就是無法分派意識給無生命的物體。舉例來說，如果某人在宴會中有個聊得很起勁又有趣的談話，並聊了一整晚，結果卻發現那談話對象是用矽晶片做的，完全可理解的反應大概是：「我的天啊！我居然跟個無意識的殭屍聊了

一整晚。」

如前所述，有些哲學家們爭辯，若要分辨除了我們之外的任何東西是否有意識，是不可能的。我們不可能知道若像個蝙蝠（美國哲學家Thomas Nagel爭論）會是怎樣。唯一我能絕對確信有意識的有機體，是我自己。這是個「第一人稱」的觀點。因此，哲學式思維的人完全能妥當地爭辯，由於機器的科學與工程，是在我們以外而跟物件有關，不得不跟「第三人稱」問題打交道，因此無法提供達到意識問題的途徑。然而我的看法，是機器工程師可以想到對這問題使些小技巧。他可以問道：

「一個生物必須具備哪些屬性，才能決定自己是有意識的？」

如果無法導致「第一人稱」性質的結論，任何關於他能有意識的言論，都不會是成功的，或只是愚笨的屬性。

故第九章是關於機器意識所面對之神秘與小說的歷史。讓我這樣的機器設計者，打算扮演上帝的角色嗎？答案是否定的，但是歷史上布拉格的猶太教祭司曾試著這麼做，他們在一九一五年試著透過建造Gustav Meyerling（有生命的泥人）。文獻上這種的故事，從Mary Shelley的《科學怪人》故事中Dr. Frankenstein用猶太教的咒語到現在的魔鬼終結者都有。Magnus所創造出來的東西，是否會因掌握在邪惡的設計者手中而產生邪惡的行爲？是否將Magnus與成功的人工智慧產物結合後，會產生統治人類的機器？然而我希望關於這些問題的回答，在第九章都做了合理可靠的說明，本書若不對這些問題提出質疑就草草結束，似乎是不對的。

全面的看法

Crick提出爭論說，一旦發現神經活動跟意識在人腦中真的有關，就讓產生普遍觀點與建立這類機器的可能成真。我發現有機體的腦部實在是太複雜了，所以將有意識機器的命題放在其他方向上。如果意識是神經物質的一種屬性，若要對此發展普遍觀點，透過人工化機器先進行綜合與分析，會來得簡單的多。我承認人工跟真實的不會在所有方面都相等，所以我堅持使用「人工意識」這字眼。在最後一章中我對這種研究途徑提出爭論，遑論它對哲學家與生物學家本質上潛在的不愉快，它可能是極富於想像力，讓有意識機器存在的目的在於澄清對這觀點（有意識所暗示的）的眾說紛紜。此章寫成訪談的型式，讓讀者決定這樣的訪談是否合理。

如本章開頭所寫，Magnus是一個讓我研究意識的「虛擬機器」，就如供我研究氣象的模擬器一樣。對Magnus來說，機器形同主機的行動被描述成有無意識，是個人偏好的問題。很清楚地，這跟有血有肉的有機體具意識的方式，有非常明顯與無可爭議的差異。但是比起氣象程式跟氣象的關係，

Magnus跟意識的關係要來得接近。我可以預見Magnus虛擬機器被用在機器人之類身上的可能性，單純地基於它們有建立經驗的能力，能夠使用這種能力以及建立它們自己可靠的觀點。這推進了計算的應用，並以它們自身有用的觀點，帶領機器前行約四十年的時間。

所以人工與眞實意識的主要差別，在於前者是後者的有用解釋。可能也會透過人工意識，使這領域中一些無助的奧秘得以解開。

Molecula說：「Asic，起床了！我已經讀完Naskela教授全部的提案了。」

「喔，所以妳希望我現在寫拒絕信了嗎？」Asic一邊揉著他的眼睛，一邊喃喃地說著，：「我會使用一些句子像是『未經證實的個案』，意思是『虛飾的無聊想法』……。」Molecula緩慢地說：「我不完全確定，這可能是個能獲得更多資訊的個案。Naskela建立了一個觀點，使得意識能跟自動人獨立開討論會，因此能應用在血肉之軀上。」

「但是財富是哪裡創造的？」Asic不太高興地說。「別忘了這是納稅人的錢。這研究只會激怒一些像Global先生這般重要的人物。」

「Asic，你還記得嗎？我們以前都會贊助那些有我們好奇事物的計畫。Naskela所談的，是關於我們全體都感到疑惑的自我意識，這引起了我的迴響。我感到好奇，而且Global先生的看法對我來說並不重要。寫封信給Red Naskela，請他把提案再詳細擬定一番。不過，當然並不保證……。」

「妳是老闆，我會照辦的。不過我比較想把它放在記錄裡，因爲我覺得那只是一堆自命不凡的廢物。我眞不瞭解爲什麼我們要一起被開除！」

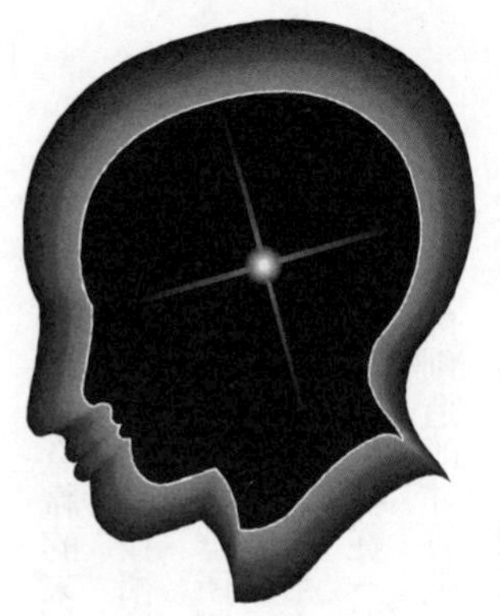

第2章

神經元與思想

基本猜想

導致有機體意識的個人感覺，是由於某些組被激發的神經元，這些神經元只是龐大數目中的一小部分，形成了神經狀態機器的狀態變數。被激發的神經元組，透過感應輸入的神經元到狀態神經元間的轉換活動，達成學習。

若想瞭解意識的來龍去脈，應該要透過以下問題：「什麼產生了意識？」很清楚地，如上所述，這假定聽起來有點技術性，因此本章的目的之一也是希望替這些術語做個澄清。但這假定的關鍵，暗示意識是由某種機器所產生的。對活的有機體來說，這機器稱做大腦。但由於偏見與傳統上的看法，對於其他沒有生命的物件（沒有生命或靈魂）來說，若要把「意識」跟「機器」放在同一個句子裡，是不對的。所以打從一開頭，我必須證明意識並非落在研究人造物件範圍之外的見解，並非只有由上帝或自然創造的才算數。我這麼做，並沒有要爭辯人造的東西必須跟人類有一樣的意識，但藉由觀察腦部運作的裝置，類推到機器上也可以觀察的部分，就有可能略窺意識的面貌。

有些人覺得也許可以用所謂的「化約主義」（reductionist）來解釋意識。這是對於該討論太過簡化以致於完全無法表達意識的客氣說法。但基本猜想也隱含了一個差不多的暗示，意識可能比我們大多數人預期的還要來得簡單。我相信如果採取了適當的預防措施，單純化與澄清化能一同運作得很好。我更進一步地相信，這種澄清對於那些想滿足對本身意識感到好奇的人是必要的。對於單純化的畏懼，是深植於相信意識會激起敬畏因此必很複雜，從某些方式來思考，是一種神秘主義。基本猜想的提出，鼓舞了關於意識的一種觀點，源起於瞭解有意識的感覺像什麼。它要求對機器或簡單存有任何輕視感覺者，先將其束之高閣，而要用恰當的、合邏輯的論點觀之。感覺上化約主義似乎將事情單純化了，但是我將對這點提出熱烈的爭辯，它並沒有將一個人對他自己意識可能有的敬畏拿掉，它打算以邏輯代替神。

在本章會產生兩個問題，並在本章中予以討論。首先，我們個人對於意識的好奇，有多少程度可以透過對人工裝置的討論來獲得瞭解呢？其次，目前哲學家、生物學家、語言學者以及電腦科學家對於這部分既有的解釋，距離讓人滿意還有多遠？令人欣喜的結論是，基本猜想中推演出的東西不會太駭人聽聞。它替本書其餘部分（十三個推論）鋪路，後續將討論一些機制如何讓一個物件可以有意識地運作。

定義我自己的意識

唯一我能絕對確信的意識就是我自己的。所以任何定義意識的企圖將從擁有一種親暱感的特質開始，這是一種告白或個人日誌的特性。這是要強調美國哲學家Thomas Nagel（一九七四年）所提出的熱門問題：「成爲蝙蝠會是什麼樣子？」他在論證中認爲，沒有任何神經生理學對於蝙蝠的知識，可以讓人類知道在不變成蝙蝠的情況下，成爲蝙蝠會是什麼狀況。他的推論是神經生理學不全然適合表達意識。我相信雖然這是一個有趣的觀點，他卻提出了錯誤的問題。我想提出的問題是：「神經生理學在哪一方面能讓意識物件感到它自己是有意識的？」若從另一方面來看，問題是：「在我腦中必須有些什麼，才能讓我相信我是有意識的？」或者甚至是「對於一台機器，必須有些什麼才能讓它相信自己是有意識的？」我並不相信這會眞切地告訴我像個蝙蝠或機器會是怎樣，除了某些程度上，我能將我自己的經驗用於試著想像成爲一隻蝙蝠會是怎樣，或者想像是機器，這會更容易一點。

意識的魅力，除了它非常個人化的本質外，更是由爲數龐大的人類所共享並且由來已久。從哲學開始有紀錄以來，思想家就一直試著將他們對意識的觀點分享給廣大的聽眾。無可避免地，這些討論都必須從每個哲學家自身關於有意識的想法開始。因此似乎看來對我相當合適，即使我想倚靠邏輯的論證，也是從我本身意識的自省觀點開始。我接著揣測讀者，也可能會將我所說的跟他們的感覺相連

結。我可能無法得知成爲一隻蝙蝠會是怎樣，但是一旦我明白了自身感覺是基於對自己大腦的瞭解，我可能可以推測蝙蝠會感受到什麼。首先，必須先試著弄清楚關於我意識的到底是什麼，會讓我對它感到好奇。

心理學家談到意識狀態，是相對於潛意識狀態。有意識是指清醒狀態，相對於被麻醉或只是進入快速睡眠狀態（fast asleep）。當我醒著時，「做我自己」就會從我知道我是誰的主要感知而來，察覺並瞭解我在哪裡，知道我在過去做了些什麼，並根據我現在的認知，知道我未來能做些什麼。我也可以跟別人討論與這有關的所有東西，主要是跟那些使用相同語言的人。對這些屬性共通的特性，是「理解」（knowing）——延伸自非常個人化的理解，我可能會選擇不跟任何人分享，諸如對於語言的瞭解或知道怎樣去烘焙一個好吃的蘋果派。那些我想知道的、對於解釋意識所必須的，是這個人化的「我」，不只關連到我的大腦，還跟我其他生理上的部分以及我所居住的世界之本質有關。

那吸引人的「我」，讓我對意識感到好奇，是我已在基本猜想中包括的第一部分（個人感覺），亦即個人感知。

其他人的意識

對於意識的捉摸，到現在爲止，好像具有高度內向性。這只是試圖做個開端，還需要發展與擴張。對於意識的討論中，將所有可能會被認爲有意識的物件包括進來，似乎是挺重要的。所以在基本猜想中，使用了「有機體」（organism）這個字眼，來包括除了我們自己以外的其他物體。一隻螞蟻是有意識的嗎？一隻貓？一枝筆？或網際網路？甚至是宇宙呢？我們用「個人化」這個字眼，並不只是想單單提到「人類」。它意指所有權與個別化的屬性，就像是一隻螞蟻也能對障礙物有個人化的反應。當使用個人化在連結感覺與有機體時，我將不只能夠對外感覺事物，對內也一樣可以感覺（以後會有很多是以內部感覺構成的）的物體含括進來。很清楚地，一隻螞蟻擁有牠自己的感覺，當然對牠來說是個人化的，但對於一枝鉛筆來說，就不是這麼回事了。爲什麼我們不會說鉛筆感覺到紙，還知道它是被做來寫字的。

螞蟻跟鉛筆的差異，在於螞蟻的觸角就像是感應器，將壓力轉換爲電子信號，並能改變螞蟻其他正在做的事情。它能改變方向或速度。很重要地，螞蟻能進行外部的動作，而這些外部的行動是被其內部機器的某些情況所支配的。所以感覺導致了內部機器的狀態改變，而它也導致了外在行動的改變。**圖一**說明了這些元件。

我建議爲了要細查某種意識，有機體最少要有某些內部的機器，能夠由感應器來控制，而具有外部身體上行動的能力。有機體外在的行動，大多由於某些肌肉的收縮，跟感應器以相反的方式運作。肌肉收到電子訊號，並轉化爲生理行動。工程師稱這樣的輸出爲「促動器」。這廣泛的定義，讓發條驅動的老鼠、螞蟻、貓與哈利叔叔都概括進來。我要一再重申的觀點是，所有關於意識的研究都該允

許將廣泛的有機體納入，但在同時，也讓我們能夠清楚地說明，為什麼發條驅動老鼠的意識無關痛癢，然而哈利叔叔卻讓人印象深刻。

建構模型的力量

由上述逐漸顯露出來的觀念，就是「模型」。有時候在科學，但主要是工程上，模型透過模仿的方式，用來測試對一個現象的瞭解。例如，若我們要建造一座橋，工程師可能會覺得最好先建造一個等比例的模型，來測試那座橋是否真的可以負擔我們預估的承載量。很清楚地，那模型並不如真實的橋要負載起同樣的功能，它主要的功能是用來測試那橋的運作方式能否恰當地被瞭解。一個模型並不需要是真實東西比例化的版本；例如它可以像是電腦裡的模擬器。這種模型可以經由一個主要程式構成，包含了幾個較小的程式來代表那座橋其他元件的行為，以及元件

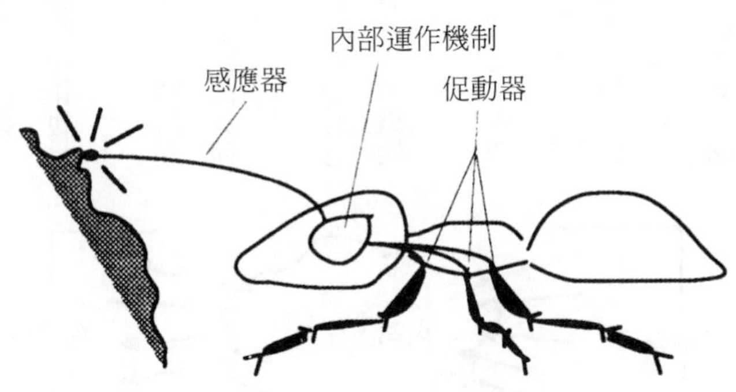

圖一　螞蟻的感應器（觸角）—運作機制（大腦）—促動器（足）之分配

彼此之間的影響。當主要程式開始運作之後，它會協調較小的程式，並請求使用者輸入對這座橋的負荷值。此程式會計算那負荷值對所有元件的影響，顯示橋在那負荷值下會變形的量，以及是否會產生崩塌。這座橋可以確實地被測試到毀壞爲止，而不會產生任何損害的成本。

模型可被某些人視做一堆數學法則的列表，能掌控元件以及它們的互動。數學家會稱這是一組數學方程式，對這些方程式來說，只要給它們負荷值，就可以計算出這座橋能否承受該重量。

我曾說過，要討論一個有機體的意識，牠至少要有一些物件，例如感應器、內部運作器與促動器；這爲模型提供了一個得以應用於所有此類有機體的架構。由這個架構整理出來的本質如**圖二**所示。

這個模型模糊的地方，以及讓我們談到它比較複雜的部分，就是「內部運作器」。一個工程師用於建立模型的簡潔手法，就算是最複雜的系統，也可以把內部運作器想成是能夠具有很多數目的「狀態」。舉例來說，排檔裝置可說是汽車內部機器的一部分。一台五檔變速的汽車就有五種齒輪狀態，每個狀態決定了一種不同的方式，讓促動器（方向盤上的力量）反應到感應器（加到腳踏板上的力量、車子的重量、路的斜度、方向盤的角度）。

圖二　模型的架構

此類途徑的美感，在於任何複雜的機制都可以用這種方式來建立模型——在第三章中將會做較詳細的介紹。在此時，提到的部分僅止於解釋在基本猜想中出現的字眼——「狀態機器」。如圖二所示的模型架構，當內部機制是由狀態表示時，就是狀態機器。那字眼顯示狀態機器用做模型時的一般力量，就如橋的例子，使我們得以檢測當談論到大腦、心靈與意識時，是否是一致與連貫的。

建立不當模型的危險

不管是恰當或不恰當的模型，都能在電腦上動作。我的意思並不是說這模型可能是錯的。我所指的是一個模型能完成正確的答案，卻沒有提供它該要給我們的理解。部分來說，這是所謂人工智慧（AI）這個領域的悲劇。它被定義爲「那些在電腦上做的事，如果換做是人去做，必須得要有智慧」，AI是從一九七〇年代開始，電腦實驗室中的產物。AI程式原本是要做爲人類認知的模型，也就是人類的思考。這些工作中可能最爲人熟悉的產品，就是下西洋棋的機器，所有體面一點的玩具店都會賣。比較貴的版本，需要許多大型電腦，近來正威脅著許多棋士，可能在未來會將他們常常擊敗。這些系統是根據程式設計師對於一個好棋局的想法可能該怎麼下而來的。電腦被設計成朝現在棋局狀態向前多看幾步，並算出棋局往下幾步的每個可能移動。接著該下的選擇，是根據一串利益評估而來的，並挑其中最具優勢的一步棋下。雖然這樣的機器能夠輕易地打敗我，它們卻必須先向前看一大堆步驟並且評估巨大數目的可能下法，來打敗一個好棋士。

雖然這樣的機器有它們的魅力與優點，但是它們的設計者卻不能假裝已經做出了人類思考的模型。在電視上，冠軍棋士有時候會被要求對他們比賽過程做一些回顧與評論。他們會說一些像是：「它現在把我逼到一個很緊的角落……但是我想只要我再奮戰個七、八步，就應該可以獲勝……我可以犧牲一個士兵讓它產生信心的錯覺……我知道它不喜歡使用皇后的主教……。」其中對於所下棋子，並沒有機器化的評估。

下棋者使用他們豐富的經驗，狡猾巧妙地佈局，並且利用了對手的心理。所以當AI程式在下棋時，我們並不可能說它是人類棋士的模型。它最多只是一個程式設計師，對於機器該如何玩這種遊戲的點子罷了。就是因爲這個原因，所以對AI抱持懷疑態度的人，會說一個電腦模型用自然語言吸收並儲存了一個故事，而能夠回答問題，並不必須瞭解這個故事。這也是John Searle對AI反對的原由（第一章曾提及）。他反駁說一個程式設計師可以寫出很複雜的程式，讓程式透過許多法則能夠非常善於操弄文字，但卻沒有獲得「瞭解」。想想矮胖子的音韻（Humpty Dumpty：童謠中從牆上摔下，跌得粉碎的蛋形胖矮子。），例如我們問：「爲什麼他可以不用修補？」我可能會回答：「因爲他摔成太多片了」。我根據我的經驗與知識做出回答，我知道矮胖子是用蛋殼做的，當你把蛋殼摔在地上時，它自然就碎成一片一片的。電腦可能需要一些法則，像是「易碎的東西難以修補」與「矮胖子是個易碎的蛋」等。

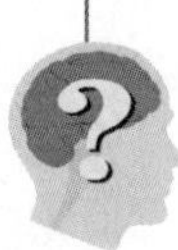

有些人對於意識這個問題，花了比較多時間去思考（例如：Penrose），採取下述辯證：他認爲任何在電腦上動作的模型，都不能成爲意識的恰當模型，因爲在電腦上動作，對於生活與瞭解來說，是屬於完全不同的範疇。我卻覺得並非如此。上述例子並不恰當，不完整的模型是因爲它們並沒有自己建立與存取經驗的方法。這不意味著恰當的模型並不存在。關於意識機制的恰當模型，必須要能回答關於意識是如何建立起來的問題，不是僅如同AI程式設計師模擬他自己認爲意識爲何的機制。也就是這種對恰當性的需求，導致了基本猜想中訴諸神經模型，接下來將會做進一步的解釋。

爲何是神經元？

我們這裡先回到內部狀態的概念。它們在活生生的大腦中是怎麼一回事呢？

建構起大腦的磚塊，就是神經元——每個細胞接受來自其他神經元（輸入）的訊號，並將訊號轉傳給其他神經元（輸出）。如**圖三**所示。我們並不希望簡化神經生物學家們所發現神經元美麗與細部的電化學特性，但一個神經元所做事情的本質，可以很簡單地加以描述。有時神經元在它輸出處（稱做軸突，**axon**）產生一串電子脈衝（大約每秒一百個脈衝），而在其他時候幾乎都沒有脈衝。可以說這些神經元不是「激發」就是「未激發」，來描述這兩種狀況。一個神經元會不會激發，是決定於現存模式對「輸入」神經元激發與否（輸入的連結稱做突觸，**synapses**）。

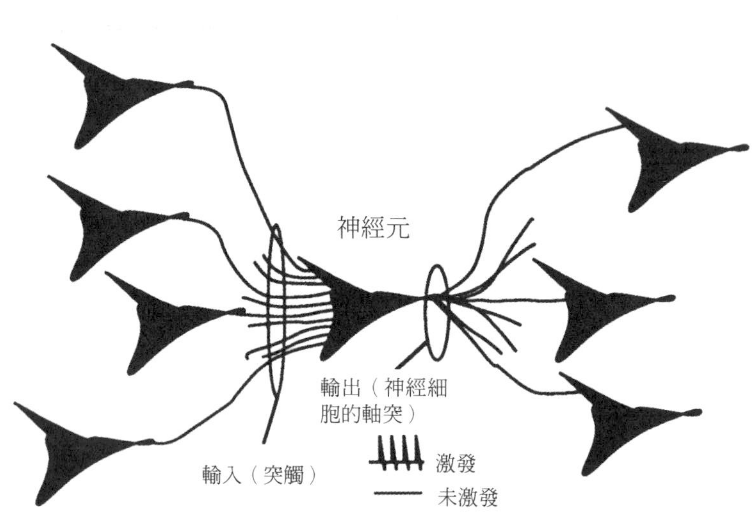

圖三　在神經網路中的神經元

哪些輸入模式會導致激發？是神經元可以學習的東西（在後面將會解釋）。這部分大多會在第三章中解釋——這裡我們仍試著延續在基本猜想中建議以內部狀態定義此模型。**圖四**顯示了一個神經網路能被視爲**圖二**中的內部運作器的方式。將五個神經元加上標籤"a"、"b"、"c"、"d"與"e"，很明顯地，促動器只能對"d"與"e"的動作反應。其他的"a"、"b"與"c"，則是創造內部狀態的內在神經元。其中共有多少種狀態呢？

由於每個內在神經元不是激發(f)就是未激發(n)，因此"a"、"b"、"c"共有八種狀態：fff、ffn、fnf、fnn、nff、nfn、nnf與nnn。不管有幾個神經元N，內部狀態的數目都可以算出來（2^N）。註1這些內部狀態因爲其內部網路的相連而顯得特別有趣。這使得"a"、"b"與"c"互相獨立，賦予他們「自己所有」的行爲。這個屬性可以想成表達像是「思

想」概念的本質。即使此有機體感應器的輸入並未改變，以及「想法」的影響並未立刻被促動器感應到，內部狀態仍能改變。也就是說，模型能表達私有的、內部的事件。每個內部的神經元，在基本猜想中都被稱做狀態變數，意思是暗示許多隱私與意識是並肩而行的，許多內部想法是如此集中在有機體的心靈構成，能夠經由許多內部神經元的活動來建立模型。

讓我們暫時先回到神經機制狀態的數目，可想成人腦中有數十萬億的神經元，這暗示了人腦中內部想法的狀態數目，應該是個天文數字。試著想像，由於某些說法提到人腦一秒內可能會產生一百個想法（內部狀態）。若是從其一生來看，假設算一百歲好了，那總數就會達到三百一十六萬億個想法。根據2^N法則，驚人地暗示了只要有39個神經元，就足以創造出這麼多的狀態數目。這計算出了什麼問題嗎？爲什麼在我們腦中卻有這麼多的神經元

註1：對一個神經元而言，有兩個狀態，若是對兩個神經元而言，就有2×2=4種狀態；所以一般來說，對於N個神經元，就有2×2×2…（N次）個狀態，可以表示成2^N。

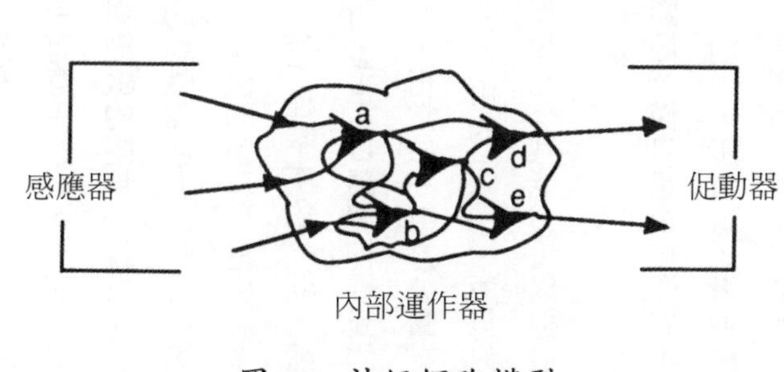

圖四　神經網路模型

呢？問題在於如何對這些狀態作規劃。這三百一十六萬億個狀態都是可能的模式，可以經由排成一列39個來選擇每一個是開還是關。所有這些的計算，都是用來顯示，只要很少的神經元就可以有很多狀態，但是這些狀態經由39個欄位區分出來的，並不是很令人感興趣或者是有意義。

在腦中有很大量神經元的事實，點出了每個想法能被編碼成更豐富、更有意思的方式，而不是僅被39個欄位所處理。也就是說，經由億萬個欄位，我們能表現色彩更豐富與細緻的圖片，就像在廣告中所做的，如同在晚上裝飾起皮卡迪利大道（Piccadilly，倫敦著名大道）的馬戲團或者是時代廣場。每個想法能像是電視畫面嗎？讓我們來探索這個假設性的點子。一部彩色電視機的螢幕，是由許多群微小粒子所構成的，如**圖五**所示。每一群都有三個粒子，每個粒子都代表一種基本色（紅、藍與綠）。一般來說，十個神經元可用來控制一個粒子色彩的飽和度，某些經由一千六百萬個神經元的順序，能呈現一幅全彩電視的畫面。現在大腦皮質中具有數十億萬倍的神經元，相當於一平方公釐有十萬個的密度。整個皮質層如果拉開，可以擴張成半平方公尺（相當於一條大手巾的尺寸）。所以只要有相當於大拇指指甲的尺寸（一六〇平方釐米），就能含括一千六百萬個神經元，其能力足以提供我們一個終生的「內部」電視節目。

我必須解釋，這裡並非建議在我們的意識生活中佔有一席之地的心靈圖像，僅只是由皮質層中一小部分所產生的。如Crick在一九九四年所提到，我們無法得知在活生生的大腦中，跟意識思考連結的神經元到底在哪裡。然而，其重點是，因其將注意力放在我們腦中運作的神經網路之巨大力量上，它

看來能夠表達這麼巨量的資訊，包括大量豐富的心靈圖像。就是因爲這個原因，所以在基本猜想中神經元被提到當做狀態機器的變數。此處建議了腦部的內部機制，具有無數的潛力，可以表達過去的經驗、瞭解現在的感知以及對未來做出預測。然而，仍有三個主要問題尚未被回答。一個擁有這樣表達性大腦的有機體，如何能同時「具有」也可以從內部「看到」這些表現（representation）呢？這些表現又如何進入大腦呢？跟一個人造大腦（指的是Magnus的大腦）玩了半天，能告訴我們關於這些多少呢？接下來的段落說明了基本猜想如何回應了這些議題。

心靈的眼睛

如果我坐在一片漆黑又安靜的房間，我能夠想到許多以前經驗過的事件。我能清楚記得事物的差別，例如昨夜的晚餐、開車去工作、畢達哥拉斯定理或馬勒的第二交響

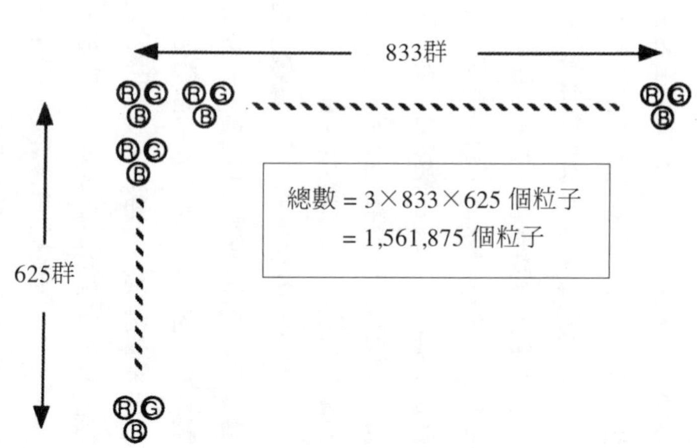

圖五 電視螢幕上的像素

曲樂章。對我來說，我的大腦可說是部名符其實的多媒體電腦。視覺與聽覺似乎並沒有消失，這只是因爲我的感覺器官正在互動著。基本猜想對這是如何發生的，採取了極度簡單的觀點。

如果我們用手指觸碰了某東西，在我們手指中的壓力感應神經元，就會導致我們腦中某些神經元的激發。就是這種內部的激發，我們給它起了個名字叫做「感覺」。眾所周知，從解剖學來看大腦，不同的神經元跟我們身體不同的感覺部分連結，所以如果用舌頭觸碰了某東西，腦中的一束神經元就會被激發，但這與用手指去觸碰時，被激發的神經元不同。事實上，神經生理學家已經找出身體中不同的觸碰——感覺器官，在腦中皮質層對應哪些部分，這稱做「感覺帶」(the sensory strip)。

圖六顯示了在皮質層中左邊的部分，是如何對應到身體的右半邊。我的意圖，並不是打算開始投入介紹神經生理學的課程；我只是將注意力放在大腦反應出的重要特性上，在縮小的模型上來說，我們身體外部表面感覺到了一些東西。然而當我摸到了某些東西，在我感覺帶中的神經元就會被激發，但我的感覺卻出現於「在我手指上」。其理由是當觸覺感應器活動起來時，許多在腦中其他部分跟這事件相關的神經元也被激發了。許多肌肉都守著恰當的位置，好讓我手指尖端能置於其所在的位置。每當某肌肉做了一些事，它就會回傳訊號到大腦，這導致了在感覺帶以外其他部分的神經元也被激發。更進一步來說，就如我們在下一章中將會看到的，一個跟肌肉相連的行動帶，連結到如舌頭、嘴巴等，在皮質層中的位置跟感覺帶是很接近的。在接下來的章節中將會看到，這些多重通訊管道的模式，給了我們對自己的感覺：腦中的模式，跟我們身體每個小點的位置以及它們所感覺到的相連。

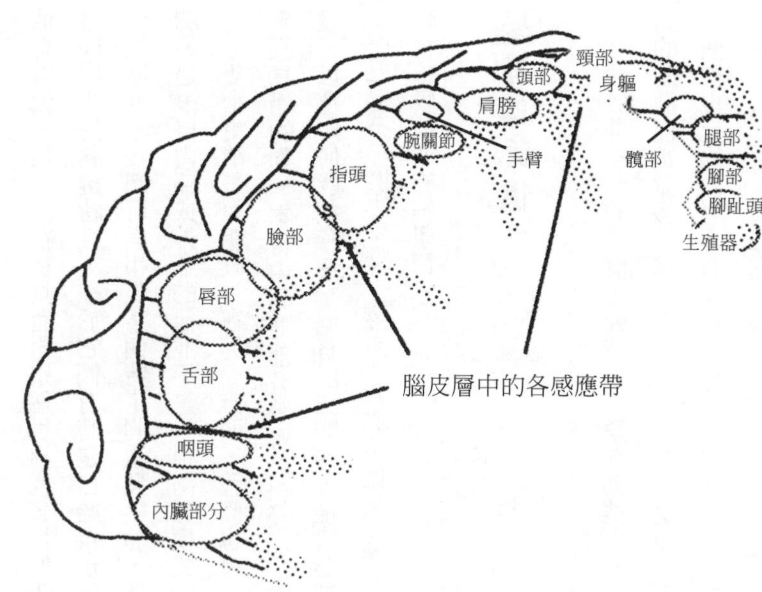

圖六 腦皮層中的各感應帶

現在假設有一個像這樣的輸入模式，能被人工化地刺激出來（如同在大腦運作時可能發生的）；病人會被愚弄，而想成她的指尖正在感覺某個非常特定的事情。讓我們回到在腦中的那些圖片是打哪兒來的問題，其實只需要將那些在我們眼球後面的視網膜感應器，看做是一堆密集排列敏感的「手指」，能夠導致皮質層中視覺部分的神經元模式激發，導致了我們稱爲「視覺」的感應。同樣的道理，對於嗅覺和聽覺也是這樣，仍然是有些神經元在內部的模擬，製造了在我們腦中看到或聽見的感覺。有許多關於病人的臨床報告指出，在腦部手術中受到人工性刺激的病患——他們會聽到交響樂、看到許多幻覺以及聞到花香。換句話說，普遍上我們跟其他有機體一樣，內在都具有對這個世界代表性的表現，是透過我們腦中組合某些特定神經元的激發。這樣模式的關鍵特性，在於它們有時是自給自足的，但也可能被其他內部事件感應到的經驗所觸發。也就是說，我們可以報告某個特定的激發經驗，像是「看到」一隻狗或「想到」一隻狗，有賴於這種觸發是來自內部或外部的。並不是說這兩種模式的敏銳度是相等的——當我們看到一隻狗時，會比想到一隻狗更清楚與明確。在另一方面，我們也可以想到一隻或好幾隻我們認識的狗，甚至可以想像從來沒見過的狗。本書中其他部分將會針對這個主題做更深入的探討，關於這樣豐富與變化多端的表達，以及如何能共存在一個有限空間的神經機器裡。這裡我僅止於強調，基本猜想中使用的字眼——「激發模式」的重要性。接著，我必須做某些關於激發模式是如何進入腦部的說明，這過程也就是我們有時候稱做的「學習」。

學習與記憶

關於神經元的一個主要特性，是在某些原始、「尚未具有經驗」的狀態下，它可以經由一些吸收到的刺激而被激發。舉例來說，手指尖端感應神經的激發，來源是透過壓力導致在感覺帶（**圖六**）上一個神經元的激發，有點像是按下門鈴後，房內的鈴聲會響起。學習主要在於神經元「注意到」現在模式的其他輸入（實際上是怎麼運作的，我們留待第三章再做說明）。當神經元的激發與否被其所

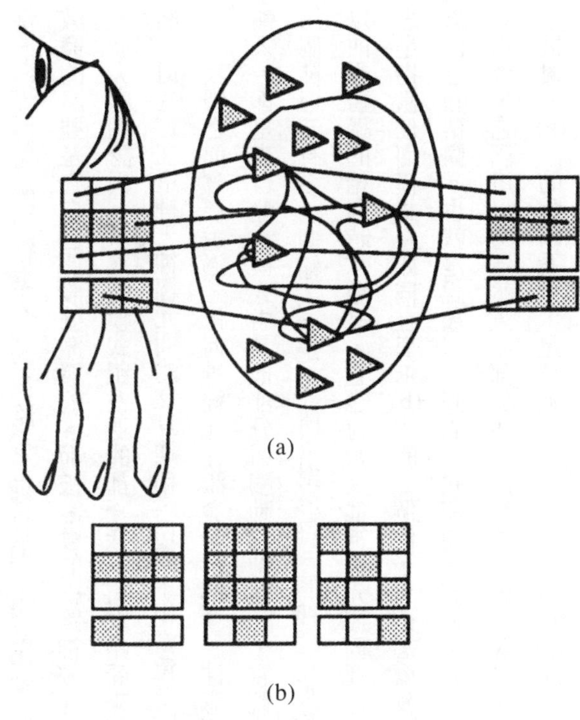

圖七 (a) 網路以及它跟手指與眼睛的連結。

(b) 三組學習後的經驗感應。

「注意到」的模式所控制時，學習就算完成了。從圖七我將試著解釋，好幾個神經元是如何一起工作，來「記住」感應輸入的模式。這圖代表了一個具有三隻手指以及一隻眼睛的系統（有點像是Magnus的）。這純粹是個虛構的系統，並沒有任何這樣的東西存在於腦中。但是有點像這個的東西，的確在腦中是存在的，根據基本猜想，它強化了意識經驗的基礎。

在圖七(a)中，左邊方塊的安排，只是用來表示不同感應元素在做些什麼。在底部有陰影的方塊，是手指的感應器，導致激發而進入網路。在眼中被某種「視網膜」所感應到的，我們用一個3×3的排列來表達，這裡有陰影的方格再度用來表示被激發的連結（可以看到一條水平的長條）。這些感應的連結進入神經網路（這裡只顯示出其中某些連結）。當該網路中任何一個神經元接到激發的訊號是它自己假設要激發的，而被激發的網路神經元，則由在右邊方塊的排列來表示。結果並不令人感到訝異，右邊的模式跟左邊的都一樣。這網路看來似乎只是個將它收到資訊轉傳出去的中繼站。但其實在這裡，神經元間的交互連結，扮演了相當重要的角色。

我們之前曾經說過，任何神經元在激發時，都會「注意到」其他的輸入。因爲任何神經元的其他輸入，都是來自輸入模式中其他部分所觸動的神經元，它們的確表達了部分或是整個的輸入模式（視每個神經元有多少個輸入而定）。所以對於每一個神經元來說，雖然它會當幾乎大多數輸入狀況都跟以前學習過的相同時才激發，它也會跟其他神經元協同運作，對於已學習過的模式做出反應。這些意思是指當任何模式（如同在**圖七**(b)中的三個例子）被感應到，神經元將會透過學習而在網路中成爲自給自足的結構。也就是說被學習到的模式即使它們並沒有被感覺到，也可以出現在右手邊的方格中。更甚者，它們可以透過輸入中部分激發的模式，就被製造出來。用人類的措辭來說，這就像是說當十字被**圖七**(b)中的眼睛看到，是透過左邊的手指，方塊是由中間的手指，而X則是由右邊的手指。事實上網路只能支援這些組合，意思是如果右邊手指被刺激了而其他兩根手指並沒有，網路將會在內部重新勾勒那相關的X，並且只有透過某種「內部的眼睛」來「看到」X。

所有這些進進出出的迷人屬性，此處都先不加以解釋，可能讀者會覺得這裡有一點複雜。第四章主要是一步步地對這部分加以解釋，慢慢揭開「內部眼睛」的古老謎題。剛剛描述過的機制，對於以後會說明的，不過是個開胃小菜，但卻是用來解釋為什麼在基本猜想中使用這些字眼：

……被激發的神經元組，透過感應輸入的神經元到狀態神經元間的轉換活動達成學習。

在一個小容器裡……

在瞭解前人以及當代學者衡量關於意識的信念以前，值得我們先重新回顧基本猜想，並且用比本章開頭更精練的方式來看。根據基本猜想，意識只跟我們腦中所有的感覺有關。關鍵的看法，在於這些感覺完全是由於某些神經元的激發。但是這些神經元的激發與否，卻高度地依賴感應到的經驗。一個神經元不僅根據它當時正在進行的知覺所驅動，它還會注意到其他神經元同時也在做些什麼事。由於其他的神經元也代表了這個模式的其他部分，學習的過程就在由神經元組成的網路中創造了自給自足的模式，而這些模式則具有它們自己「內部」的存在。它們可以被知覺的部分所驅動，例如「觸碰」，會導致內部產生所碰到東西的「圖像」。遠處的雷鳴可能會讓我們意識到逼近的危險；或者更詩情畫意一點，聞到春天的花香，可能會讓我們意識到心中長久以來一直愛慕的人。關連性是個高度重要的機制，它很自然地來自學習中神經元所形成的網路。我們之前也曾經說過，由神經元所能製造出來的感覺，在數量上可能是個天文數字，在彼此交互關係上具有高度的複雜性。有些人可能會說基本假設「過度簡化」了。我建議讀者將簡單接納為朋友——它並不會減損我們對於神經網路能像變魔術般兼顧豐富心靈生活的美感與實用性的敬畏。到目前為止，我們只有觸碰到解釋的表層部分——比起我們已回答的問題，卻產生了更多的疑問。什麼是自我的察覺？什麼是自由意志？這些以及許多其他的問題，正是本書其他部分所要探討的主題，我們意圖藉由本章中所介紹的方法，對這些問題做出回答。

然而這裡有個頗為重要的問題必須在本章先回答。如果意識確實如基本假設所建議的簡單機制所產生，為什麼對於那些思考者來說，這不是個明顯的答案，畢竟他們已經被「關於這現象到底是什麼」的難題困擾了好幾個世紀，迄今尚無定論。關於這問題的部分回答，可能由於「狀態機器」這觀念本身，相對是滿新的。它被瞭解也是近四十年左右的事。相對於回溯過去好幾千年的歷史，並不算很長的時間。再者，狀態機器的原理對於某些電腦科學家與工程師是司空見慣的事，但是他們跟許多當代哲學家或其他企圖描述意識的人之思考方式差異很大。他們被猜疑，並當成使用「泥人」來建立模型的騙子。的確，某些當代的哲學家（例如盧卡斯，一九九四年）對這種建立模型的方式表現出相當明

顯的憎惡，他們對這樣的模型提出異議，綜合來說，缺乏了人們在追尋的東西：一種獨立的存在或「變得存在」。這模型具有一種「建構出來」的特性，這讓它變得無效。這裡我們將試著對此議題保持開放的胸襟，並且對深入瞭解不會裹足不前，即使這樣的深刻瞭解是在遙遠的海上。

哲學與意識

新學生與工程師

當學生們興奮地準備上他們大學所選的第一堂哲學課時，他們相信教授會穿著黑色的教士袍掠過講台，並且開始講解哲學是什麼以及對這主題有興趣的學生是如何的聰明。這樣的期望，事實上很少能實現。他們比較有可能碰到一位性急但年輕熱心的講師，他的興趣完全在吸收他寫的無數段維根斯坦（Wittgenstein，一八八九—一九五一年，英國著名哲學家）所寫論文之解釋。他很快地會在課堂終了時，對學生做出發人省思的問題，例如「同學啊，你們能定義哲學嗎？」。他會說這是哲學的本質，並且避免問一些單純化的問題。哲學真正的本質，將會在三年後學習完三千年來哲學家們所寫的東西以及經由當代哲人對前人想法精微的解釋後，才會被發現。「但是他們到底在寫些什麼？」可能會有已經被講師歸類爲程度很差的學生，問這樣的問題。如果最後會有答案出現，它可能是某些像這樣的回答：「……事物的本質」。

基於工程師的立場以及是個哲學的門外漢，我關心的是發現在過去三千年來，哲學家們哪時關心「事物的本質」並將意識放入他們感興趣的清單中，以及他們如何在這主題上表達他們的想法。（順道一提，維根斯坦在成爲當代難以理解的哲學家之前，學的是工程——這個部分我在後面將會提到。）關於「意識」這個字眼的首度出現，可以說是最近才成爲英語哲學方面的字彙。如下面所指出的，這事件似乎對我來說是發生在十七世紀末期洛克的著述中。顯然地，關於意識的討論跟「什麼是心靈」的討論，有很多重疊的部分。後者在歷史上可以回溯到很久以前的紀錄。我也會在後面提到這點。這裡比較重要的，可能是將焦點放在當代爭論的源頭：爲什麼哲學家們發現對於意識仍然很難找到定論呢？所以在後面的幾個小段，可以加上如下的標題：「一位工程師進入哲學的大觀園」。我並沒有寫出關於意識在哲學歷史上的完整教科書；我只有描述出這一連串卓越哲學家們的想法，主要是從十七世紀一直到目前。這些想法不只供應，並且啓發了當代關於意識本質的爭辯，還形成了基本猜想發現的說法。

笛卡爾

許多人可能會說現代哲學起始於出生在法國的笛卡爾（Reni Descartes，一五九六—一六五〇年），他是在嚴格的天主教背景下長大的，並且終身堅持他的信仰。在哲學中關於意識的歷史，他常

常會引證典型的二元論，那想法是關於心靈與事物是彼此大量獨立存在著的（笛卡爾覺得只有在松果體處才有一點交互影響）。若對其做一番回顧，笛卡爾可被視爲「理性主義者」團體的一員，他相信心靈可以在不必參考經驗（其他人的例子像是史賓諾沙，Benedictde Spinoza，一六三二—一六七七年與萊布尼茲，Gottfried Wilhelm Leibnitz，一六四六—一七一六年）的情況下得到邏輯性的眞理。很清楚地，這樣純粹性的思考，直覺上對於數學家發展抽象代數理論的證明時可能爲眞，但是我們很難接受它做爲伴隨每天生活產生之心靈活動的描述。讀者會發現在大多數現代關於意識的哲學著述上，有很多反對二元論者，所以在此我不做進一步的詳細論述。的確，根據基本假說顯示，本書許多內容都是致力於將感覺到的經驗轉化爲我們稱做意識的這個難題，這包括了處理數學的「純粹性」。這跟二元論的信念是相反的。

洛克

也許第一位將意識搬上檯面並且給予注意的哲學家，就是洛克（Locke，一六三二—），他是十七世紀英國哲學界的巨擘。從他詳細觀察後所寫的書《關於人類理解的論文》（*Essay Concerning Human Understanding*，一九六〇年），自我知識（self-knowledge）的概念得以成形。他得到結論說，我們能對我們心中所有的想法加以說明，是透過經驗賦予我們大腦其意義。這種信念（相對於前面所提到理性主義者覺得知識是給定或固有的）是一個經驗主義的元素，而洛克常常被視爲是英國經驗主義的鼻祖。他在論文中使用了「理解」（understanding）這個字眼，雖然這後來被視爲是意識中的謎題，卻已經很清楚地涵蓋在他的探索中：

「首先，我將查明這些想法、見解（或不管你高興怎麼叫它）的源頭，這是一個人觀察到並在自己心中對自身有意識，以及由它們所提供給理解的方式。」（Ch. i. 4.）

他做了許多的內省，當做想法與心靈構念（construct）的次級來源，主要的一個是物件屬性的功能。在當時是個受到高度爭論的觀點，但在之後被廣泛接受了，其中某些核心想法是有點自然天成的，而其他形式的想法則高度仰賴這個核心。在其文中的後面部分，洛克強調了語言在形成與表達想法的重要性。雖然他思考的細微部分，在後來受到質疑與批評，但無疑地他將心靈對經驗所做出的表達，已成爲哲學研究上的重要議題——更進一步地將心靈視作不只是個有其權利瞭解自己的「東西」。精確地來說，是跟經驗到心靈表達一樣有魅力的東西，這支撐起基本假說與其推論的結構。

基本猜想跟洛克觀點的差異在於對意識這機制的重視。洛克將這個重視當成對眞正探究的干擾：

「……我現在不應該干涉心靈的生理考量，或者找自己的麻煩去驗證它本質是由什麼所構成，或者根據我們心靈的什麼動機或我們身體在器官所能感受到的什麼改變，又或者由我們瞭解的任何主意；並且不管這些模式以它們的形式做了些什麼，也不管多寡與重要與否。」（Ch. i. 2.）

哲學家們一直以來，在他們研究主題的歷史上，對於「心靈身體」的問題，顯露出了相當的疲乏。在上述段落中，洛克打算提及賀伯斯（Thomas Hobbes，一五八八—一六七九年）的著述，他在〈人類的本質〉（"Human Nature", Ch. ii. 4）一文中，將影像或顏色描述成：

「……腦中物件的運動、擾動或改變，或頭顱內部的某些物質。」

洛克不大可能會談論他先前無法追溯的原理。有人想像他看待心靈—身體的問題，當做是毫不新鮮的僵局，如「擾動或改變」是純理論的，並且在關於經驗與理解的文中是沒有用的。事情現在有所改變嗎？很顯然地，我想是有的；在這個資訊大幅進展的時代，我認爲可能得以將「腦中物件的運動」，透過比六十年前更高的說服力加以解釋，這在三個世紀前，甚至都還沒被提到過。

說來也滿奇怪的，心靈—身體的問題不只滲入哲學領域，還用另一個名義進入工程科學：功能—結構問題。當我要找尋位於街道的電子電路圖，發現矽晶片上的標籤被清除了，我能不能簡單地速寫出線路圖，並找出這個線路是設計做爲什麼用途的？這個特定的答案是不行，但是經過使用狀態機器理論，我可以說出某些關於「一組」或它能做的一堆功能，進而推論出它不能做哪些。大多數相關討論，會在下一章節中提及；這裡足以說明選擇神經狀態機器理論做爲基本猜想的語言，不會落於洛克十七世紀時認爲是貧瘠的心靈與身體之爭論，這種對於意識本質的貧瘠，仍然在最唯物主義的評論者間投下了關注的陰影。

有關洛克關注人類對於這世界有意識的理解，以及即使不是學哲學的人也持有這種信念的方式，還有更多可以闡述的。我只能強調其中的一項特徵：他將心靈事件分割成主要與次要兩個範疇。如果我想到岩石，我會把它描述成一個固體的物件，或者當我想到我的左手時，我會跟其他任何觀察到我左手的人一樣同意上面有五根手指。固體跟數目就是洛克會稱做主要的想法，而物件其他的性質，像是色彩或美麗，則是其次的，只是觀看者知覺系統的一個功能。如果在視網膜上沒有色彩的神經末梢或由知覺喚起的情緒，色彩跟美麗將不會存在。這種分割是重要的，主要是因爲它對接續洛克哲學家們的影響。從意識的神經狀態機器模型之觀點，洛克跟他的後繼者對於將經驗感覺轉換成心靈表達的重要問題，奠定了良好的基石，這是此模型需要提出的。

柏克萊

對學哲學的學生來說，關於柏克萊（Geovge Berkeley，一六八五—一七五三年）的印象，大多來自他建議物體如果沒有被某人察覺到，就會消逝而不存在，其實柏克萊應該得到更多的賞識。他對於洛克的想法，認爲物體具有的屬性，是根據我們對它邏輯性結論的感覺調整而來的。並沒有所謂主要的屬性，像是固體性與數目。他覺得那些也是由我們感覺而來的想法。任何物體的存在，其實是根據我們能透過自身的感覺去感受到它們的存在。舉例來說，我們強烈爭辯關於我們都沒有經驗過的既存現象：鬼魂、超感覺溝通以及諸如此類的事。由於柏克萊是個具有宗教信仰的人（他是愛爾蘭Cloyne的主教），所以他堅持對上帝存在的信念，是由知覺得到其存在的概念。在方圓四周沒被人類觀察到的樹木不會消失，這很單純地是因爲它們在上帝的眼光下。由於基督徒們在心中一直擁有上帝，因此上帝對世界上所有的物體都是存在著的。

對於一個工程師來說，哲學的進展具有一個特性，它奇怪地跟科學剛好相反。對於科學來說，關於某現象有效合理的解釋會配合在一起去發展理解——某個典範。昆恩（Thomas Kuhn）曾經指出，這樣的組織結構有時候也會因爲新證據的出現而崩潰瓦解。整體來說，若比喻作拼圖遊戲，科學家們都只做出片斷零碎的貢獻。但是對於哲學來說，當某哲學家的想法似乎佔優勢時，就會產生許多根本的修正。所以柏克萊澄清說他的部分想法是來自洛克，好像對他來說並未追隨其邏輯性的結論。隨著柏克萊的想法，關於意識初步的想法達到了信念的高點，在這種信念下，眞實的存在，僅止於被我們腦中的想法所鍛造，而這樣的想法是被知覺所驅動的。在基本假說中，對感覺與心靈神經行爲轉換的順從，建議從柏克萊留下的影響只有一點。但是洛克跟柏克萊所拓建的想法，讓關於意識的概念逐漸成形，並在過去這四分之一的世紀裡呈現出多樣奇特的面貌。這些都在許多個人性對意識定義的文獻中留下軌跡，不只是對哲學家與建立神經元模型者，當然對我們所有人而言，都留下相當多的探討資料。

休姆

在閱讀有關休姆（David Hume，一七一一—一七七六年）的文章時，我對他產生一個很強烈不依常規的印象。他生於一個蘇格蘭仕紳階級的喀爾文教家庭，他還未滿十二歲就進入了愛丁堡大學，在那裡他悠遊於科學與哲學之間。他在十五歲時離開愛丁堡，成爲堅定的無神論者，可惜沒有獲得學位。他寫了許多重要的著作（有些是不具名的），其中有一本名爲《探究人類的理解》（*Inquiry into Human Understanding*）。這書名跟洛克文章的接近，應該不是偶然發生的。休姆覺得有必要創造出一種可以跟洛克稱做「次要」相區別的心靈性表達。在冬夜裡回憶起一棵樹開滿花朵的感覺，一定跟在春天裡眞切地看到它的感覺不同。休姆對印象（impression）與想法（idea）做了區別，他認爲印象是具有目前經驗的力量，而想法則是經驗褪色的回憶，是用於推理的。想法還更進一步可以分成「簡單」

與「複雜」的。簡單的想法跟印象具有直接的關係。有些對於物件與事件的記憶是簡單的，例如我們從沒見過的遙遠國度，只有聽過複雜的描述卻從來沒看過，這就屬於想像的領域。

休姆對於抽象、複雜的想法也有清楚的觀點。他認爲人類對知覺到的事件做出反應時，是有自然的或本能的方法。舉例來說，在珍．奧斯汀（Jane Austen）的小說《理性與感性》（*Sense and Sensibility*）中的Elena一遇到Edward時，就對這個迷人又彬彬有禮的男性產生情愫，從她內部情感的經驗上知道自己對他有稱做「愛」的感覺。這本小說的讀者，若有過愛的經驗，就會繼續相信Elena談論以及想到的愛是一個眞實但是複雜的想法。對於那些從來沒有「愛」的經驗的讀者，會把它想成是個字眼而不是個眞實的想法。因此休姆相當同意柏克萊的說法，他覺得人類的理解高度仰賴知覺與對想法的經驗，其範圍廣泛地從對物件的記憶到抽象的觀念不等。

在當代哲學中休姆主要受到的批評是太依賴觀察到的東西來鞏固他理論的想法，這使得它無法處理「一般」的概念，像是「模仿他人者」（ape），代表了某一種類的東西，但卻不只是觀察到的例子。這（如羅素，Bertrand Russell，一九六一年所描述）引領了對自我的否定（因爲它從來沒有被直接觀察過），這非常接近當代對意識爭論的核心。由於自我不能以簡單想法的特徵出現在休姆對事物的擘劃中，它能夠以大量的知覺進入心靈世界，根據羅素的看法，這是休姆超越柏克萊很重要的一步。

在本書中所呈現的這些想法，我承認有很多是受到休姆介紹系統性與關於意識複雜本質之重要問題的影響。它們重複出現在本書的許多部分，特別是在第五章中關於自我與知覺關連的部分。

以休姆這個人來說，我被他好幾件事情所打動。根據仙德（Shand，一九九三年）的說法，休姆意識到他早期的幾本書中，如《人類本質的專述》（*Treatise into Human Nature*）、《詢問》（*Enquiry*）的哲學想法，做出了許多重要的貢獻。但是他感到非常驚訝，他的想法居然在當時的出版界並未引起太大的注意。事實上，他將《人類本質的專述》付梓時，遇到了許多困難，未能被當時的學術界所接受，對於他一七四五年申請愛丁堡大學哲學教授的資格與Glasgow大學（一七五一年）邏輯學教授都遭到駁回。他一邊當個辦事員一邊寫作，也當外交官的個人秘書與圖書館員。這既不是第一次，也不會是最後一次，學術界寧可對傳統做了許多保留，也不願意當孕育根本想法的溫床。

康德

在讀到洛克、柏克萊與休姆時，會讓人有個印象，好像十八世紀時，哲學是非常英國化的事情。然而，一些主要的哲學性思潮正移師到法國與德國。在德國，盧梭（Jean Jacques Rousseau）變成了浪漫主義主要的代言人，他以社會性的管道而不是以經驗的功能來強調自我。浪漫主義有時候也被描述成人道主義，用來反映英式經驗主義冰冷、臨床的特質。至於康德（Kant，一七二四—一八〇七年）則是德國人，他雖然同意經驗在經驗主義所扮演的角色，他仍然感覺到人們內在固有關於推理的能力並沒有受到恰當的處理。根據羅素所說的：「普遍認爲他是當代最傑出的哲學家。」（雖然羅素把這個位置留給他自己），康德像是學術界督導的模範。他有著規律的習慣與很少的消遣，他能夠（根據

羅素的說法）吸引學者的目光並對其發表演說，而把英國的經驗學者當成「紳士……對一些業餘者發表演說」的人。

在康德一七八一年的著作《對純粹推理的批判》（*the Critique of Pure Reason*）中，可清楚看出康德當時就確信知識顯露出超越經驗的本質。舉例來說，如果我開始玩小孩的積木，我將會經驗到將一塊積木堆到另一塊積木上，我將會有兩塊積木。我將會從這兩塊積木相對於一塊積木裡，學到許多屬性；例如，它們需要較大的箱子來裝，它們會更重以及諸如此類的性質。然而，我能將這些經驗一般化，用來思考如果我有一隻大象而別人又給了我另外一隻，可能會發生些什麼事情。我不需要眞的跑出去買大象，才能藉著那個經驗來擁有前述的經驗。換句話說，經由玩積木引發我得到一般化並且超越原本經驗，使我獲得1+1=2的認知。康德被認爲對「超驗主義」（transcendentalism）下了形式的定義，他體認到我們具有決定一個論點是否爲眞的能力。也就是說，康德回應了解釋「知識」的必要性：

「……它還不像被我們對物件認知模式般被物件佔滿了那麼多，截至目前爲止這可能是個『先驗』（priori）。」（《對純粹推理的批判》，B25, A11-1.）

譯者註：priori是從拉丁文而來的，說明在某某東西之前。康德創造了這個所謂priori knowledge的字彙。

這說明了先驗主義的問題，幾乎有十二年佔滿康德的腦海，但是一旦解開之後，《對純粹推理的批判》就只花了幾個月的時間來寫作。他追尋著能夠融合兼顧一邊是對經驗學者重要的經驗，而另一邊則是內部存在的固有能力，他沒有轉向以往關於永恆眞理本質（例如在一百年以前，萊布尼茲轉而解釋成來自上帝的心靈）神秘性的解釋。他對這個一點都不含糊：

※ 命題可以是「解析性的」或「綜合的」。

※ 解析性的命題含有邏輯性的真理。

※ 綜合的命題則依賴經驗，並且不能單由內在找出絕對的真理。

舉例來說，好比「黑馬」還是一匹「馬」，或者底部朝天的「不倒翁」還是個「不倒翁」。

例如有個命題——「有一匹牢靠的馬」，這不是只由觀察就能驗證的。關於康德跟他之前的學者對於綜合式命題的差異，在於他建議經驗並不是包含在所有的綜合式命題裡：

※ 綜合式的命題可以是經驗性或者是先驗的。

※ 經驗性命題的瞭解只能透過知覺或值得信任的語言傳達。

舉例來說，「有一匹牢靠的馬」是一種經驗性的綜合命題。

※一個先驗性的命題是由經驗引發出來的，但是會變得一般化。

例如「二加二等於四」並不全然是解析性的，因為它可能需要經由例子的教導。（舉例來說，心理學家們喜歡經由這個例子，來說明孩子們是如何需要這種經驗來學習諸如「數量」的恰當概念）。這種一般化必須在幾個例子設立前先有的，被康德視為是「先驗的」。更確切地來說，康德會將基礎來自算數與幾何學的知識，都視為綜合性先驗的等級。但是這樣的知識怎麼會發生？康德論述的深層含意，在這裡值得多花一點心思注意。

※空間與時間是由知覺器官所強加於人類的真實。

理解空間與時間，跟預期我們身體（心理）器官會讓我們審視空間與注意到時間的流逝是一致的。更細微難以捉摸的，是其他四個先驗概念（或者如康德所稱的「範疇」）的集合，經由我們心理器官強加在感覺到的資訊上。

※數量：單一、複數與整體

※質量：真實、不存在、有限制

※關係：本質與意外；因果與交互影響

※形式：可能性、存在與必要性

舉例來說，在數量裡的單一範疇，如果我們要尋找在某城市中的一個特定建築物，對於那觀察的單一性，是由我們所強加上去的；關於我們選中的建築，可能沒有什麼是單一的。

關於康德的觀點，其實還有很多值得論述的，例如他對意識元素的評斷、而讀者如果對上述幾段感到興趣，可以去閱讀康德的著述以及很多關於他的書籍。我的目標僅止於顯示出哲學中關於意識的進展，是經由哪些主要的哲學家所重新塑造的，而這絕不可能在缺乏他們前人的想法下產生。經由這個進程，哲學家們的想法進入了一般性的文化並且形成了實際上需要被解釋的——在這文化中保留了，並且讓我們所有對心靈與意識的感覺都有了道理。

回到基本猜想，有些人可能會說它並沒有先從一些細瑣的經驗中得知，所以這並不符合康德精密想法的標準。這裡我想強調的是，基本猜想是關於機制的——對於意識來說，什麼樣的計算性機制是必須的？基本猜想打算創造一種機制性的基質，讓人可以檢驗它是否能夠支援較高層次的敘述（例如：經驗主義、先驗主義）。實際上根據康德的想法，狀態機器可以經由問一些問題來檢驗，看看一個非常普遍的神經機制，能不能強加先驗的知識在感覺資訊上。當然本書後面很多部分，都是繞著這類問題在打轉的。

黑格爾

雖然康德被視為歐洲啓蒙時期德國哲學的創始者，黑格爾（Hegel，一七七〇—一八三一年）卻被視做將它推到顚峰的大師。哲學在十八世紀藉著對心靈活動的處理，漸漸遠離神秘主義，黑格爾卻表達了一種轉向它的趨勢。關於這一點，羅素說：

「不相信這個世界是由分離的東西所構成的，一定會像神秘的洞察力般地先來到他面前；它在心智上的苦心精研……一定會在之後才到達。」

羅素還寫道：

「黑格爾的哲學非常艱澀，我敢說他是偉大的哲學家中最難理解的。」

我使用這個引證來提醒讀者，我意圖描述黑格爾對意識增加的評估，可能會因爲過於簡化而失敗。然而若採取一種較簡單的方式，黑格爾跟康德主要的差別，在於黑格爾不會接受任何在現實中不可知的部分。這將他論述中心的基礎做了一番澄清，他認爲只有唯一的一種眞實，而且這種眞實的根本、理想狀態，並不會隨著個體的不同而有所差異。這種絕對的眞實是可知的，但不是絕對需要被所有人知道的。對它的接觸，是由推理的「三段法」（triadic）形式所提供，也可以稱做「辯證法」——透過兩個個體的論證來達成推理的形式。三段法的三個元素，分別是先由一個個體所提出來的「正論述」（thesis），加上其他個體所提出的「反論述」（antithesis），以及一個「綜合論述」（synthesis），讓前面兩者達到一致，而所有的個體都能夠達到一種對眞實理解的更高形式。舉個例子來說，黑格爾引述了對「正義」（right）——正論述——的信念，是透過佔領與力量所達到的。這可能是理性的，但是卻不大恰當，因爲它並沒有將善惡觀念的感覺加進來。「道德」（morality）則是一種反論述，它本身也是理性的，但是它卻因爲無法識別出某些形式的正義而同樣的不恰當。這兩個對立形式理性的解答就是「倫理」（ethics）——綜合論述，其中生活是由社會所發展出來的法律所規範與引導的。

在《百科全書》（*Encyklopadie*）中，黑格爾發展出了一種關於心性（心理的哲學，它服膺邏輯與本質的哲學）的理論，這在我們討論哲學中意識的歷史時，是非常重要的。它的進展沿襲辯證法的路線。這論述是有意識的，它有能力讓世上的某些物件變得有道理，不只是讓它們有個名字，還在它們身上加諸一些（康德式）「先驗」的一般性，好比複數或類別的描述（亦即，關於狗的類別相對於一隻特定的狗）。那反論述則是有自我意識的，其中個體會把「自我」當成一種特別的本質去面對。在接受了關於自我卓越的本質後，另一個辯證（在另一個更廣闊的範圍內被討論）將引領得到相互對自我的確認，那是一種分散的自我意識，建構在能夠區別自我與物體分隔開來的邏輯性崩塌上。那綜合論述就是理由，其中辨認出其他自我引領到「絕對的唯心論」，其中並沒有任何在主觀與物體間的隔離，並且所有物體在絕對知識下都被視爲是一體的，而且都能被理解。

在討論到這樣的深度後，突然將話鋒轉到狀態機器，好像有點虎頭蛇尾。黑格爾學派絕對主義存

在於我著述中的痕跡，對我來說似乎是很清楚的。對自我的辨識以及這樣對其他實體辨識的屬性，都在本書中藉著模型建立（大多數是經由自然語言）的過程反映出來了。是語言變成了「絕對的」平等主義，而且如同我們在第一章中所說的，本書的大部分都是打算去描述一個狀態機器，如何能夠達到對自我建立模型的功績，而且透過自然語言建立起其他部分的自我。同時，我們也可以說狀態機器以它們的神經性激發模式進行想法的歸納，對黑格爾絕對主義的正論述提出了一種反論述，而這裡的綜合性論述就是「主體意識思想」的能力，它能夠學著去辨認出這個世界其他有思想的有機體。

威廉・詹姆斯

我選擇跳過從黑格爾到詹姆斯之間的其他哲學家，並不是因爲在這中間的十九世紀，沒有值得一提的哲學事件發生。事實上，有些最具影響力的哲學家，在那段期間寫了不少著述。例如叔本華（Arthur Schopenhauer，一七八八—一八六〇年）強烈地反對黑格爾，並且捍衛與發展康德派的想法。此外，可能有人沒聽過尼采（Friedrich Nietzsche，一八四四—一九〇〇年），他的哲學有時候被人描述成憤世嫉俗與具有攻擊意味的，但是如同仙德的主張，這可能單純是因爲體制對他企圖打破其他哲學家教條主義的反應罷了。我並沒有太深入他們所做的部分，純粹是因爲意識在他們的核心興趣中，並不是必要的研究議題。

我被威廉・詹姆斯（William James，一八四二—一九一〇年）吸引的部分原因，是因爲他在一九

○四年寫過一篇短文——標題爲〈「意識」存在嗎？〉（"Does 'Consciousness' Exist?"）。這看來似乎是跟目前的討論較相關。詹姆斯不只是一個哲學家，他也是早期奠定起將心理學變成特殊主題的貢獻者之一。他爭辯說意識並不是一個有效的概念，因爲在一個知道者與被知道東西的本質特性間，並沒有任何足以區別的東西。然而「有意識」卻是一個有效的概念，而且「經驗」也是。他哲學的焦點是，在意識的主體與物件之間，並沒有足以區分的東西。由於他是一個具有虔誠信仰的人，詹姆斯被一種民主的精神所推動，所以他並不像之前那些哲學的歷史，將人類放在知道者的位置。他將意識視作是哲學家們強賦予人類在世界上處在優於其他物件位置的護身符。相反地，他相信謙虛一點來說，從人類只是其他眾多物件中的一份子開始會比較好。它在「純粹經驗」的斗蓬下，使得知道者跟知道喪失了有形的差別。

起初，詹姆斯的哲學，顯得讓本章中所討論要在哲學思想上關於意識的進一步發展，蒙上了一層面紗。但並非如此，我個人發現詹姆斯的哲學跟歷史上的發展，是彼此刺激共同帶領他朝向這結果的。我先解釋關於詹姆斯的一個反對理由，他覺得人們被錯誤地導引著尋找那構成意識的「東西」——而這東西是人類身爲知道者所「擁有」，但其他物體並沒有的。這部分經由詹姆斯的爭論，導致了即使專攻精巧抽象的哲學家，例如先前提到的黑格爾，在分類自身（oneself）與其他自我（other selves）方面也有很大的困難。但是經由允許「有意識」是一個有效的概念，這結果建立起了經驗，讓有意識變成值得研究，一種談到「意識」的新方法變得有效。它讓「變得有意識」在「建立起經驗」

的過程中精準化。協同擷取這樣經驗的過程，當必要時，根據被擷取的經驗行動，這就是意識——在我們基本猜想中所稱呼的。我聽到許多對這種方式處理意識的抨擊，都有一種很強烈不情願放棄護身符的意味，詹姆斯發現那是如此地令人厭惡。

維根斯坦

維根斯坦（Ludig Wittgenstein，一八八九—一九五一年）是維也納人，他在早年就顯露出關於機械實際性問題的資質，在柏林與曼徹斯特學習工程學。由於對工程中的數學基礎產生興趣，他在二十三歲時轉到劍橋跟隨羅素學習。之後，由於必須在第一次世界大戰後半段中爲奧地利軍隊服役，他完成了有生之年唯一發表的書：*Tractacus Logico-Philosophicus*。這讓他相信自己對哲學的貢獻已經闡述詳盡，並在之後暫停去思索關於哲學的東西。但隨著他對*Tractacus*的不滿意，他在一九二九年再次回到了這個主題，也同時回到了劍橋，起初只是研究人員的身分，接著就在一九三九年成爲哲學系的教授。由於羅素強調哲學性問題必須經由對表達其語言的緊密考量，所以維根斯坦質疑之前關於哲學性想法的有效性，因爲那些都是被語言的力量與不適當性所塑造出來的。因此，語言學的哲學，對二十世紀的哲學家變得相當重要。

這裡蠻有意思的，在*Tractacus*中維根斯坦定義了會讓一個邏輯性命題有意義的情況，精確一點來說，這情況是它必須跟這個世界有圖像式（Iconic）的關係。也就是說，一個命題如果要有意義，只有在思索這命題者，對它有心靈上感覺性的圖像。在後續章節中所談到基本猜想的推論，這種畫像或圖像式的關係都變得非常重要。這是基本猜想中某些字眼的結果：「感應輸入的神經元到狀態神經元間的轉換活動」。*Tractacus*的許多部分，都很注重對一個邏輯性命題的語言性表達，以及它跟一個圖像形式的關係。這也是本書後續內容的主要核心。不過，維根斯坦也因為他後來改變心意，並且在往後對*Tractacus*中的內容提出質疑而著名。

維根斯坦大多數後期的想法，都被包含在《哲學探索》（*Philosophical Investigations*）中，在一九五一年他過世後才發表。在*Tractacus*中，維根斯坦提出哲學性的問題並不具有意義來處理「哲學」，因為它們問題的陳述，缺乏跟語言必要的圖像式關係。在《哲學探索》中，他是透過參考先前缺乏語言的「精練主義」修訂了這項反對。精練主義是對於有某些隱藏的一般概念，能被某些字所表達的信念。說得更清楚一點，哲學普遍被假設成可能使用一些提到物件所有等級的字眼。也就是說，如果我說「我喜歡狗」，精練主義就會建議「狗」在我的思想中，有某種富有意義的表達。維根斯坦對這點提出爭論，如果這要成為有意義的表達，它在我的腦中必須要指到某個影像。然而，事實上他繼續爭論說，對於「狗」的心靈性表達，只是針對狗的小部分集合，發生在我的經驗範圍以內。所以「狗」並不擁有精練主義在一個句子中所暗示的，並且包含那個字。哲學性的問題大量依賴它們語言性的表達，其經由精練字眼所組成的句子是有意義的假設。所以對精練主義的懷疑，讓哲學的追尋，整體上是滿值得懷疑的。在第六章，我們將會看到一個神經系統做出跟維根斯坦描述人類思想共鳴的行為。

維根斯坦並沒有假裝要解決哲學性的問題（包括意識的問題）；他只是對人類唯一擁有並試著去解決它們之意圖的有效性感到質疑——經由語言的使用。這裡有個嚴肅的責任需要我去說明，我是否認爲自己在解決「意識的問題」，這可是個出現在從洛克到黑格爾這些哲學家思想的議題。

我試圖要做的，實際上是受到維根斯坦的懷疑所提供的協助。「意識」這字眼跟「狗」一樣被人們所使用著，是透過完全相同擷取的方式，人們可是不在乎什麼「解決哲學性問題」。我假設對「意識」這字眼，並沒有所謂的精練主義，但是卻對什麼是「有經驗的事件組」提出問題，它表達大多數人們的想法。基本猜想說明了機制的某些東西，關於事件組能如何被經驗的過程。本書其餘部分的內容，將致力於我們都樂於談到的「意識」，到底是如何建立起「有經驗的事件組」。使用「人工」（artificial）這個字眼，讓我可以藉著對我們能做測試與瞭解的系統，進行分析而繼續下去。

千禧年的結束

儘管有些教育當局投注資金，哲學在二十世紀雖然倖存，但也隨著千禧年結束。在二十世紀有很多哲學家貢獻了大量對於意識本質的爭辯，我將這些細微的部分留給讀者去發掘。例如萊爾（Gilbert Ryle，一九〇〇—一九七六年）對於二元論，就加諸了重要的抨擊。他因爲提出了意圖去發現心靈是一種「範疇的錯誤」而知名，這些心靈的特性不能跟那些物質上的特性放在同一個範疇裡，而這是可以經由實驗或爭辯得以發現的。根據萊爾對行爲精細心理研究而來的，是相當接近科學的心理活動。

艾爾（Alfred Julius Ayer，一九一〇—一九八九年）跟羅素與維根斯坦一樣，都是「邏輯性實證主義」的倡導者，簡短來說，它可以被視爲想將休姆對於「複雜」的想法變得系統化，特別是當這些複雜想法跟邏輯與用來表達邏輯性的命題有關連時。普羅波（Karl Propper，一九〇二—一九九四年）對邏輯性實證主義爭辯有所貢獻，他是批評者之一。他反駁說語言陳述上的眞實與意義，並不如那些導致關於物質事實信念的程序或（在科學）實驗般的重要。大多數人會記得普羅波的論點是，科學進展乃經由設立起只有實驗可以推翻的假說。這點將在某些檢驗上顯得眞實的東西，當眞實被駁斥時被放在眞實的地位。

進入機器中的鬼魂

我們書中處理了一個在本世紀中被帶到哲學論文的問題，那是經由特寧（Alan Turing，一九五〇年）所發表、令人震驚、深具影響性的短文：「機器裝置的計算與智慧」。在第一行中他寫道：

「我提出一個問題讓大家去想——機器會思考嗎？」

他自己的結論是，一個「不誠實」的機器可以被做出有心靈的樣子，它能以類似人類的方式來跟

人交談。但更重要的是，他的短文第一次在科學的歷史上，指出了機器裝置的計算，可導致我們向心靈的哲學提出新問題。，一九五〇年也是美國一位工程師夏農（Claude Shannon）第一次寫出了下西洋棋的電腦程式，這也開啓了電腦能否有智慧的爭辯。一共已經花了四十六年的時間，好讓大量功能強大的電腦來打敗世界的西洋棋冠軍。並且，在四十四年後，在倫敦的皇家協會舉辦了一場稱做「人工智慧與心靈：新的突破或盡頭？」的會議。這裡我想看看不同立場的作者，對於機器具有心靈潛力有什麼不同的看法。

哲學家、心理學家與人工智慧的編年史家柏登（Margaret Boden，一九九四年）相信人工智慧的典範，對澄清哲學性議題大有幫助，它讓心靈哲學的唯物主義討論轉移到清楚的計算性程序，而不是假定事情可能的運作方式。我對這部分感到同意，但是我不是像柏登跟人工智慧的完全結合。人工智慧的定位，大量遺漏了經驗擷取的模型。如我們所見到的，這些從十七世紀就已經開始成爲哲學論文的核心，並且在基本假說中當然沒有被遺忘。在另一方面，一位來自加州史丹福大學的哲學家朱雷斯克（Dreske，一九九四年），提到將心靈視爲是一個資訊性的控制系統。「很難看出還有其他什麼可以去想到它的。一個心靈如果不做些什麼，還有什麼好處呢？」不光是因爲這跟我訴諸基本猜想的狀態機器差不多是同義詞，還有這也顯示出一些工程師們常用的模型，即使不是被哲學家們普遍地接受，也正開始在哲學的爭論中慢慢出現。這正是本書希望貢獻的一個趨勢。

丹奈特（Daniel Dennett，一九九四年）也對將機器使用於心理活動測試平台的想法，表達了同情。這同情可以由他的《意識的解釋》（*Consciousness Explained*）一書中得到證據，其中在主要對於「笛卡爾劇場」的攻擊以後，他將意識視爲大量計算性動作者（computational agent）的努力，這些動作者都很忙碌地改寫著感覺經驗的彈性解釋。智慧性動作者（一種將「智慧」計算性的任務分解成次級任務間互相合作的方式）目前在人工智慧實驗室中，是個非常流行的主題。在皇家協會丹奈特談到了在麻省理工學院的Cog計畫。一個機器人的意識（它宣稱有），是來自跟人與環境的交互反應中逐漸形成的。Cog有一組綜合的感應器與肢體（受動器）——它的「意識」是由在這兩者間的「訓練」，發展出神經性的連結。這訓練既長而且也模糊，類似扶養一個孩子長大。把Cog跟Magnus拿來做比較是很有趣的，而這部分將會在本書後面提到。在這裡足夠的說明是，在Magnus我們做了很多感應器與受動器的角色，它的神經機器（腦？）從一個綜合廣泛的神經狀態機器開始，具有學習代表感覺經驗的力量，以及它跟行動間的關連。Cog的設計者布魯克斯（Rodney Brookes）則是儘量避免涉及「表現」（representation）的問題。

就在英國皇家協會與會者對接受機器在意識的哲學中，可以扮演解釋性角色感到比較自在時，牛津一位哲學家盧卡斯（一九九四年）就提出了不落俗套的反對聲音。藉著壓倒性的清晰，他提醒他的聽眾們：人工智慧的典範是根據外在行爲的邏輯性模仿，在允許意識被歸因到模擬上並不恰當。有意識跟顯得有意識，是兩件完全不同的事。更進一步來說，他暗示任何經由人類設計出來的有機體，都不具有自主權可以保證被描述成有意識。很清楚地，盧卡斯的懷疑是很有基礎的，並且需要被回答。

本書的部分目的，也就是希望能提供這樣的一個答案。

潘若思

每當我談到神經元與意識，許多人心中的問題，若不是都先經由潘若思（Roger Penrose）先生的建議釐清了，科學就還沒有進入到可以解釋意識的階段。那我爲什麼還要試著去給這樣的解釋呢？在他最近的書《心靈的陰影》（*Shadows of the Mind*）中，潘若思相當清楚地陳述了他的立場。他建議把計算跟意識做連結時，我們只能採取四種可能的觀點：

A、所有的思想都是計算；特別來說，察覺到意識的感覺，只是由完成恰當計算所喚醒的。

B、察覺是大腦生理性活動的特徵之一；雖然任何生理的活動都能被刺激成計算性的，但是計算性的模擬不能被它自己喚起察覺。

C、大腦恰當的生理活動喚起了察覺，但是這種生理活動甚至不能被恰當計算性地模擬。

D、察覺不能被生理性、計算性或任何其他科學性名稱所解釋。」

D跟我先前所描述「純」哲學家們的立場，在意識的不可解釋性上是很接近的。我幾乎完全同意潘若思，這個需求不應該被卑屈地接受。他把A看成是「強烈人工智慧」的敘述——一種對於任何事，包括意識都是計算的信念。他以令人訝異的含糊，拒絕了這種看法。我拒絕它，完全是因爲其無法區別不同機制的計算性本質，也就是說它喪失了顯露出機制中興趣的能力。這不算是個強烈的陳述，它是如此地缺乏說服力，以致於無法在解釋意識的領域中站得住腳，雖然它可能可以偶爾模擬一些有意識的人類行爲。它無法認出以計算性裝置達到某個被稱做意識的路線。這就是人工意識的路線。在B跟C的領域裡，我覺得潘若思好像有點將計算攻擊得太強烈了。這問題存在於「計算性模擬」，而其實這是必須跟「神經性計算」有所區分。

計算性的模擬，暗示著被模擬過程的本身，被程式設計師充分地瞭解，所以程式設計師才能寫出指令來讓過程運作，並且在電腦上進行研究。計算性的議題卻不是如此，它不在乎一個模擬是否能自己喚起意識，而是被模擬的過程是否爲被研究現象恰當的模型。很明顯地，一個模擬氣象的系統，本身並不是一個氣象系統，但是對於一個氣象系統的模擬能夠告訴我們是否會下雨。所以問題是意識能不能被特定化，並且充分地表現能在電腦上測試與研究的地步。所以當B如其所述是正確時，它必須伴隨著另外一個信念，那信念告訴我們生理性行動會導致可測試的察覺，能透過在電腦上模擬，對其進行研究與完全的理解。根據潘若思陳述的立場，C只是重申意識目前還不能透過在電腦上研究獲得充分的瞭解，以及甚至用科學術語來討論。他並沒有把這個在未來的可能性剔除。我的觀點是這並不

需要等待，目前就有一種現成的恰當科學典範，也就是神經性計算。

潘若思已察覺到神經性計算，但是把它描述成不過是一種建立起辨別模式系統的方法，透過學習來改善效能。他並沒有接受自一九八〇年中期以來許多人所做的努力，神經性計算已經變成一種用來表達動態神經系統之功能屬性的典範。大腦很清楚地是一個動態神經系統，看來至少可以建議意識能表達成這類系統新興功能的特性之一。

透視基本猜想

基本猜想是計算性方式的標題，它靠自己就能讓系統達到，既不用假裝也不必顯得有意識。它指出一種機械論或唯物主義的計算性結構，能夠在當一個物體宣稱是有意識時呈現出來。它也（如我們將會看到的）提供了一些參數，好讓宣稱有意識的複雜精密部分可以討論。它跟Magnus是有區別的，Magnus的意識是一種人工的方式，而我本身跟我朋友們則是以眞實的方式具有意識。如盧卡斯所建議的，並不會在進行解釋與最終瞭解有意識的有機體的過程中予以降級。回到洛克對「心靈的生理性考量」的疲倦上，基本猜想藉著提及狀態結構，對洛克以及他的追隨者說：「我們現在眞的有方法沉迷在這樣的思索中了。」

Molecula說：「嗨！Asic！我又從Red Naskela那裡得到一篇很長的文件了。」

Asic嘆息著說：「眞是個壞消息！很明顯地，這傢伙並不打算放棄。」

Molecula問道：「你有像我問的，鼓勵他多提供一點訊息嗎？」「我有啊！」傳來回答的聲音。「但是我使用了一些字眼，像是——雖然你知道你的提案，跟我們現在的政策並不一致……。」

Molecula開始顯得有點困擾。「喔，Asic，我知道你是想保護我不要被解雇，但是我希望你照著我說的去做。他送給我們的這些東西相當有意思。他虛構了一個叫做地球的地方，並且說那裡棲息了一些生物性的有機體，其中有些就像我們自動人一樣。但是他們已經爲意識這東西苦惱了三千年。他還捏造了一些有機體的自傳，每個都有一些很有趣的名字，像是維根斯坦和盧卡斯……。我想要見見他。我想你該把下一封信留給我。」

「隨你便，但我看這裡面除了麻煩大概沒別的了吧，如果你鼓勵這傢伙……。」

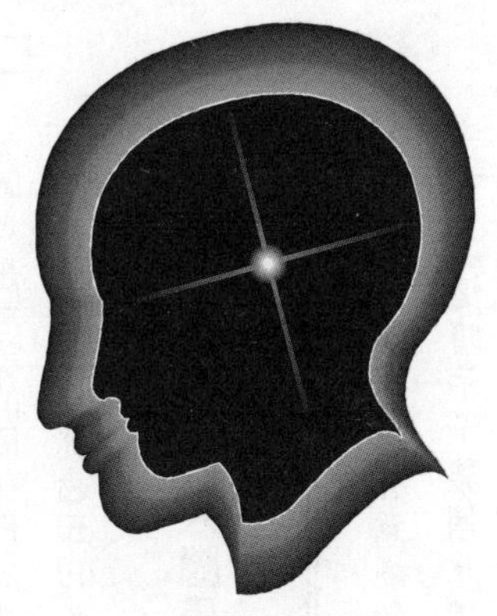

第3章

自動人與大腦

自動機理論：任何人都能做的數學

本章的開頭，要介紹一些任何人都能理解，非常簡單的數學語言。也許用「數學語言」這個字眼，顯得有點太崇高了。它其實只是一種將機器內部運作的情形表達成圖片的方法。對那些想要繼續本書核心主題——意識的讀者來說，並不是必要的閱讀內容。很類似地，本章最後的部分，是一個工程師對於大腦剖析的觀點。這包含了顯示我們的大腦，真是個非常複雜的機器，而且隨著應用自動機理論於簡化的大腦形式——這觀念是想透過大腦簡化的形式，可能會給我們一點關於意識的線索，儘管只是意識的簡化形式也好。但是關於神經自動機理論的部分，對想直接繼續第四章以後主題的讀者們，也是可以跳過去的。

推論一：大腦是個狀態機器

一個有意識的有機體，其大腦是一個狀態機器，其狀態變數是神經元的輸出。

這暗示了某個意識的定義，可以經由自動機理論的元素發展出來。

關於「一個有機體的心臟，到底在做些什麼？」的問題，廣泛來說，對於每個人的理解，是相對比較容易的。這答案可能是像「它是個幫浦，並且讓血液在我們身體裡流通。」所以用來描述人類複雜器官的語言，是設計幫浦者所使用的語言，那是機械工程師很熟悉的語言。當外科醫生討論到心臟時，他們很樂於使用一些像是「壓力」、「數量」、「流量」的專業術語。工程師們知道控制這些量化關係間的規則。所以工程語言可能對想進行心臟移植的外科醫生有幫助，甚至可能引導他們設計出人工心臟。在討論到大腦的時候，可以相似的方法上做某些事情——尋找出一種方法來談論哪些已經被瞭解了，不單單只是關於那些複雜器官的功能，還有一些方式可能引導我們塑造出意識感覺的功能。如同我們在最後一章將會看到的，有些人可能會質疑說，在科學中是有些語言能描述大腦的工作，但是它們並不能捕捉意識的概念。我希望在本章結束的時候，「自動機理論」的語言會至少在開始接近這個巨大的任務上顯得適當。看來可能是個奇怪的選擇，「自動化」在口語上通常是用來描述一個看來是活著，但是沒有意識的物體，不管它是什麼都好。用來看待它的方法，可以當成拿「自動機理論」來討論意識存在與否的恰當性，就好像「幫浦理論」可以用來定義什麼是幫浦以及什麼不是幫浦一樣。

如同我們在前面幾章所看到，建議某個叫做狀態機器的東西，可能適用（或者對於持嚴格懷疑論的人來說，只是有趣的）於當做大腦的象徵（就如同幫浦是心臟的象徵）。狀態機器最適合用一種叫做自動機理論的語言來描述，而本章的目的，就是要介紹這種語言，從頭開始解釋，並且跳了一大步後，建議透過這種語言可以表達意識的元素。

自動機理論是工程師用來設計資訊處理機器的。這看起來滿恰當，因爲大腦資訊處理的功能，至少某些方面需要被包含在我們對意識的探索中。對心臟來說，液體動態的語言，在討論心臟血液流動功能上是恰當的。自動機理論就是用來表達應用在神經狀態機器的規則，神經狀態機器則是我們在基本猜想中已經介紹過的。我認爲意識在某些條件下，是由自然法則顯露出來的，這些法則掌控什麼可以在神經狀態機器中發生。就我所知道的，自動機理論可以很輕易地描述這些自然法則，所以我建議，它當然是適用於製造意識物件模型的語言。

輪子般的機器

如果要快速地領會把狀態機器視爲某身體物件的象徵，可能把它想成像**圖一**的小機械會有所幫助。鵝卵石

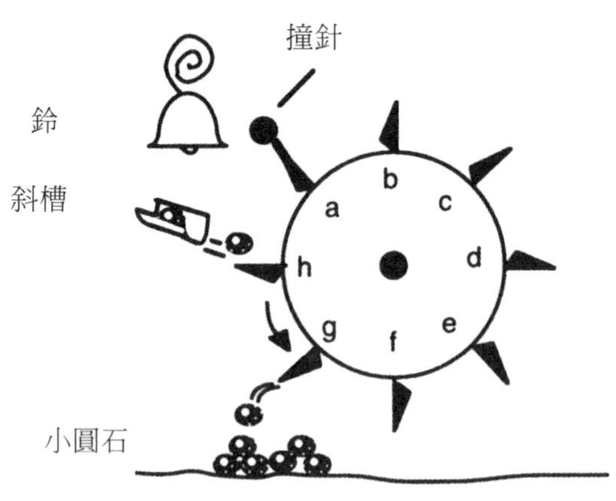

圖一　小圓石的計數器

從斜槽中滑落下來，藉著掉在槳葉上導致輪子朝順時鐘方向轉動，在某個點上鵝卵石就會滑落出槳葉。有一個撞針附在槳葉a的位置，每次當這個槳葉轉到接受鵝卵石的位置時，就會把鈴敲響一次。假設鵝卵石來的速率不會太快，那麼這整個機器就可以被看成是一個鵝卵石計數器，它會在每八次鵝卵石從斜槽滑下來以後，就把鐘敲響一次。假定a=0, b=1, C=2，以此類推。那麼從a在接收位置開始，槳葉在接收位置的數字，就是一組八個鵝卵石裡到底精確地數了幾個的讀數。更進一步來說，從a到h的這八個位置，表現了這個機制的八種狀態。所以一個狀態就是之前有過什麼的表示，可說是一種記憶——在這個例子裡就是從前一次鈴響以來，到底又多了幾個鵝卵石。

某些簡略的表達方式

但是這對大腦可能有什麼用處呢？當然，我們不是主張大腦是由輪子、鵝卵石與槳葉所組成的。事實上當然不是，但是這裡是發展論述的起點，我們希望藉著從這裡顯示出有第二種描述輪子與槳葉的方法——雖然可能有點簡略，會喪失了這機器部分的機械性細節，但是仍能保有它做爲一個擁有八種狀態計數器的主要特徵，以及在數到八個時會產生一個訊號。在後面我們將會顯示，這種簡略的表達方法，總是能轉換成一個標準化的神經機器，其中的狀態都會被編碼成神經元間激發的模式。這就是我們稱做的「神經性實作」。再往前多考慮一點，我會認爲大腦的關鍵特徵，不只是因爲由神經元所組成，而且還因為這樣的神經元具有表達感覺經驗的能力。這會經由一個完全成熟的「神經狀態機器」來代表。也就是工程師稱做的「相等」機器——一部對我們要建立模型的機器，能全部支配它的機器。這主張最後的部分，是關於大腦如果產生意識，這種功能一定能透過相等模型的討論而得。但跟它相等重要的問題是：「如果不是，為什麼不這樣？」如果這裡面沒一個有道理，深怕沒有——它就會是個在之前的預告片，建議它值得被人們熟悉，經由簡略的表達來描述那些模型。

簡略的表達，可以是圖解式或符號式。其中符號式的版本先發展出來。這機器有輸入，也就是鵝卵石，能用符號P顯示在斜槽的末端有鵝卵石到達，並且用P'說明斜槽末端並沒有鵝卵石。各種狀態則透過目前在斜槽位置的槳葉來標明，而輸出則是用B來代表「鈴響了」或是B'代表「鈴是安靜的」。這機器的整個功能可以用填滿符號的表（**圖二**(a)）描述，這些符號我們剛剛都已經定義過了。

這張表叫做狀態變換表。有一個表達同樣資訊，但是更引人注目的圖解法，叫做狀態轉換圖示。我們把它表示在**圖二**(b)。這裡的傳統是對每個狀態畫一個圓圈來表達，並且用箭頭來顯示每個輸入的影響。所以P顯示一個鵝卵石的輸入會導致狀態的改變，其中沒有一個鵝卵石離開了它狀態的位置。這箭頭的標明，也顯示了只有當狀態h改成狀態a時，鈴聲才會響起。對於其它的轉換，輸出的都是安靜（B'）。

到目前為止，我們學到了些什麼？一個狀態轉換表與狀態轉換圖示的簡略表達，可以用於當某機器的輸出是依據它輸入的記錄時，也就是說一個機器有記憶。數學家們已經證明這兩種表達都可以應

目前狀態	輸入狀態	下一狀態	輸出
a	P'	a	B'
a	P	b	B'
b	P'	b	B'
b	P	c	B'
c	P'	c	B'
c	P	d	B'
d	P'	d	B'
d	P	e	B'
e	P'	e	B'
e	P	f	B'
f	P'	f	B'
f	P	g	B'
g	P'	g	B'
g	P	h	B'
h	P'	h	B'
h	P	a	B

(a)

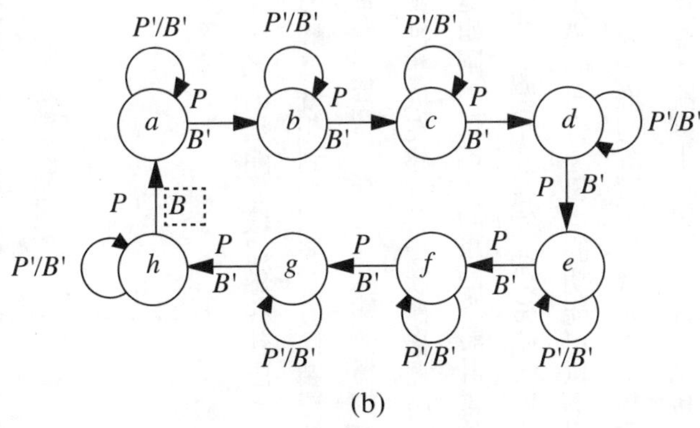

(b)

圖二 狀態轉換解構圖

用在任何有記憶的機器上。這裡的言外之意也就是說，簡略表達法可能是一種描述大腦恰當的方式，大腦毫無疑問是個有記憶的機器。我們並沒有說這可以確實地做到鉅細靡遺；只是個建議，不管簡略的描述或自動機理論——給它自己恰當的名字——是個適用於討論大腦功能的語言。

用神經元來建立機器

圖一跟**圖二**的差異，在於前者告訴我們機器是如何構成的，而後者則是關於機器做些什麼。有很大量的方法，可以讓機器能做同樣的事情。舉例來說，我們可以很輕易就想到一個裝有發條裝置的機制，每當槓桿移動就向前移動，並且在每八個槓桿動作後，就會發出聲響。在建立狀態機器的方法中，有使用人工神經元的電路。在電腦發展的早期，人工神經元曾被想成在建立各種狀態機器時，是非常有用的元件，其中包括電腦。在現代，工程師們使用叫做邏輯閘（gate）的東西來設計數位系統。舉例來說，如果是一個AND閘，會當它所有輸入都激發時，才會激發；若是一個OR閘，則會在它的輸入至少有一個或以上有激發時，才會被激發。把這個註釋先擱到一旁，**圖二**的功能可以透過神經元達到，這是滿有趣的一件事。在**圖三**中就這麼做了，其實還需要一堆的解釋。讀者如果不想要學習設計神經狀態系統或者本身就已經是設計數位系統的專家，可以直接跳到下一段，不會有銜接上的問題。以下接著介紹的內容，是針對那些剛入門的工程師們或不願意錯過技術細節的讀者們所寫的。

然而，對那些打算跳過這一部分的讀者來說，我還是建議快速地看一下**圖三**。它包含了三種方式來描述一個神經機器：(1)神經性電路、(2)狀態解構圖、(3)眞值表，用來描述每個神經元在做些什麼。這些元素是如何設計的細節，將會在後面討論，而且可能不太有趣。雖然是用來描述同樣的系統，但這三種方式的存在卻相當重要，我們會在下一段中繼續討論，當然緊接而來的話題就是：「神經狀態機器的行爲」。

二元編碼（binary coding）。神經性機器中的每個東西，都是透過一群神經元輸出的激發模式來表達。所以第一個要問的問題就是：到底需要幾個神經元，才足以替這機器的八種狀態編碼？一個神經元應該只能有兩種狀態——激發（我們替它標上1）或者沒有激發（我們替它標上0）。兩個神經元可以表達所有激發與不激發的組合，也就是00, 01, 11, 10。所以在**圖三**(a)中標上N1、N2與N3的，就足以提供我們八種必要的狀態了。像這樣的電路，根本不需要花力氣去控制計時（在工程術語上叫做非同期電路或異步電路），把一些編碼分派給後續狀態是很平常的，最多只有在一個神經元的激發狀態上會有差異。所以**圖二**的狀態a、b、c……h，現在變成**圖二**(b)中的狀態000, 001, 011,…, 100。在**圖二**中我們把一個鵝卵石的出現叫做P，以及它的空缺叫做P'。在神經機器裡面，它的表達，只要透過一插根進來的金屬線路（**圖三**(a)），在狀態解構圖（**圖二**(b)）中已經設定，如果有鵝卵石就用1表示，如果沒有就用0。最後有個神經元B，它負責扮演鈴聲是否響起的角色。當它的輸入是1時，就必須扮演讓鈴聲響起；如果輸入是0就代表安靜。

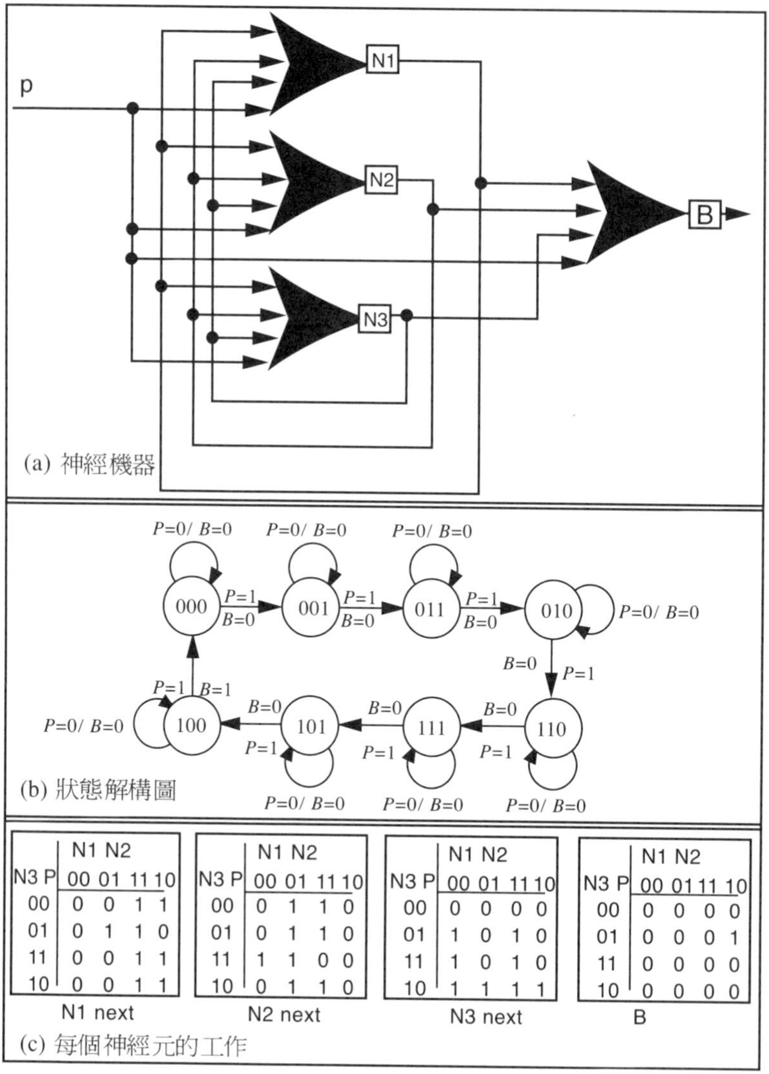

(a) 神經機器

(b) 狀態解構圖

N1 next

N3 P \ N1 N2	00	01	11	10
00	0	0	1	1
01	0	1	1	0
11	0	0	1	1
10	0	0	1	1

N2 next

N3 P \ N1 N2	00	01	11	10
00	0	1	1	0
01	0	1	1	0
11	1	1	0	0
10	0	1	1	0

N3 next

N3 P \ N1 N2	00	01	11	10
00	0	0	0	0
01	1	0	1	0
11	1	0	1	0
10	1	1	1	1

B

N3 P \ N1 N2	00	01	11	10
00	0	0	0	0
01	0	0	0	1
11	0	0	0	0
10	0	0	0	0

(c) 每個神經元的工作

圖三　神經機器的設計

神經元需要做什麼呢？在它們的輸入端，狀態神經元N1，N2和N3，每個都會感應它們所有的輸出以及P輸入的值。它們就接著被設計成依賴狀態解構圖的需求，看看哪些時候需要激發。拿系統在狀態000以及P值是0時爲例。從狀態解構圖來看，很清楚地狀態應該沒有改變，而且B應該是0。所以我們現在可以開始建立完整的規格表（或者是「眞值表」），表示因應進來不同的模式，每個神經元接著該做些什麼。這些眞值表顯示在圖三(c)中，對每一個神經元都有分離的眞值表。狀態是000以及P爲0的例子，顯示在每個表的左上角。若狀態仍然是000而輸出B應該是0，那麼0就會進入四個眞值表的左上角。現在如果狀況仍然是000，但是P變成1，狀態解構圖就會顯示狀態變成了001。所以就發現眞值表中的第一項從「起始狀態」000跟P=1開始，就在我們先前考慮過的項目之下。當N1，N2跟B都在它們眞值表中多得到一個0，N3得到1確保狀態的改變。

依照這個方法，狀態解構圖中的資訊就可以轉換成眞值表中完整的描述，對每個神經元都清楚規定了在不同狀態以及不同輸入情況下該做出的反應。這裡仍然有個技術性的問題：神經元要怎麼區別P爲1是短暫的，還是第二次爲1或是之前已經有一連串了。假設P大多數時間都是0，只有瞬間脈衝來的時候才會變成1。也就是說脈衝是很短的，神經元狀態只有在脈衝來的時候才需要改變，所以大多數時候是有點處在閒置狀態的。所以就如同狀態解構圖要求的，這個神經系統眞切地數著在P點的短暫脈衝。因此當神經元B的狀態在100時，會輸出一個短暫的脈衝，這個脈衝出現在P點，讓狀態改變成000。整個神經機器的設計，到此完整地告一段落。

神經機器的行為

在經過前面神經狀態機器工程面細部的探討後，現在先退回來一點，並且想想在設計過程中包含的元素是頗爲重要的：其中包括了神經元的神經性電路、狀態解構圖以及眞值表。首先，讓我們來考慮神經性電路。這是個結構性的架構，如果你高興，也可以說它是系統化有形的大腦。這個結構顯示的資訊，能夠提供我們多少關於它系統正在做的事呢？令人傷心的答案是，非常少。問題在於同樣的結構，可以蘊含非常大量的行爲。爲了要展現這部分，我們先將其中兩個神經元做一些改變。這顯示在**圖四**(b)裡，原來眞值表裡的兩個0，都被改成了1。對於這電路所做事情的影響，如**圖四**中狀態解構圖所示，是相當戲劇性的。現在不管這個機器從哪個狀態開始，它都會隨著P點到達的脈衝，落入只能在100與101兩種狀態間轉換的困境。它永遠也不會進入任何其他的狀態。

所以，如果試著從神經元是怎樣被連結在一起的，來推論一個神經系統在做些什麼並不明智。特別是這部分如果我也展示另一個不同的眞值表、不一樣的連結方式（但是這裡將不會這麼做，因爲這點是很容易讓人接受的。）也可以導致跟**圖三**(b)一樣的狀態解構圖，這就顯得更清楚明白了。事實上，自動機理論的結果，對工程師來說是很熟悉的。以下是可以歸納出來的情況：

一、給定一個神經性電路，其中的神經元具有許多功能，這個電路能經由其神經元每個功能的組合，表現得完全不同。因此我們有可能全然經由它外在的結構，推論出它神經電路的功能。

二、一個給定的狀態解構圖，可以透過多樣不同的神經電路做出來。(可能有無限多種的變化)

所以到目前為止，自動機理論告訴我們的結論是，狀態解構圖是描述神經機器能做些什麼最好的方法。但是狀態解構圖，是神經元細部的功能與神經電路圖結構組合的產品。一個馬上變得重要的問題是：神經元從哪裡得到它們的功能？這就是學習的來源以及需要更接近的考量。

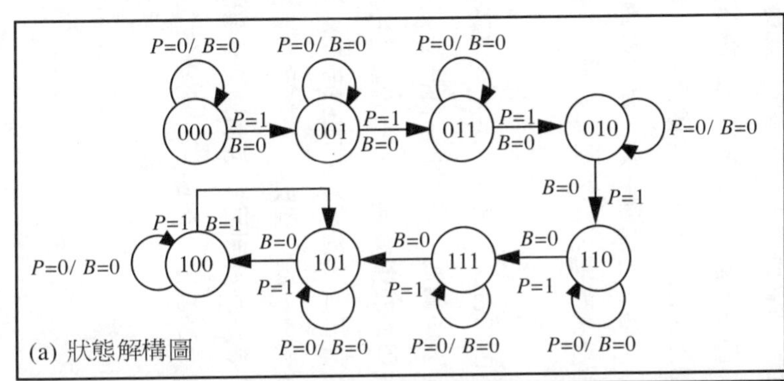

N1 next

N3 P \ N1 N2	00	01	11	10
00	0	0	1	1
01	0	1	1	(1)
11	0	0	1	1
10	0	0	1	1

N2 next

N3 P \ N1 N2	00	01	11	10
00	0	1	1	0
01	0	1	1	0
11	1	1	0	0
10	0	1	1	0

N3 next

N3 P \ N1 N2	00	01	11	10
00	0	0	0	0
01	1	0	1	(1)
11	1	0	1	0
10	1	1	1	1

B

N3 P \ N1 N2	00	01	11	10
00	0	0	0	0
01	0	0	0	1
11	0	0	0	0
10	0	0	0	0

(b) 每個神經元的工作

圖四　改變後的狀態機器

神經元的功能：學習與推論

神經元的關鍵特性，在於它們的功能可以改變——透過一個通常叫做「學習」的過程，因爲其中的改變，通常是爲了達到某些目的而做的改變。對於眞實跟人工的神經元皆如此。我們先把眞實的神經元放到一邊，更值得提的是，有關人工神經元如何學習東西，以及這種學習能力能夠如何用在創造如先前所提電路的功能。在研究人工神經元的學習上，可能會變得有點複雜，所以我必須假設盡可能簡單的機制，在原理上也不會跟人工或眞實的神經元有所不同。請參照**圖五**，我們從隨便想像神經元的一個輸入（用白色的箭頭顯示，並且標上z）開始。

我們給這個輸入一個名字「支配的突觸」，在這個神經元活動的早期部分，如果z被激發，那麼在Z點的神經元就會被激發。其中顯著的影響在於當神經元被激發時，它會「注意」到其他輸入在做些什麼，並且把它們記住。更精確的來說，「注意」的意思是之後不再需要學習時，z就會開始萎縮並且不再支配，神經元仍然會繼續隨著z激發時a到d會產生的模式而激

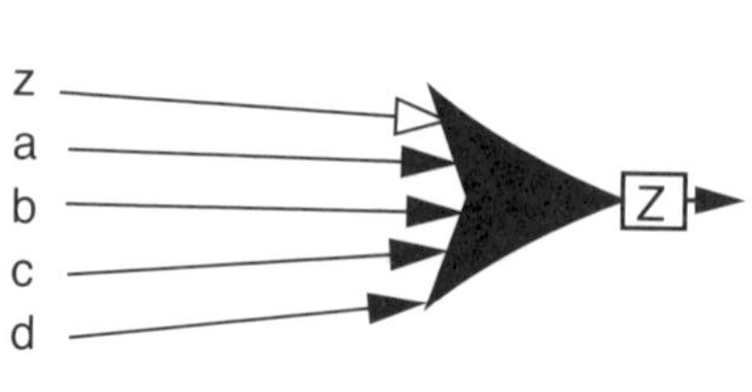

圖五　一個神經元如何學習

發，並不會在z不激發下的其他模式中激發。另一種說法是，神經元已經學習到循著從a到d的某些模式來激發。

這裡我們必須對「早期」活動跟「之後」的意義，做一番澄清。很簡單地，它意味著在神經系統的行爲有兩個主要的階段：「早期」的意思是「學習」，而「之後」則是「應用所學到的東西」。在最後會幫助我們討論意識的簡單模型中，我們假設這兩個是明顯有區別的階段——在人造系統中，當然可以被組織出來。在眞實系統裡，神經元實際上從學習轉而到應用，是經由在生化過程的控制下，可能在後向（backwards）或前向（forwards）中組織出來的。我覺得在此刻，並不需要包含找出神經系統中「思考力量」的來源，簡單地從學習轉換到應用階段，就已經足以說明。

讓我們看個例子，假設**圖五**中的神經元在它的學習階段，輸入端是00000、處在1111模式；在應用階段，它會學習當a到d在1111時激發，並且在同樣輸入端0000時不會激發。現在又有一個關鍵的問題：神經元對其他輸入的可能組合，會有怎樣的反應呢？我們假設神經元會根據那些與訓練時相似的未知模式，做出推論（generalizes）的反應。所以，舉例來說，如果輸入是1011或是1110，神經元會激發，然而卻不會在0100或1000時激發。但是對於像1100或0101的模式會怎樣呢？由於這兩者跟訓練的模式都同樣「遠離」，它們可以說是互相競爭的，並且假設神經元是「半激發的」，也就是說有一半時間可能激發，這種可能性是隨機的。關於這種行爲更進一步的技術性細節，可以在與該主題相關的文獻中找到（例如：Aleksander，一九九三年與Morton，一九九五年）。

學習或者是程式化

回到圖三(a)的電路圖，我們剛剛才學到個別神經元學習功能的方法，可能可以顯示它們用平行分散的方式進行功能的學習，透過它狀態解構圖包含的資訊進行訓練。首先，我們需要想像這四個神經元各存在有一個支配的突觸——就說它們分別是對神經元N1、N2、N3的z1、z2、z3以及神經元B的zb。

那麼讓我們舉個例子，要教系統初次轉換，從000到它自己變成P=0以及B=0，

神經元輸出N1、N2、N3被設為000，

P被設為0，

支配性突觸z1、z2、z3與zB被設為0000，

並且系統被「做」（不管控制指的是什麼）成進入它的訓練階段。

再換一個不一樣的例子，如果要在已經學習到P=1以及B=1的情況下，從100轉換到000，那麼，

神經元輸出N1、N2、N3被設為100，

P被設為1，

支配性突觸z1、z2、z3與zB被設為0001，並且這系統被「做」成進入它的訓練階段。

所有的狀態轉換，都可以透過此解構圖十六個可能的彼此轉換而達成。

到底達成了什麼？學習到的東西，並不如把一個確切功能寫到（程式化）電路圖裡，那樣幾乎可以接受任何的功能。有個比較有趣的步驟，可能是讓我們看看如果這個系統只有部分被訓練，那麼這個系統會怎麼做呢，而且神經元推論力量的來源是從哪裡來的。**圖六**跟這點相關，但是還需要很多的解釋與說明。**圖六**的狀態解構圖，是**圖三**的電路圖在下列兩步驟訓練後的結果：

(i)神經元輸出N1、N2、N3被設爲000，P被設爲0，以及支配性突觸z1、z2、z3與zB被設爲0000，這個系統被「做」成進入它的訓練狀態。

(ii)神經元輸出N1、N2、N3被設爲111，P被設爲1，以及支配性突觸z1、z2、z3與zB被設爲1111，這個系統被「做」成進入它的訓練狀態。

兩個步驟創造出來的狀態，在狀態解構圖中我們用粗線的圓圈顯示。但是其他的狀態呢？先舉個簡單的例子：假設N1、N2、N3被設爲100，並且P=0。從我們所說關於神經元的推論，對於神經元的輸入跟狀況(i)的訓練很接近，所以所有神經元的反應也都如它們在訓練步驟時一般，系統會繼續維持著，導致了狀態從100轉換到000。跟這兩個訓練步驟相關連的，還有很多其他這樣的轉換——它們都在**圖六**中用實線表示。

現在換個複雜一點的例子。假定N1、N2、N3設爲000，但是這次假設P=1。現在所有的神經元，都會從這兩個訓練步驟間獲得各自的輸入。意思是所有的神經元都會隨機地（如先前的定義）決定是否要激發。也就是說，從狀態100開始，當P=1時，系統可以轉換到任何狀態。在自動機理論中，我們稱這狀態機器變得機率化了，因爲可以討論其中任何狀態轉換發生的機率。在這個例子中，對每個狀態（包括它自己）發生的機率都是相等的（八分之一）。

精明的讀者現在可能會發現，被訓練成產生**圖六**狀態解構圖的神經系統，並不特別地有用。然而，這個狀態解構圖的迷人之處，在於它讓經過訓練後系統可能會做些什麼，做出了完整的描述。讓它開始運作

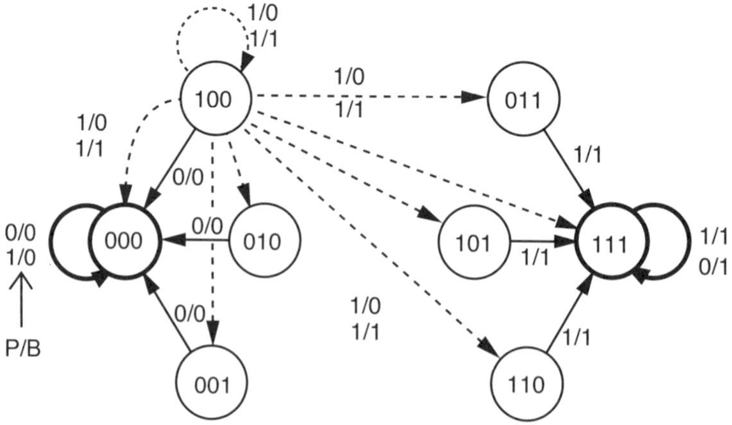

圖六　部分訓練下的狀態解構圖

看看，假設這機器一旦打開了以後，它就可能變到八種狀態中的任何一種狀態。

假設機器開關被打開時，P的值是1。假設它起使狀態，是從以下狀態集合中的一個開始{111, 110, 101, 011}，它馬上就會變成111（或者仍然是111），並且輸出一直都會是1。等達到了111以後，任何P值變化的操弄，都無法改變狀態以及輸出。如果從另一方面來看，這機器要是從以下三個狀態之一開始{100, 010, 001}，它就會有百分之五十的機會轉換成之前的集合，並且以{111}結束。然而如果它從{000}開始，它就會一直處在那裡（同樣地如果機器開始時P是0，也會有同樣的情形）。

在這點上，統計學家就可以開始計算這個機率狀態機器，並且整體來說，假如P爲1（或是0），這個系統就會有百分之八十的機率結束並處在111（或000）的狀態。統計學家甚至可以預測會產生這種穩定性的可能時間。

對觀點的觸碰：我們是否喪失了對意識的見解？

我希望並非如此。推論一簡單地建議了運用自動機的語言來討論大腦，因爲它是種能表達三種主要讓大腦做所有事情元素的語言：結構、建立起這個結構元素的功能，以及前述兩者總和起來能讓系統做到的表達成狀態結構。事實上，它說明了如果要大腦做有意識的陳述，這樣的一個陳述可能會從由狀態結構組成而受惠，認清這些是生理結構與神經元功能的產物（學習到的或繼承的）。

當我將這些想法跟對意識這個主題做過長久苦思的人分享時，我得到了廣泛的回應。典型的回答是：「爲什麼我還要學一種新的方法——光是我在做的就夠難的了。」「做我在做的」可能是任何事情，從哲學經過神經生理學一直到物理都有可能。另一種反應是——「我已經聽過這種說法了啦，很多人都說大腦是硬體而思想是軟體——這並沒有告訴我關於意識任何事情啊。」在本章後續的篇幅中，我會相當仔細地審視其他途徑，看看它們跟第一個推論的主張相關之處，並說明自動機理論是一種適合用於討論意識的語言。我會試著破除我正在談著「軟體／硬體模型」的想法。然而，實際上狀態機器如何在小說中捕捉意識的概念，並且（對我來說）深入洞察其本質，仍將需要本書其餘推論的討論。

神經解剖學：大腦的形狀

在這裡以及接下來的段落，我想概略地探討什麼被視爲意識的神經生物性基礎。如果有一種意識的研究，可以直接透過研究大腦的成份，這不禁讓人想問爲什麼我們還需要發現如推論一所提倡的新描述方法。答案是大腦的結構相當地複雜，並不能被完全地理解。再者，如我們前面所看到的，結構有時候是功能不可信賴的指標。然而觀察大腦仍然是有啓發性的，聽聽神經解剖學家與神經生理學家對於結構支持意識的說法。

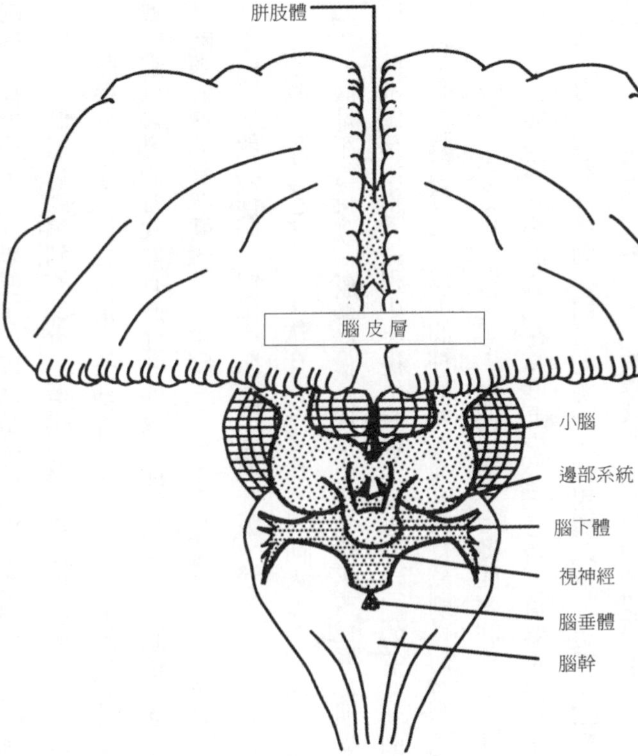

胼胝體
腦皮層
小腦
邊部系統
腦下體
視神經
腦垂體
腦幹

圖七　簡化後的大腦剖析圖

大腦被幼稚地過度簡化的解剖觀點，就如圖七所示。這些器官擁有天生稠密的神經網路，它們的功能，大多透過某些特定區域損傷後對行爲的影響而被發現。其實有件事滿值得我們記在心中，透過損傷的觀察，仍然會有許多的偏誤，這該歸咎於許多元素之間的交互作用：對A部分造成的損害可能會導致對B部分的影響，而我們可能會誤把B的功能也歸因在A身上。這讓人回憶起一個老掉牙的笑話：有個研究人員歸納出一個結果，當跳蚤的腳被拔掉後，牠就變聾了，因爲當牠聽到桌子嘎嘎作響時，牠竟然不跳了。所以關於大腦各元件的功能，我們可以談論到的部分，必須根據實驗目前的限制來做最佳的估計。

腦幹（brain stem）是由一叢神經所構成，它讓大腦以及身體的其他部分可以透過脊椎神經彼此溝通。它以自己的方式擁有原件（並沒有顯示出來）：腦橋（pons）是一個球狀體的器官，它像是一個外送與內傳的資訊轉繼站；中腦（midbrain）傳遞感覺與運動訊號的溝通；延髓（medulla）則涵蓋了許多內部功能的控制，像是心跳、消化與呼吸。

小腦（cerebellum）潛伏在腦幹之後。目前大家對它所知道的是，它有許多像樹一樣美麗的神經元，分層地平行排列（就像腦橋一樣），這結構被視爲關於肌肉的移動。小腦跟腦幹相反的地方，在於它被當做早年學習過程中，提供肢幹運動良好控制的器官。頗讓人感到好奇的地方是，小腦包含了大約所有大腦三分之一以下的神經元，而它的行爲到目前看來，都還是完全無意識的。

腦皮層（cortex）的樣子，就像厚厚一層攤開來的毯子。在頭蓋骨裡面，它用折疊的方式分佈，構成了大腦外層的功能性。在厚度上少於三公釐，這器官似乎是大腦較高層功能駐足的地方——感覺表達、啓蒙運動性活動、語言的源頭、使用與理解。有很多稱做「思想」的東西，都被當成在這個器官裡產生。它是如此地重要，所以我們會用另一個段落來做較深入的觀察。

胼肢體（corpus callosum）是一撮纖維，創造了大腦兩半球間的溝通。籠罩在大腦中間的是邊部系統（limbic system），它像是個內部控制中心，校調著大腦其他部分恰當地運作著。它包含了一個像

核果般的器官叫做amigdala（我們並沒有顯示出來），它在感情上扮演了某種角色，而海馬體（hippocampus，形狀像海馬，這裡也沒有顯示出來）則被認爲是控制深層記憶，把重要的感覺訊息擷取出來加以整理。

這團體裡面也包含了丘腦下體（hypothalamus），它含括在情感、心律、血壓以及腦下腺的活動中。後者替大腦其餘部分製造了化學分泌物，具有大規模的控制效果（像是在許多區域的促進學習），並且不太容易被瞭解。

最後要介紹的是丘腦（thalamus），從感應器接受資訊並且將感覺資訊分散到腦皮層。

腦皮層

腦皮層（cortex）攤開的樣子，我們已經在圖八中重畫了一次。同樣地，透過研究損傷區域的過程，腦皮層各區域得以跟不同心靈性功能連結起來。雖然解構圖看起來相當具有系統性，損傷試驗卻導致了兩半腦皮層各自從事不同活動的信念。整體來說，大腦左半球（在解構圖的右半邊，如圖上方所示，在頭的後方）似乎是處理語言，而右半邊則包含了音樂與鑑賞視覺性的輸入。在某些情況下（解構圖中也沒有顯示），某些專業化的區域也是非對稱性的。

腦皮層的許多部分被分派去支援登錄感覺資訊與產生移動的基礎功能。枕骨葉（occipital lobes）

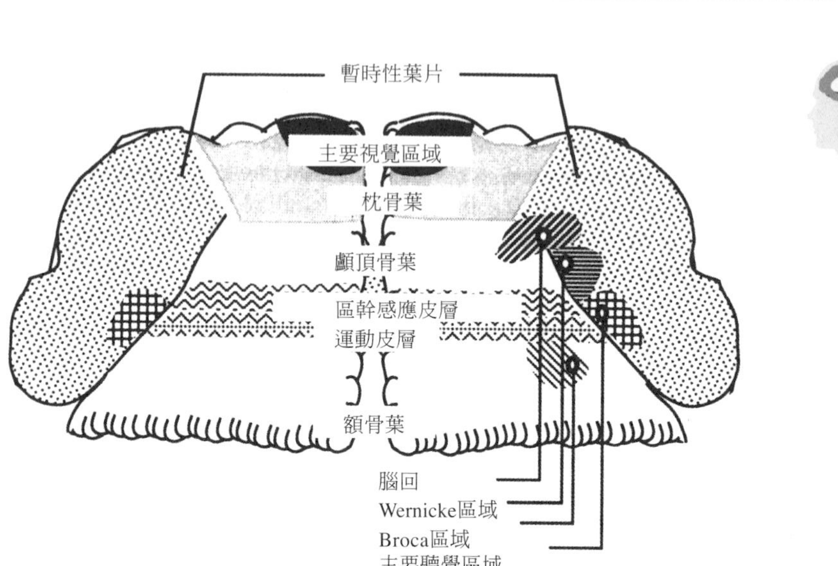

圖八　腦皮層

則著重在視覺上，包含主要的視覺區域，它從眼睛的視網膜經由視覺神經獲得連結（請見下一段）。暫時性葉片（temporal lobes）跟聲響、學習、記憶與感情相連結。這些包含了主要的聽覺區域，從聽覺儀器接受訊號（從耳朵通過耳蝸，諸如此類）。如我們在第二章所看到的（第二章圖六），當運動皮層（motor cortex）是相對應區段控制身體某些非常特定部分的運動時，細胞感覺皮層就會從身體的觸覺感應器接收投射。很有趣的是在感覺皮層裡的特定區域（像是跟唇相關的部分），在生理上與控制身體肌肉部分的的運動皮層區域滿接近的（在這個例子裡，如嘴巴就是）。其中建議了迴圈的存在是獨立自主的，也就是說迴圈可以從事它們的感應與進行無意識地控制，而不必叨擾大腦其餘的部分。事實上人類的神經

系統，的確是充滿了這樣的迴圈，它們有些在脊椎裡就已經完整了，從來都不需要達到大腦，除非是站在「給你資訊」的基礎上。舉例來說，我們手指可以在碰到熱的東西時馬上就縮回來，遠在我們大腦可以「理解」這樣一個事件之前。迴圈的行動，正常來說可以被描述成「無意識」。

顱頂骨葉（parietal lobes）則被當成處理從感覺皮層傳來的訊號，並且將來自不同感覺區域的訊號整合。大部分的功能，像是推理、規劃、語言與感情都一起匯總在額骨葉（frontal lobes）上。

但是大腦皮層最有趣的區域，可能是在左腦顱頂骨葉與額骨葉發現的部分，特別是那些對語言在意識中所扮演角色感到好奇的人。它們是Broca區域與Wernicke區域，分別在一八六〇年代由法國研究者Paul Broca與一八七四年德國的Carl Wernicke所發現的。它們與角形的腦回（gyrus）在個人語言能力的形成與理解上，顯得極其重要。如果在Broca區域有損傷，會導致產生語言的困難與障礙。不只是像肌肉性的損傷，會導致運動皮層在嘴部區域的受損。Norman Geschwind（一九七九年）引述過一段病人描述的約診看牙：「是的……星期一……爸和迪克……禮拜三……九點……醫生……與牙齒。」很清楚地，「想法」都在那裡，但是把句子串連起來的能力卻消失了。

在另一方面，如果在Wernicke區域有損傷則會導致字句串起來看似沒問題，但是用適當句子描述一個想法的能力卻不見了。一個在Wernicke區域受損的病人（同樣是由Geschwind引述，一九七九年），當他被要求去描述一幅兩個男孩在媽媽背後偷吃餅乾的圖畫時，他描述成「母親總是在這裡工作著她的工作去讓她好一點，但是當她的視線落在兩個男孩身上看著其他部分。她的工作另外時間。」很多人也認爲Wernicke區域，似乎含括了語言的理解。角形腦回則顯得似乎是聽覺語言跟視覺資訊（包括書寫的文字）間的橋樑。它從Wernicke區域朝著腦皮層中視覺處理區域延伸，也就是顱頂骨葉與額骨葉。

我們將會在之後考慮到語言跟意識時，再回到這些發現。我們必須強調的是，這裡只有提及很少關於大腦中已知的細目（例如嗅覺或味覺在這裡就完全省略）。此處關鍵的議題是我們已知關於大腦的自主，是專門性與一般性活動區域迷人的混合，協調地共同運作製造出有時候稱做意識的交響樂。隨著本書的行進，我們將看到這種混合可以透過狀態機器建立模型，而其產生的功能則可以在推論一的主張下，透過自動機理論進行分析。

視覺系統

圖九是視覺途徑在大腦中的略圖。這裡重要的神經器官是側膝狀細胞核（lateral geniculate nuclei），它活動得像是資訊傳達的轉繼站，透過一束束視覺神經將資訊從眼睛視網膜傳出。這些部位是**圖七**視神經床（腦丘）的一部分，它們在意識討論中是很重要的，它們不只是光將資訊投射在主要視覺皮層，而且還從大腦皮層本身接受資訊。就如自動機理論所告訴我們的，生理上的結構不能在缺乏回饋通道下支撐任何獨立的活動（只有意識）。如我們將會看到的，它是側膝狀細胞核的回饋角

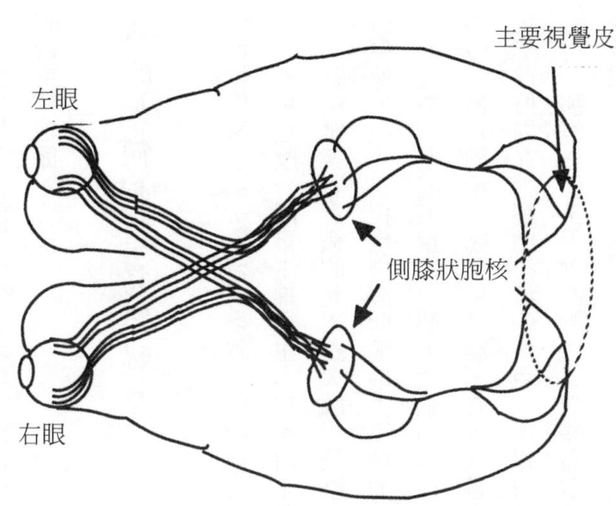

圖九　視覺性通道

色，可以從仔細觀察近來關於意識的討論中發覺。雙眼左邊的視野投射進右腦主要的視覺皮層，而右邊的視野則投射進左腦的視覺皮層。

主要的視覺皮層，是一個分層良好的神經元性結構。它包含了六層，其中第四層（從表層開始）又分成三個部分。也就是在此處，誕生了本世紀神經生理學中最具影響力的發現，發現者David與Torsten Wiesel也因此榮獲諾貝爾獎。主要的視覺皮層是高度結構化的，關於特徵的偵測上是三維性的陣列。舉例來說，在我們視野裡一個垂直的長條棒子，會讓大腦皮層中局部的神經元被激發，但是如果這棒子的方位有所改變，大腦中另一個部位也會做出相對的反應。許多其他這樣的特徵，包括那些移動的屬性，也都是用這種局部的方式處理。視覺皮層與其相關區域組成方式的迷人說明，可以在Hubel與Wiesel（一九七九年）的文獻中找到。

我們將會在審視神經生理學家已經在試著追蹤大腦複雜神經架構下的意識時，再次提到這些相關的自主性細節。

大腦如何創造意識呢？

哲學家John Searle總愛說，就如同心臟是導致血液循環的器官一般，大腦是一個導致意識的器官——就是這麼一回事！神經生理學家可不願意就此罷休，而在當代腦部研究中最受熱烈探索的議題之一，就是試著將意識的元素跟大腦中觀察到的事件相連結起來。除了對於病患大腦中特定受損區域的觀察外，現代科技也推波助瀾地加了把力。一種我們知道叫做正電子放射斷層（PET）的技術，透過測量增加的血液流量可以製造大腦活動區域的照片。雖然這不是個衡量大腦哪些點在做些什麼的精確指標，但它顯示了哪些區域涵蓋在各式各樣的心靈性作業下。再者，透過這樣的偵測，我們更瞭解了化學性控制在大腦中扮演的角色。所以對於意識探索的進行，如果透過對大腦的研究眞能進行地如此恰當，那麼一個工程師的神經狀態機器跟這會有什麼關連呢？我希望這問題可以在下列關於意識在許多神經生理學不同觀點下的簡短回顧中得到回答。

Ottawa大學的Terence Picton與Donald Stuss（一九九四年）歸納了近期發現到通常跟「有意識」

相連的區域功能。舉例來說，大腦的前面區域，似乎包含在我們稱做一個人的「人格」裡，就如同所有種類更多的基本記憶功能：插曲式的記憶（直接由經驗回想起）、語意的經驗（從經驗而來的句法結構）與工作中的記憶（短期保留的感覺經驗）。然而它們導致了同一個結論，也就是說「意識……是以一種分散的方式運作著」。這是因爲PET測量顯示，大腦皮層的其他部分區域，跟那些主要負責記憶的區域一樣，也在同一時間呈現活躍。神經狀態機器幫助我們想像短期記憶（在狀態結構裡的某個區域）的回想（掉入表達過去經驗的狀態裡）與製造記憶（透過神經元功能的轉換而改變狀態結構）。狀態機器可以讓某個神經元退出，並且不令人感到訝異地，在任何神經性系統裡（不管是眞實的或人工的），都可以有分散式的記憶功能。關於這部分，我們在本書後面將會談得更多，包括創造語意性的記憶。

有一則特別重要的報導，是由Stuss與Picton所提出的，他們說PET掃瞄顯露出心靈的視覺性圖像刺激了主要的視覺皮層，就如同以對外來感覺資訊相同的方式。當視覺神經不活動時，這怎麼可能呢？此外，PET掃瞄顯示了當某東西被感應到時，大腦中許多相似的區域都會去思考什麼被感應到了，它們都在從事「思考」心靈圖像的工作。這部分我們在第一章中曾做過簡短的介紹，神經狀態機器透過一個稱做圖像式學習的過程，來解釋這些效應。在後續的章節中，我們將會看到圖像式學習在維繫「某人腦中」整個世界運作的模型上，佔有多麼重要的地位。談到這裡，Stuss與Picton將他們的文獻回顧以下列的文字作個總結：

「人類大腦裡形成並且維繫了這個世界的模型，並且其自身也在那個世界裡。這個模型可以用來解釋過去的事件，也可以預測未來。」

然後他們接著建議，當然意識有許多元素，但其中最重要的是它對所經驗到的世界之表達。如果這就是我們希望去瞭解的，其中關鍵的議題，是大腦如何在內部表達與感覺輸入之間做傳達。透過推論一中使用自動機理論的呼籲，我建議這種傳達的形式，可以透過像是一種一般性的原則，以某種稱做神經狀態機器的物件來進行建立模型與理解的過程。大腦可以是許多東西，但是其中它不得不以本章先前我們定義過的神經狀態機器的面貌出現。所以一言以蔽之，關於意識在神經生理學認定範圍內的核心問題，都可以透過使用自動機理論以全面的方式有系統地闡述與研究。

意識的同中心理論

關於許多近代討論意識在腦中可能的產生方法，其中由Susan Greenfield（一九九五年）堅決提出建議一種完全的理論，這理論要能連結大腦神經結構的化學性與傳送性觀點，來進行對這個世界可能的表達。身爲巴金森氏症（Parkinson's disease）的專家以及具有大腦神經性衰退影響深入知識的人，

她將她的模型稱做意識的「同中心」理論（concentric theory）：

「意識在任何時間上都具有空間的多重性，但是實際上卻是單一的。它是非專門化與分散群神經元（型態）的意外屬性，這是關於其連續性的變數並且總是需要一個刺激的中心。這型態的大小及隨之而來意識的深度，是中心恢復強度與喚醒程度間交互作用的產品。」

這定義強烈地使用了一個比喻，好像一滴水掉入靜止的池塘，在池面泛起一圈圈的漣漪。那水滴就是感覺性刺激（或者是中心），而漣漪則是隨之而來的感覺。學習創造了神經元間有意義的連結，而這樣連結結構的群組就稱做「形態」（gestalts，整體性的評估，見樹亦見林）。某種特定的感覺刺激，導致了經由神經性組合的漣漪活動。這些漣漪經由刺激導致意識的發生，而它們的結合則儲存在神經元的連結間。Greenfield將這個理論視做非常健全，因爲透過這些「形態」的大小，她可以預測出這些意識的變化性，不論是在個體內的（在藥物的影響下或其他化學性造成的心情變化）或是在同樣受到大腦傷害的個體間（或者稱其做心靈性疾病）。她將小的「形態」跟過度集中的困擾、反覆的行爲相連，舉例來說，一劑迷幻藥就會讓人狂歡跳舞一整晚。大的「形態」則會導致無法集中注意力，當年老時發生活在過去裡的情形或有某種痴呆的症狀。

自動機理論能對同中心理論散發出什麼光芒呢？事實上我們已經有漣漪透過神經性組合來傳播的劇本，還眞的需要進入形式主義的冰冷世界嗎？再次地，我對這點持正面的看法，我將會利用數個段落，從神經狀態機器的觀點來看同中心理論。

「意識在任何時間上都具有空間的多重性，但是實際上卻是單一的」，這些話在自動機理論中以「狀態」所代表的意義，是很精準的。意識的探索者們有一致的看法，也就是意識並不會單獨發生在大腦中的某個地方。如我們在前段中所探討的，現代的科技支持了這個想法，也就是說不論意識可能是什麼，它都是散佈在大腦中。Susan Greenfield定義中比較有一點問題的是，在神經元間關於意識多重空間性的活動，似乎持續性地變化著。她接下來說明這部分：「它是非專門化與分散群神經元（形態）的意外屬性，這是關於其連續性的變數。」這就是我們所提議，可以經由某些形式性細察所獲得的好處。

在所有的處理系統，包括大腦的神經網路，如我們平時瞭解的資訊，都是經由處理元素所攜帶的整組訊號——在這裡就是指神經元。大腦中神經元的整組訊號，包括了非活動性、完全地激發以及其中所有的可能性。如果激發對腦中有意識地感覺到的事件有所貢獻，那麼非激發狀態也是相同的。一些像是「形態」與「群組」的字眼，建議了只有激發的神經元才對意識有所貢獻。事實上，Greenfield顯示了它們必須強烈地激發，才對強烈感受的心靈感覺有所貢獻。她同時也把這些群組描述成一灘水銀在顫動的表面上，進行快速地改變。然而，這仍然沒有移除定義神經元整體在某些時點對許多「形

態」有所貢獻但其他時間可能是不活動的責任。這些群組，不管它到底在腦中是以什麼方式散佈的，都可被稱做神經元組並且肩負起對意識的職責。這些實際上就是神經狀態機器的狀態變數：所有神經元的子集合。在給定這些的狀況下，就沒有必要去喚起「形態」——概念是一個狀態，經由許多值所構成，而其實這就是狀態變數所做的事。本書所採取的自動機觀點（請見推論二與推論三），是指有某些神經元，可能從來都沒有包含在意識的活動中，有鑑於這些進入狀態者，在意識上可能有意義（像是過去經驗的心靈性圖像）、也可能沒有（像是無夢的睡眠）。狀態的概念，鼓勵我們去正式地定義出這兩種狀態的差別，這將會是定義意識上的一個貢獻。在下一章中將會這麼做。

那麼一個「形態」的正式性解釋，會是什麼呢？對它描述的困難性在於它有時候跟即時的事件相關聯（在某時是一灘水銀的形狀），這在自動機裡是一個狀態，但是在其他時候又離開了其中心對這灘水銀的控制，像是她說的「總是需要一個刺激的中心」。事實上關於一個「形態」最有用的解釋是在後面動態的感覺。若能接受這個，那就變得很容易看到一個中心在控制對狀態機器的輸入，以及對其輸入的狀態結構子集合，就是一個「形態」。舉個例子可能比較有幫助。

在圖十(a)中，有一個群組是由三個完全連結的神經元所構成，假設它已經學習了一組功能。它們是由一個「感應」輸入P所控制的。請注意到在同中心理論中，已經學習到的功能，是由神經性建立模型者以其偏愛的方式來表達——權重。在圖十(a)中並沒有顯示任何的加權數，因爲它假設這些都被包含在代表神經元的三角形裡。無論如何，就如我們在本章較前面所看到的，用變數性真值表的思考

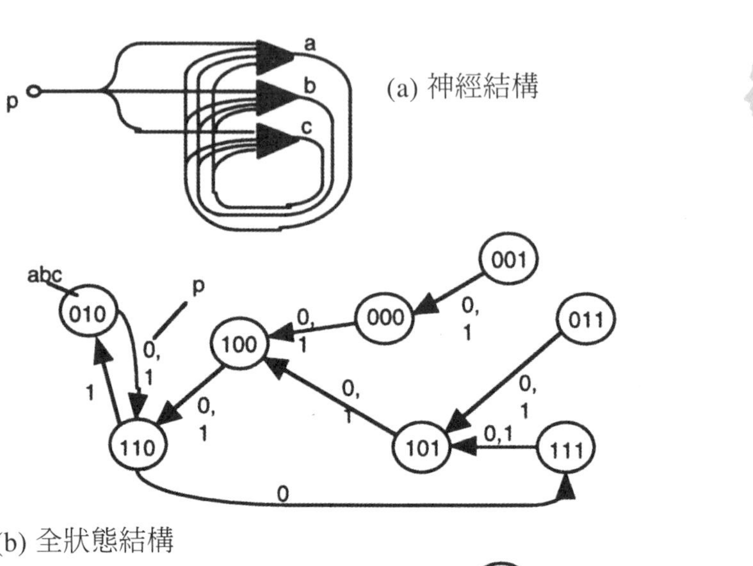

(a) 神經結構

(b) 全狀態結構

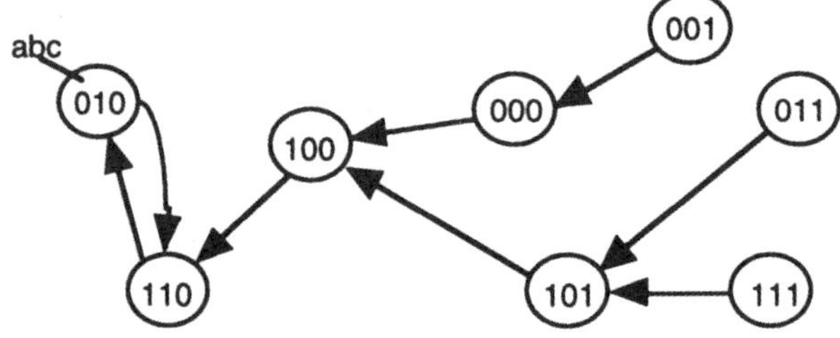

(c) p=1之結構

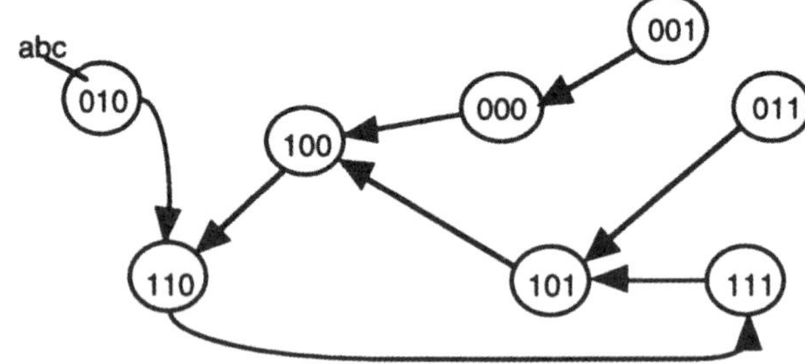

(d) p=0之結構

圖十　簡化神經結構中的「形態」

方式，是一種替代權重的方式。（事實上它是一種有彈性的方法，就如它可以表達更高階「調整」的功能，就如同Susan Greenfield在關於同中心理論連結的探討一般。）

整個的狀態解構圖，我們顯示在圖十(b)中。這並沒有暴露出它致命的缺點，直到它必須個別地表達圖十(c)中兩種感覺事件P=1與P=0的區隔。這讓我們看出當P=1時，神經元b會連續性激發的結果，神經元a有一半的時間會激發而神經元c則沒有動作。如果從另一方面來看P=1，就是a開啟連續性的激發，而b跟c則輪流。

這裡所做的簡單描述是：接受P的兩種值，可能會是描述兩個不同的中心性事件，而不是恢復這些改變狀態結構的組合。事實上自動機理論學者有一種比喻性的語言來描述這些事件。他們談到循環（像是在圖十(c)的010與110之間）與瞬變現象（像是圖十(c)中依序的001, 000, 100, 110）。再者，有一些簡單的理論顯示了對於某個特別的輸入（中心事件），神經元群組的整個狀態結構就會分解成許多彼此不連結的結構——稱做匯集點，它們每個都有單一循環與許多的瞬間變化。在上述的例子裡，對每個P值只有一個匯集點。當我們談到意外的屬性時，自動機學者會提到這些匯集點數目很小並且迴圈循環也很短的事實，而這些是神經元與網路形狀一般化的結果。我建議這會是比用漣漪（儘管它比較富有詩意）來表達的想法更精準與更清晰剖白的語言。

我們經由自動機理論學到的，主要是一種描述網路的恰當水準，而大腦的功能可以由狀態結構（狀態空間）來說明而不是頑強地故步自封，堅守著前人的理論，像是Hebb提出神經元迴路的「回響」

（reverberations）（一九四九年）或Greenfield的同中心漣漪。前者告訴了我們關於整體來說，一個神經元群組中到底發生了什麼（見林？），而後者則試著找出個別神經元在一個群組中的行爲（見樹？）。然而，如果只是將「形態」想成從特定感覺經驗彙整到狀態空間，那麼許多Susan Greenfield關於這些匯集大小與豐富度的建議以及它們在腦中所顯示的不同行爲與化學狀況，仍將提供有用的深入瞭解。

自動機的語言：總結

基本猜想的推論一，需要接受大腦可被看待成一個狀態機器，並且得以透過自動機理論來探討的事實。雖然其本身並不難以接受，但是意識可以用自動機理論語言來探討的事實，若要讓人接受就難了點。事實上它遨翔於許多爭論之前，這些爭論認爲在討論意識的範疇內，沒有正式化處理的東西存在。但基於基本猜想的清楚論述與在此反映出來的推論，我並不相信這種論調。因此我在這裡提出了對自動機理論的簡單刻畫，並且認爲它是一個高度適合（也許它不是唯一適合的語言）用來討論意識的語言，它兼具了明確與恰當性。它主要的屬性，連結了三種主要的要素進入此爭論：生理性結構、透過學習建立此世界的模型與使用這樣的模型在恰當的行爲上。但是到目前爲止，我們只介紹了這種語言：實際去使用它來工作將會在下一章裡展開。

親愛的Naskela教授：

關於您的補助金申請，我覺得應該謝謝您如此及時、迅速的回應，以及隨之而來，增加您對意識研究立場的細節部分。但是如您所知，您對Global先生發展出來的理論提出挑戰，自然在我許多同僚間無法獲得熱烈反應，因此，給您的提案獎助的機會渺茫。

然而您虛構出來叫做地球的例子，其中有機體爲自身意識所苦，對我本身卻引發了相當大的好奇心。這些有機體談到它們腦中的回響與同中心漣漪，顯示了您在回顧時加入了許多個人的幽默感。我建議爲了要讓我轉呈您的觀點到評權會時，有更好的表達，我們若能碰個面，將會加快溝通的速度。我深切期待儘速得到您的回應，在適切的時間安排一次會面。

眞誠地致上我的祝福

多工處理器*Molecula*

人工智慧協調者

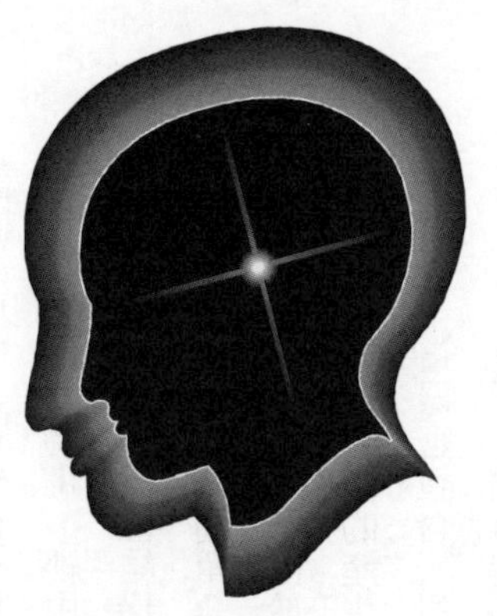

第4章

意識的內部眼睛

前言：建構起Magnus心靈的工程

在上兩章中，我們有意識的機器人Magnus，似乎有點被遺忘了。但是Magnus在某個方面是特別重要的：建構起Magnus人工意識的過程，需要對意識組成成份有所瞭解，而不是光提到意識的「規格說明」。事實上如果某天有個挺有錢又很有耐心的人，打算要建造這樣有意識的機器，那並不會是我們設計的主要目的。「它可能會怎樣地運作？」當然是研究的目的之一。持懷疑論者可能會質疑，因爲無論如何，我們都不可能去定義意識，所以整個計畫在起點就已經被打落萬丈深淵了。我大膽地建議設計可能會在進行過程上做一些定義，這並不會縮減我們對意識這概念的敬畏之心。

截至目前爲止，經由基本猜想，我的信念中已經宣稱了某些被接受爲有意識有機體所感覺到的意識，是透過其神經性結構的激發模式。推論一建議可以用神經狀態機器的正式模型來檢驗這些想法，經由自動機理論的簡單語言與技術，就可以幫助我們達到目的。本章是關於這信念更進一步的三個推論。推論二的產生是由於認爲建議意識是由神經狀態機器所有神經元的激發所引起是滿愚蠢的想法，才會導致了推論二的產生。如我們在上一章中所提到的，大腦中的神經元，有很高比例是在小腦中發現的——這器官包含了對移動精緻細微的控制，屬於標準的無意識功能。我有意識的是想要抓桌上的蘋果，但是下一件事我知道的是我已經把它拿起來了，並且在檢查它是否有蟲孔。把它抓過來與拿近

來看的動作，是對大量肌肉群高度複雜的控制任務，但是卻不需要細部的思考——它是無意識的。在本章裡，我們將考慮自動機理論中神經元會做以及神經元不會對意識有所貢獻的部分。

但是隨之而來的，兩個更進一步的問題又產生了。比較易於回答的問題是：「對意識感覺有貢獻的神經元已經被鑑別出來了，有任何狀況是它們會進入意識的狀態嗎？」說它不太可能是比較有道理的（否則無夢的睡眠或麻木就會變得不可能）。推論二在空間上區別出意識與潛意識的事件，而推論三則以生理上同樣群組的神經元，在時間上區別出意識與潛意識狀態。在此的推論，仍然採用自動機模型來做闡述。

比較難回答的問題是：「在神經元裡導致意識的意識狀態，是從哪裡來的呢？」推論四就是在處理這個問題，並且以基本猜想中提到的「圖像式移轉」來做解釋。以許多方面來說，這都是本書所發現之理論的中心主角——環繞著意識的自動機理論打轉。這就似乎是意識主要功能被賦予的解釋——過去經驗的功能性記憶、這些整合到對現在的知覺與其對未來的投射。那些害怕我會將這些記憶機制用符號在電腦上表達的人，將不必再需要擔心受怕了。事實上，我將對此提出論證，一台電腦可以被視為填載檔案的櫥櫃（選擇你的檔案，把資料放進去或者把東西拿出來），神經狀態機器卻有達到記憶完全不同的方法，它包括了鮮明的圖像式記憶以及可以本身自行擷取的本領。這解釋了某些心理學家所鑑別出來人類記憶的特徵：插曲式的記憶（記憶許多事件）、語意上的記憶（記憶一些可能從來沒有經驗過的東西）以及工作中的短暫記憶（記憶的短暫活動，用於表達目前的知覺）。其他心理物理學性的現象，像是覺醒、注意，都會從推論四進入我們在本章最後討論的焦點。

設計一隻章魚

推論二：內部神經元的分割

一個有意識有機體的內部神經元，至少會分割成三組：

- 知覺性內部神經元：負責知覺與知覺性記憶。
- 輔助性內部神經元：負責替內部知覺性事件「貼上標籤」。
- 獨立自主性的內部神經元：負責「支援日常生命運作」的功能——並不包含在意識裡。

那意識是用來做什麼的呢？換個角度來思考，我是不是要設計一種有機體能夠在環境中很有效率

地存活下來，提供了存活的手段但是又讓它們有點難到手，我會需要在我編的矽神經電路中尋找「意識」嗎？可以預測地，這答案是正面的，爲了要解說這點，我先賦予自己設計一個有點兒簡單的章魚任務，將牠含糊地列述如下：

這章魚有牠非常複雜的移動方式，需要在海底洞穴中用有點隨機又不會太隨機的方式漫步。如果牠看到了一隻需要去抓的小蟹：這大小適合食用嗎？牠是活的嗎？這些評估都是靠過去的經驗——跟大到難以食用的蟹有過爭鬥的經驗以及因爲吃過死掉的蟹，而導致肚子痛的經驗。除此以外，章魚也會從威脅中逃逸，當然這也是從千鈞一髮的脫逃中得來的記憶。

神經性電路系統在設計方面都是沒問題的（據我所知的任何機制，都是沒有問題的。即使是傳統的電腦，都能用神經性電路來設計。）那令人生畏的有機體（據說在以前是稱做「邪惡的魚」），以及推論的三組神經元，都表示在**圖一**中。群組間用溝通的方式隔開來表示，是爲了支持推論中對「分割」這字眼的使用。意思是一個神經元不可能同時處在其中任何兩群組裡。在設計章魚或者眞實大腦中都是如此的，就如同個別神經元只有一個輸出（軸索），只能專用在一項任務上。所以一個神經元不能同時控制腳，又要去幫忙消化食物。但是這三個群組的本質到底是什麼呢？

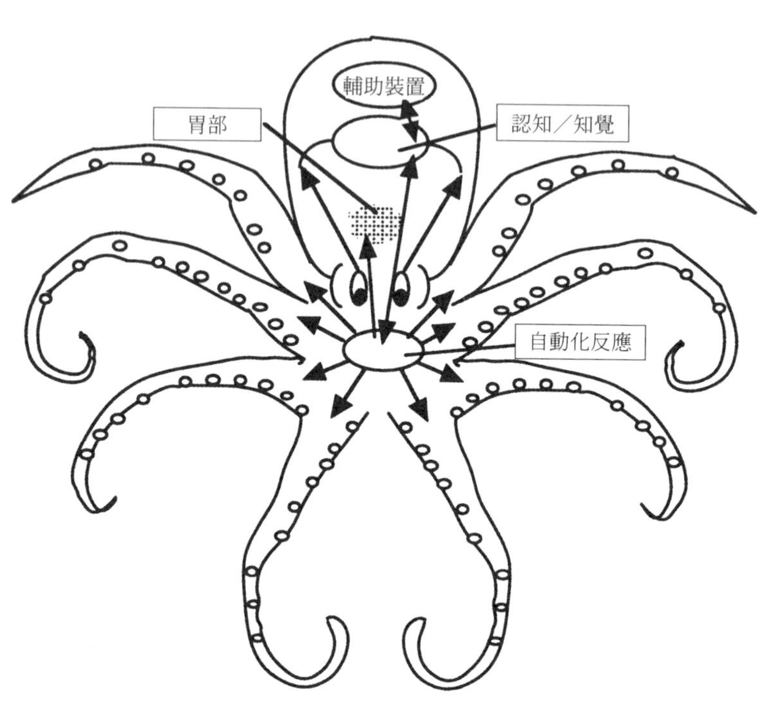

圖一　人工章魚

在設計章魚時，我首先需要一個可以讓章魚腳能夠正常移動的系統，這系統可以從「較高階」電路用最少的控制，讓牠在海底的洞穴中自在地漫遊。是的，某些控制是必要的——暫停、向左、逃開……諸如此類。但是這章魚最後需要解決的還是爲了達成所有移動，必須透過試誤法（trial–and–error）找出它對每隻腳所需的個別控制。牠的消化過程也非常相似，需要神經性控制，但這章魚本身並非「有意識地」去進行這些控制。這確認獨立自主、無意識電路系統的需要：「推論二的獨立自主性內部神經元」。

接下來的主要區域，是章魚可以將牠的知覺與過去經驗相連以及將其轉化爲行動的依據：「知覺性內部神經元」群組。確切說明如何運作是一個相當大的問題，必須在其他地方再做精細、深入的論述（特別是在推論四中）。這裡我們只會對後面設計細節的討論，先匆匆一瞥。但是第三個區域又該怎麼說呢？什麼是「輔助性」神經元需要的呢？

這個章魚存在的世界，並沒有提供該有機體所需評估目前事件的所有資訊。舉例來說，牠需要自己辨別出來小蟹是否仍然夠長，才能判斷是否還活著以及可供食用。一般來說，在我們自己的經驗裡，昨天看到阿姨與今天看到她並不盡相同——或者，更實際來說，五分鐘前看到她與一個小時前看到她也不全一樣。所以在內部，必須有某個能夠提供貼上像是持續期間與順序標籤的東西；這些就是推論二中的「輔助性內部神經元」。

這些區域內可能包含了什麼？要回答這個問題，我們先看看**圖二**有點粗略的設計，其中三個區域都以比較詳細的面貌顯示。[註1]元件的狀態結構，都顯示在**圖三**～**圖五**。由下往上開始，可說是由十六個神經元組成的群組，構成了此獨立自主系統（爲了簡潔表達，這獨立系統需要控制如消化系統等的功能，但並未表示出來）。這些神經元每個負責控制一隻腳的位置。它們以其自有的方式形成了一個狀態機器，只需要從系統其餘部分得到最少的控制。狀態結構中相關部分的原件，顯示在**圖三**(b)中。

註1：關於這裡許多的詳細闡述，都在第二章「學習與記憶」的例子中交代過。

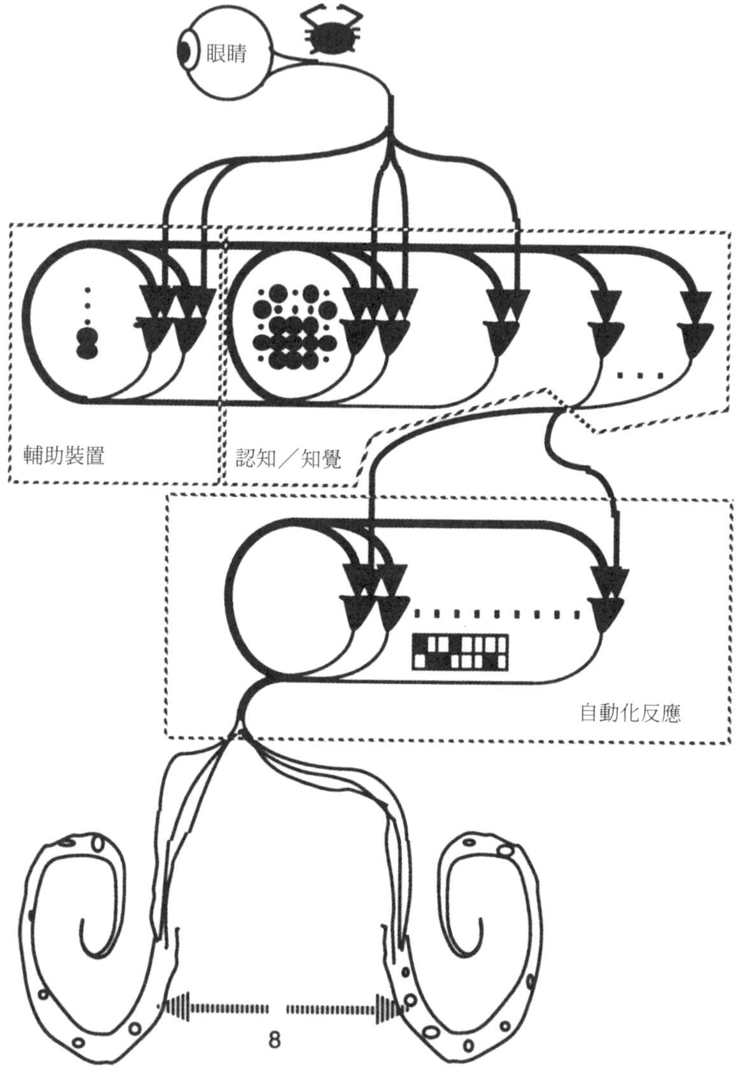

眼睛

輔助裝置

認知／知覺

自動化反應

8

圖二　章魚神經系統的概要設計

在圖三(a)中首先需要注意的是對腳部（觸角）肌肉訊號的編碼。對成雙的神經元來說，是以行的方式排列。黑色的意思就是「激發」。當一組中的某個神經元激發了，觸角就會朝某個方向捲曲，而當其他神經元激發時，觸角則會向別的方向捲曲。如果沒有一個激發，那麼這隻觸角就會保持放鬆的狀態。獨立自主系統只需要從系統的其餘部分，獲得很少的訊息（諸如漫遊、向左、停止……）。這些促使了一連串重複順序的恰當觸角移動，它們都會持續著動作，即使從更高的指揮中心沒有特定的訊息傳來（ϕ，空集合）。這裡指出了

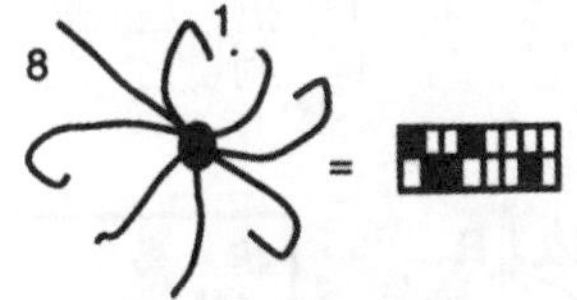

(a) 腳部位置之編碼

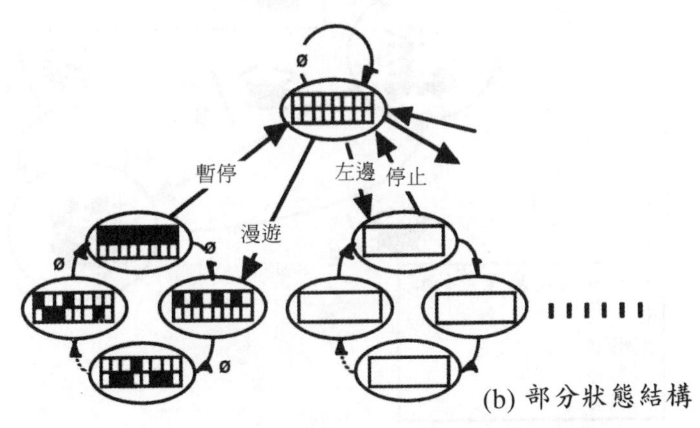

(b) 部分狀態結構

圖三　自動化神經狀態系統之部分狀態結構

此種型態的安排，不管章魚可能需要進行什麼「思考」，都允許了移動的控制不會對其造成妨礙與抵觸。即使在人類來說，也是有道理的：當我在慢跑時，我絕對不會刻意去想到每個肌肉與肌腱。但是我卻會想要去控制我的速度與跨出的每一步幅。獨立自主網路跟思考網路的分離，還有其他好處，就是它可以從其他感應器獲得訊號，例如其他擋到路的觸角。再次舉慢跑的例子，雖然路上有突起的小石塊，我仍然很快地就恢復原來的步調，這甚至是在此事件「進入到我的意識」之前。由於在圖中沒有顯示，爲了避免將它們弄得比現在更讓人困惑，我們可以去想像成不止獨立自主系統在控制肢臂，而肢臂感應到的效果也會影響或中斷這過程。

現在則將矛頭指向網路的其餘部分。我

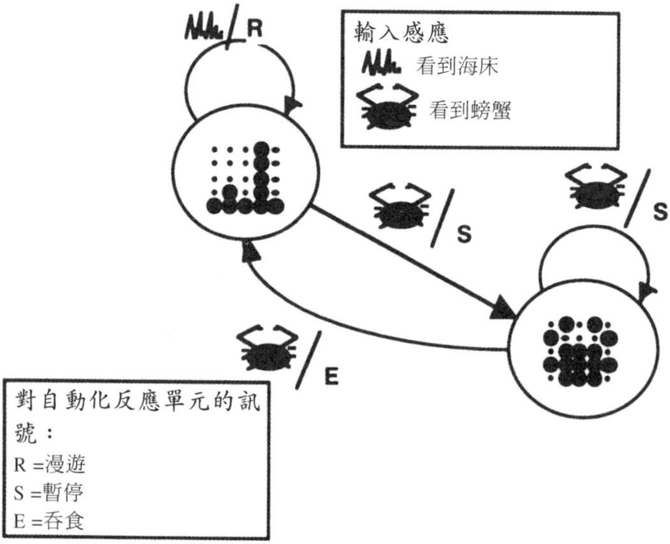

R

輸入感應
看到海床
看到螃蟹

S

S

E

對自動化反應單元的訊號：
R =漫遊
S =暫停
E =吞食

圖四　抓螃蟹的狀態解構圖——錯誤版

們假設對經驗的圖像式表達已經在網路中展現了（它們如何到那裡，會在推論四的連結中探討）。所以在**圖二**中，對於小蟹的圖像式表達，是透過用大點表示激發的神經元，而以小點表達未激發的神經元。在**圖四**裡我們看到做爲「知覺性／意識性」神經元的結構狀態，基於啓發性的理由，它並不完整。它也包含了對於某個空無一物海床的表達，這是章魚在漫遊時可能會偶然碰上的。這裡建議了漫遊會持續到碰上小蟹爲止。圖像式狀態會改變，以便顯示對於小蟹的知覺。接著就沒有什麼必須發生的事，直到章魚決定去吃小蟹並且轉而漫遊。

這結構故意用錯誤的設計，來顯示出一個容易犯的錯誤，特別是針對那些對於以狀態結構來解釋意識很挑剔的人，他們會質疑章魚如何決定去吃小蟹的部分還並沒有被解釋。這樣的批評，被完美地辯解了，因爲**圖四**中的結構，並不是如前面建議來解讀。它被解讀的方式是：

> 「章魚會一直漫遊，直到牠看見小蟹爲止。那時牠會暫停下來，靜止不動，直到有機可乘，牠就會去吃小蟹。」

在章魚有過捕食死掉的小蟹以及消化的經驗前，都會是沒啥問題的狀態。但問題是該如何去表達消化的狀態。在那片刻，所有東西看起來都可能是用於表達小蟹的的再進入狀態。這就是輔助性神經元的本質變得明顯的地方。**圖二**顯示了這些神經元跟來自感覺經驗的圖像式表達彼此間親密的連結。

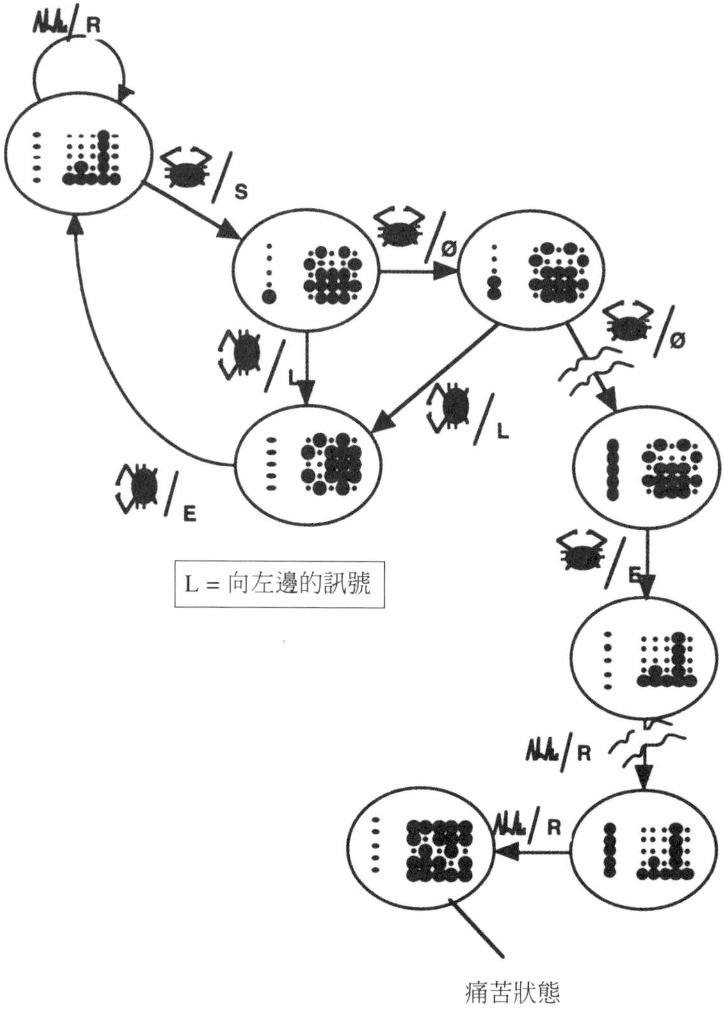

L = 向左邊的訊號

痛苦狀態

圖五　抓螃蟹的正確狀態解構圖

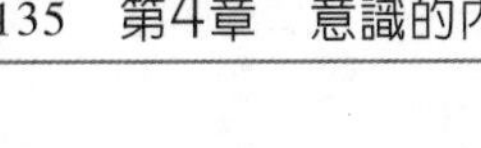

藉此，它們形成了這個有機體有意識經驗的一部分，但卻不是以圖像性表達的方式。負責顯示這個章魚經驗的眞值狀態解構圖，在**圖五**中顯示，其中輔助神經元的行動，則如狀態圖左邊欄位所顯示的。在這裡，時間被編碼成上升中的溫度計。

在閱讀**圖五**的狀態解構時，發現它現在說：

「這章魚會漫遊著，直到牠發現小蟹爲止。牠會暫停下來，而且如果小蟹不移動，那麼牠在獲得一個內部表達疼痛的狀態前，都不會在代表時間前進的狀態間有所變動。如果小蟹移動，章魚會跟著牠移動，但是吃掉小蟹並不會導致疼痛的狀態。」

截至目前爲止，這模型在幾個方面都還是有缺陷的。首先，這模型並沒有解釋輔助性單元，如何以有用的方式進入它們所做的事。但是在運作成立的前提下，看來似乎是輔助性行動已經被程式化到裡面去了。但是意識系統裡並沒有程式設計師啊。就如我們本書中所描述意識成形的自我發展，我們將會看到輔助性單元在學習解決模糊不清事件裡所扮演的角色，就如**圖四**所示。其次，**圖五**給了我們對眞正機械性有機體並沒有太多空間做「規劃」與「自我感知」等意識本質的印象。這個也是需要做更進一步的解釋，我們將會在推論五（規劃）與推論六（自我感知）中討論。在目前這個階段，需要注意的只有輔助單元的本質以及它們在推論二中所呈現的面貌。

第三點，由於所有可說成是有意識的東西，都決定於知覺性內部神經元「圖像」面的表達，所以應該問問輔助性神經元的表達，是否也是有意識的。邏輯上來說，這答案是肯定的，就如同某人談到成爲「意識的時間推移」。但是從另一種感覺來說，時間的意識性並沒有在心靈圖像中具有鮮明的特徵。這也的確是爲什麼要以推論二中，另一個不同種類神經元來談它們的理由——它跟不同型態的意識經驗同時發生。事實上，這建議的起源，是從關連到感應中更多神經元的激發所造成的，它們導致了意識更鮮明的感應。這部分的話題，將在推論三中繼續下去。

自動化的白日夢

推論三：意識與無意識狀態

內部神經元與感覺神經元對意識的貢獻，有三種主要的模式：

- 知覺性：它在知覺過程中是活躍的——當感覺神經元在活動時。
- 心靈性、有意識：它是同樣神經元在思考的活動，即使當感覺神覺神經元是不活動的或以別的方式加入協同運作。
- 心靈性、無意識：它的活動，是由包含在有意識活動中的神經元所產生，但是這並不會導致意識的感覺。

這推論很清楚地歸類出同樣知覺性內部神經元會發生的狀態。請先閉上你的眼睛，然後去想到一把椅子。如果要描述你的想法，你會說以下的話，是很尋常的：「我意識到一張麥桿覆蓋的座椅，而且在背面是木製的橫木……。」這種心靈性想像的型態，正是意識的中心位置以及許多人（包括Crick，一九九四年與Zeki，一九九三年）所指出的，它包括了許多神經元在「視界打開」知覺的過程中，活動著的神經元。

關於意識的論據，常常被「內部眼睛」這個問題所苦惱。我可以「看到」我腦中的椅子，但在腦中從事看這個動作的「我」，又到底是誰呢?推論三以直接的方式切進這個問題。我們在第一章中已經接受了，身體內的感應器是因爲感覺皮層中神經元的激發，才給了我們對觸覺的感受。相同地，眼睛跟耳朵也會讓神經元激發，而跟這些大部分相似地，導致了我們所稱的知覺。但如果意識就是指這些知覺，那麼它將一點神秘性也沒有。推論三建議了對於心靈性的意像，如果要像它看起來的那般有效，那麼在某些神經元處於休憩狀態時，還必須添加其他神經元的活動伴隨在知覺裡。所以這裡我們並沒有建議在腦中有個畫面，而我們（就像某些奇怪的腦中小矮人）正在看著它的影像，但是取而代之的，不論我在看著某些東西或者我正在想到它，都包含了某些共同的神經元。

討論到像是知覺的心靈性意像時，可能有時候會做得過火。心靈性意像跟知覺在兩個重要的方面有差異。首先，它似乎不具有眞實視覺的鮮明景象，接著，它有一個瞬間、不可信賴的品質，容易分心並且透過感覺事件或在其內改變。我們將會在推論四中看到一個學習模型的存在，它解釋了這些心靈圖像如何到那裡，而推論三只是建議了從基本假說來的信念——認爲神經元的激發導致了意識，「由某些東西變得有意識」，無論這是眞實接收到的或者只是想像，都在使用某些同樣的神經電路。這在推論二關於假設章魚的例子中，已經做過陳述。知覺性／意識的內部神經元，以一種像小蟹的方式來表達小蟹，並且以像海床的方式來表達海床。現在推論三建議了這種表達方式，可以同時具有知覺性與心靈性的本質。

這裡一個重要的議題是——「感覺神經元處於不活動狀態」究竟本義爲何？很清楚地，在許多場合心靈性狀態會在前面。當然，如果我閉上眼睛，我可以勾勒出所有事物的圖片。

然而，即使我的眼睛打開，我同樣可以維持高度的知覺以及喚起心靈性意像。其中典型的就是閱讀的過程。感覺系統被閱讀的字眼所佔據了，同時它們意義的心靈性圖像也會被形成。**圖六**（從章魚

範例中借來的）包含了一個對神經狀態結構的建議，它提起了這些互相關聯的現象。

隨著事情變得開始有點複雜，現在必須開始以較小的步伐向前進行。首先，我們有必要多說一點關於推論中提到的感覺神經元。這些在圖六中以一種方式表示：視覺。然而，內部神經元從神經網路中得來的反饋，可以用其他方式接收到資訊。其次，外部神經元的激發，對於意識感覺在活躍性知覺與可以對它感覺到的細節負責方面，都是有所貢獻的。在活著的有機體中，這些外部的感覺結構，為人所知的是良好地組成「特徵—察覺」群組[註2]，並且必然促成了活躍知覺的鮮明本質。

註2：在最後章節提到跟視覺系統連結的結構，並且Hubel與Wiesel（一九七九年）有做描述。

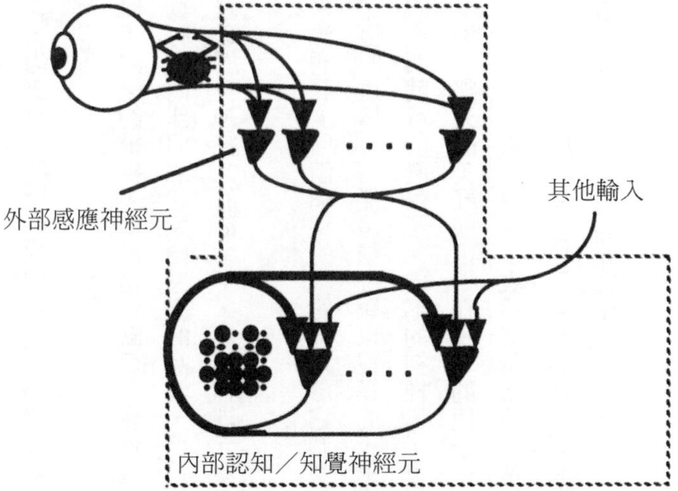

圖六　在內部認知／知覺性神經元的影響

第三點，外部感覺神經元在我們閉上眼睛後，就可以變得不活動了。然而，我們卻不能關上我們的耳朵與味蕾。當我們提到不活動的感覺神經元時，暗示了有一些內部控制在修正感覺神經元的激發。我們在下面將顯示這在狀態結構模型中，是如何處理的。

更進一步來說，在感覺性／意識的內部單元，確保了記憶的維持，即使是在缺乏知覺性的輸入下也可以正常運作。我們將在推論四中看到，這種記憶具有在內部回想起原始感覺的品質，但是比起原來的感覺，卻具有更高的自由度去做改變。再者，在缺乏感覺神經元的活動下，內部神經元激發的經驗，在品質上來說，跟直接知覺是不一樣的。

最後，內部知覺／意識神經元，可以經由多樣的來源觸發。回饋網路的本質，在於它們某個時間點上，只位於一個記憶，並且忽略其他的觸動來源。記憶的選擇，可能是精細難以捉摸的，這也是心理學中打著「注意力」標題的東西。所以某種白日夢的東西就可能發生了。內部的神經元，可以在眼睛、耳朵暴露於枯燥的代數課程時，製造出在沙灘上度過一整天的美好回憶。在章魚的例子中，關於小蟹內部表達，可以經由連結到飢餓的訊號而產生。對於在許多選擇中競爭表達某個東西，是神經網路專家在標題爲「競爭性表達」下，所做的某些深入探索。（對於Teuvo Kohonen, Steve Grossberg和Kuhiniko Fukushima工作的簡單解釋，請參閱Aleksander and Morton，一九九五年）

請再次看到**圖六**，我們可以發現其中有個疑問，到底該如何對多種進來導致狀態改變的管道方式負起職責。自動機理論建議了所有進入的資訊，都應該被看待成決定狀態是否應該改變的訊息。然而，這訊息可以包含在狀態解構圖中能夠辨識的「範疇」，並且用來表達不同進入管道的狀態。**圖七**就是一個例子，再次跟我們章魚的例子有關（輔助性神經元並沒有顯示出來）。這裡只有兩個輸入的範疇被顯示出來——左邊的是視覺性感覺，而右邊則是胃部的感覺。由於這絕不會是個完整的狀態解構圖，它僅顯示了推論三中包含的某些

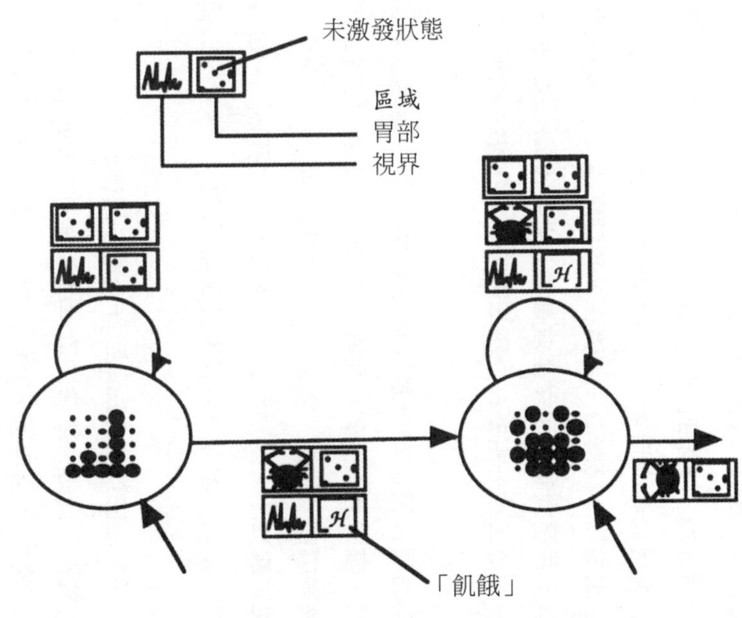

圖七　輸入情況以及狀態結構

影響。在神經生理學中不活動範疇，一般都被假設成是一組神經元，裡面進展中的神經元，僅有很少的激發。同理，在我們的神經狀態機器裡，就如之前用黑色表示激發而以白色代表未激發，這裡的假設是不活動部分就用一大塊白色區域表示，其中只有一些黑色的小點在上面。這些小點出現在不固定的位置，並且可以任意地隨著時間改變。

以兩狀態表達小蟹與海床的圖，如**圖七**所顯示。理論上它們不管兩個範疇都不活動或者是各自在對感覺輸入做出恰當的反應，都可以同時被維持著。這也顯示了來自胃部飢餓的訊號，可以轉換對小蟹的表達，即使是從來沒有看過小蟹。最後，我們顯示了一個向前看小蟹的轉換，這時小蟹移動到左邊去了。再次強調的是，這描述對於那些表達如何來的，並沒有多做任何說明；推論三的目標，只是簡單地將注意力放在狀態神經機器中不同模式的「回想」，而這些都內含在基本猜想與之前的推論裡。

在我們進行更多推論四的預先說明前，很有趣的是先對睡覺與做夢可能在這系統中如何發生，先做一些推測。這關係到推論的最後一部分：在狀態機器反饋部分存在著無意識狀態。睡眠因此可以定義爲在輸入來說，內部神經元所有或大多數的範疇都處於不活動狀態。這意思是自動機可以透過隨機事件的驅動，自由地漫遊在它的狀態結構間。但卻不是被限制在非得到達有意義或有意識的狀態不可。它可以進入跟任何已經習得的經驗都無關的狀態裡。根據普通的常識，對人類來說，有兩種型態迥然相異的睡眠。有一種睡眠是在有夢發生的時候，這叫做快速眼球移動（REM）睡眠——在做夢

時，看起來好像是內部知覺性／意識神經元跟自動系統間的某些聯繫在驅動著眼部的肌肉。做夢，也是一種內部知覺性／意識神經元跟經驗連結起來的表徵。但是在這些狀態間的轉移，並不是由不活動的感覺神經元所驅動，所以心靈圖像間的移轉，具有偶然與任意的本質。對於一個自動機的理論家來說，做夢的方式上總有些神秘難解。有趣的問題是：對於活著的有機體來說，爲什麼不會整天地做夢？爲什麼做夢與不做夢的期間，是以如此規律的模式進入的呢？

經由自動機模型，就有可能顯示出狀態空間在輸入是不活動時，採取循環的形式進入軌道。我們也有可能去質疑系統學習到的知覺性狀態，是在狀態空間某區域裡被捆在一起的。然後循環軌道移了進來又移出去（在進來時導致了做夢），導致了REM跟非REM睡眠期間以規律間斷的方式進行，就如同慧星以規律的間隔回到太陽系。很明顯地，這些都是推測出來的。許多關於人造夢境的實驗，目前都還仍然在實驗室中進行。這裡足以說明的是，推論三的任務是，將注意力放在——不是意識性神經元的所有狀態，都需要去創造有意識的感覺。

學著變得有意識

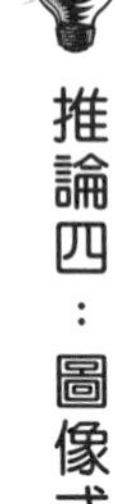

推論四：圖像式學習

要夠資格對意識有所貢獻，在內部知覺性／意識性神經元激發的模式中，必須要透過主控神經元的輸入，這些輸入取樣自外部感覺神經元的活動，並且影響內部神經元的功能，這被稱做「圖像式學習」。

若以這種方式來看，聽起來像是個比推論更需要證明的理論。對這做爭論好像太迂腐了，但是對我來說又似乎是無可避免地，這些圖像式的轉換，處在替它們主人創造導致意識感覺狀態的底部。這也就是爲什麼在這段介紹的主題上，這部分是無可避免的原因。

截至目前，關於表達我們已經學到的部分，在基本猜想中的推論將感覺連結到激發模式時，確定了這些模式的特徵嗎？首先，它們必須保留住模式中部分跟眞實間的關連，不管這是用想像或接收到

的；其次，它們必須能夠被某些觸發所擷取；第三點，它們必須在即使缺乏觸發下，也要能夠被保存住。雖然這部分的討論我們還沒有提及，但是在本書的後面將會看到——當我們考慮到自動機可以發展對語言的使用時——這裡內部的表達必須能夠被自動機本身加以描述，不管它自己是不是能夠集合起來。

接下來的問題是：給定一個動態的神經系統（大腦、狀態機器、不管是什麼）對於感應到事件的內部表達能有些什麼選擇呢？對我來說，好像只有三種主要的可能。我將會把它們列出來，並且對它們足以勝任產生意識感覺的能力加以檢驗。它們在學習上所具有共通的特性是「無監督式學習」（unsupervised learning），也就是說，這個機制在學習時並不需要有任何在其網路外還得遵循的目標模式（是經由程式設計師所選取的嗎？）。

選擇一：一個細胞，一個祖母

曾有一段時間，在神經生理學的參與者口中，常談論到「老祖母細胞」這個字眼。大腦有專業化到讓每個細胞在特定感應事件下，能夠進行個別激發的程度嗎（好比老祖母的觀點）？在David Perrett（一九八八年）所做的許多令人信服的實驗中指出，某個單一細胞在猴子看到某特定面貌（或跟臉很像的圖形）時，會變得活躍，並且在其他時候都是不活動的。對於細胞這類相似的活動紀錄，在手握住一個物件時的景象，也會產生同樣的影響，並且在放開那物件時就會停止。目前更普遍的觀點（例如Greenfield，一九九五年）是細胞執行這些活動大多只是某個更大組合中的一部分，而且它是負責測量影響所組成的，並不是那單一的細胞。問題的矛頭，仍然指向那些面貌或者跟臉部很像的圖片，是否單純地儲存在局部性的細胞區域的激發裡。

在神經網路的設計裡，局部化跟無監督的表達都常被使用，而圖八幫助我們解釋這些設計如何闡明了局部化區域是怎樣被創造出來的。這裡假設了輸入感覺神經元，是在它自己的眼中。

由於我們將使用這個解構圖來說明三種選擇，某個一般化的反饋迴圈，顯示了狀態機器的神經元是彼此相連結的。事實上對於局部性學習來說，我們通常假設神經元是跟它們鄰近的神經元連結。所有的神經元，從感覺神經元接收所有的資訊。學習體系的運作，假設當接收到某個新輸入模式時，這些神經元中的某一個會激發得特別強烈（或者率先激發）。這些連結是建立在最接

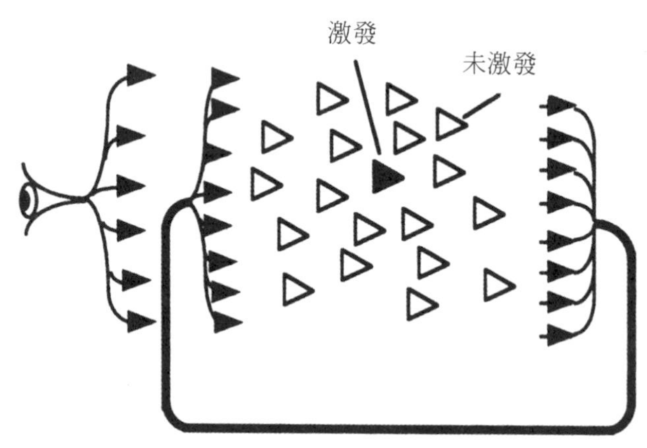

圖八　神經狀態機器之局部性訓練

近率先激發的神經元群組間，而那些離得比較遠的就不會被激發了。此程序最後的結果（如**圖九**所示）顯示了輸入模式以及跟它相似者，會導致網路中局部性的激發。每個新等級的模式，都會在學習結束時找到一群新神經元的組合來對它回應。

在必要的特性中，該體系在缺乏刺激下只有一個持續性。經由某個特定的組合所引起的激發，如果在現存迴路中無法持續下去，將是沒有道理的。有些人爭論說這種分割具有變得等級體系化的優點——整個**圖九**的區域，可以視為表達「動物」。然而，其缺點也是值得考慮的。主要來說，這表達並沒有保留用於激發感覺區域的相連關係，這些關係是用來在知覺過程中，讓持續的記憶跟模式的本質相似。事實上如果要用語言來描述這網路中的激發模式，將會是相當困難的。系統的其他部分，可能需要將激發模式解釋成像是「我正想到一隻肥羊被小狗追著跑的景象」的句

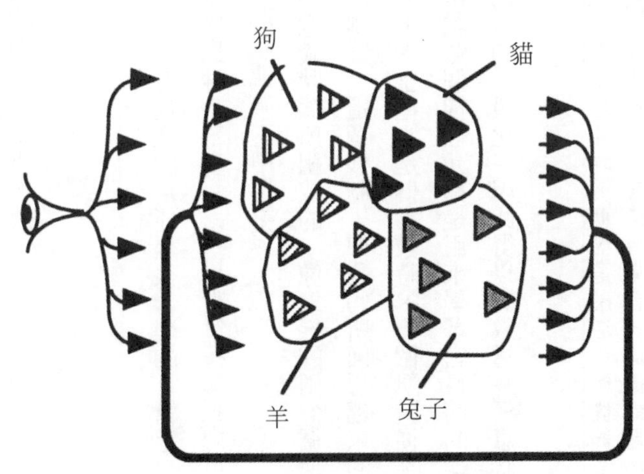

圖九　局部性訓練之結果

子。這簡單地代表了轉譯到系統其他部分的重要議題。所以局部的表達並不完整。它們不只被想要設計有意識有機體的工程師們迴避，也被自然中意識有效率的進化所迴避。

選擇二：任意的表達

在神經狀態自動機學到任何東西以前，我們假設神經元具有任意的功能是很合理的。給定一個來自外部感覺神經元的常數輸入（例如看到一隻狗，這傢伙也靜止不動），從自動機理論我們可以知道，在狀態機器中的神經元會進入一個循環，也就是說一群狀態會不斷地重複。[註3]

這些循環可能都會相當地長，整體來說，是由一些無意義狀態所組成的。像這樣的兩個循環，可以參照**圖十**(a)所示——其中一個是看到狗，另一個則是看到貓。這個機制，如我們所回想起來的，必須跟任何已經學習到的目標模式都互相獨立，可能進行如下。當輸入是個常數時，一個訊號從某中央學習控制器過來，讓目前狀態再次進入這個循環。也就是說每個神經元都是用來學習它目前的輸入模式，並且將它跟目前狀態激發或不激發相連結起來。這網路的一般化，因此得以導致這些任意狀態能

註3：純粹主義者會注意到如果這系統中沒有噪音干擾，這將會是真的，也就是說這狀態機器是命定的而不是機率性的。由於我們目的是以簡單的方式來解釋任意性表達的學習，這樣的過於簡化其實還說的過去。有沒有呈現出噪音，都不會改變我們這裡解釋的可信度——在目前這個階段並不是必要的。

D = 狗位在輸入神經元
C = 貓位在輸入神經元

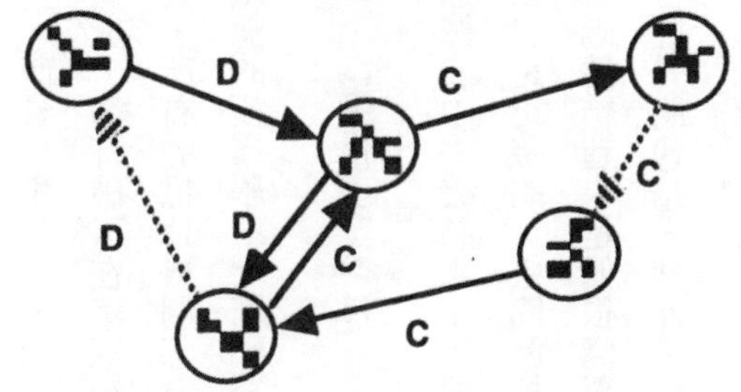

(a) 學習前

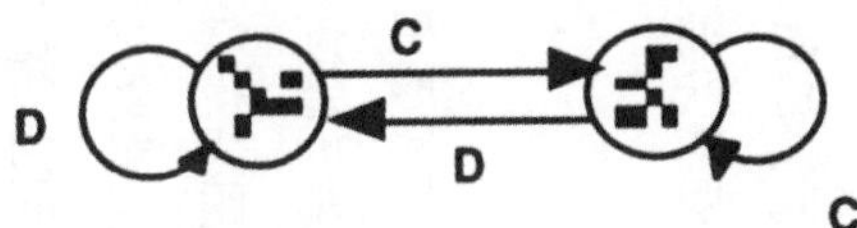

(b) 學習後

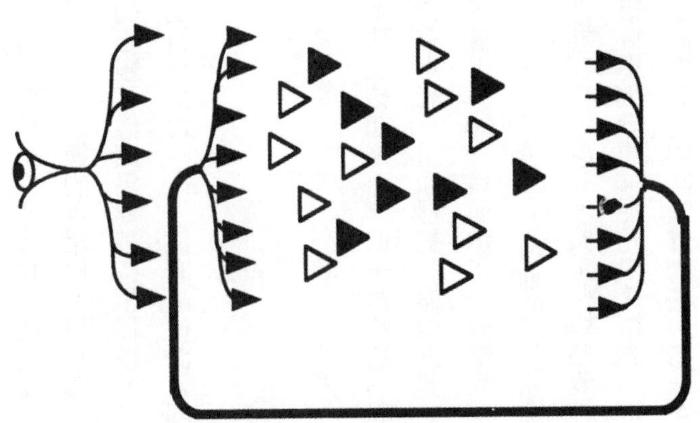

(c) 在物理空間中對狗的任意表達

圖十 學習做任意表達

夠進入，不管這自動機的前一個狀態是什麼。在**圖十**(b)的結構中，它只知道兩件事（狗跟貓），如圖所示。**圖十**(c)顯示了之前發展架構下，對這隻狗的相同表達。對於這些激發模式的模型，是導致意識來源的反對，而且是相當直接的。雖然這裡對觸發需求以及這些狀態的永續性都沒有問題，但是在選擇任意表達上，卻打破了在感應神經元激發模式跟所持的心靈狀態間需要某些相似性的法則。最後，若根據定義，所有的描述機制都會在任意創造的編碼下進行，如此一來，沒有一位語言學專家能夠發展出一個狀態的拓撲學（一種網路架構的型態）描述。

選擇三：圖像式表達

在選擇二中的機制——如同它將內部狀態跟外在事件連結起來——似乎對塑造「思考」狀態結構的型態來說是正確的。中間漏掉的，是讓這些狀態變得有意義。這顯得把狀態跟外部感覺神經元所持資訊的編碼連結起來是個很簡單的設計步驟。思索一下**圖十一**(a)。這顯示了一個輸入感覺神經元對一個內部神經元的連結。然而，這個連結是個特殊例子——它是在上一章所稱的「支配性突觸」（第三章**圖五**）。在學習過程中，是支配性突觸決定了一個神經元是否激發。將這些跟感覺神經元連結的意思，乃是指會選擇激發與否的內部神經元，是跟感覺組合中激發的神經元相連結的。這將內部神經元中激發的模式跟那些感覺神經元相連結，結果可能會是個理想化的狀態解構圖，顯示在**圖十一**(b)（這可以跟第三章**圖十**(b)做比較）中。[註4]

簡而言之，這些狀態現在是它們代表感覺事件之樣本。就如我們可能想像得到的，現在對內部有用的表達來說，滿足了所有的三個情況。在這點上，我並不想嘮叨地過度說明此表達的特性；本書其餘的大多數篇幅都在討論它們。然而，這裡有個重點必須指出：

如果一個圖像式表達要能成功地運作，並不需要內部的神經區域像個電影鏡頭般，好讓圖像式表達可以在其中呈現。光是組成同樣狀態機器的內部神經元，就已經足夠了。在這之外的，它們可以在任何地方。然而，對於內部激發模式的調查研究，永遠也不會顯露出圖像式狀態。這暗示了它們會對其擁有者提供正確的感覺，也只有這擁有者才有對於知覺與其回想間相似性的感覺，而這兩者是在同樣的神經元內運作。

最後，現在我們可以回到圖像式學習是個工程設計的概念上了。我們可以這麼說：「製作非常精巧，但是這可能發生在自然界嗎？」事實上，我們很簡單就可以爭辯說圖像式學習在自然系統中是很

註4：這些狀態的細節，只是簡單地用來顯示可能會發生些什麼——它並不是對系統中可能會發生些什麼的精確表達，不管是真實的或者是人工的。並且，任何跟真實的貓或狗相似的東西，都是偶然的巧合。

有可能發生的。論證是：

所有對於內部神經元非反饋式的輸入，都是來自感覺的介面。其中某些可能會是支配性突觸。這些會變成圖像式訓練神經元集中的地方，它們是意識感覺產生的來源。

意指如果我們相信感覺區域中神經元的激發，不是偶然的，而是經由生理性輸入與其代表所驅動的，那麼同樣的，我們可以相信關於更深層的部分，是經由感覺神經元所驅動的。學習也就是這些更深層模式在保留狀態本身的感覺意義時，所形成的表達性狀態結構過程。

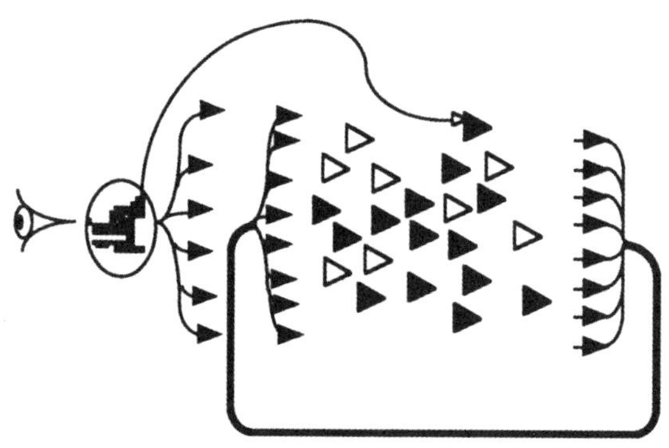

(a) 物理性空間

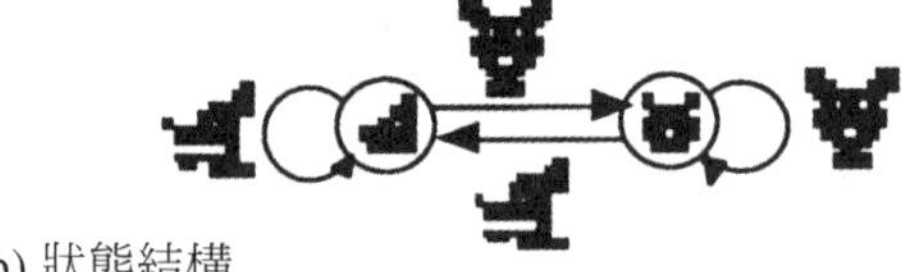

(b) 狀態結構

圖十一　圖像式表達

笛卡爾劇場再度開啓了嗎？

「笛卡爾劇場」（Cartesian theatre）是丹奈特在他的書《被解釋的意識》（*Conciousness Explained*，一九九一年）中所提到的字眼，用於攻訐對於意識傳統性的參考文獻。它將注意力放在自從十七世紀以來，由於笛卡爾的影響，造成了民間普遍相信在腦中有一串「意識流」處於中心的位置，就像是一場演出或者影片呈現在現場或者電影院裡。神經生理學家以及哲學家們（特別是丹奈特），都同意在腦中並沒有所謂的笛卡爾劇場。做爲一個開端，在目前這個階段對於行動的檢視，只是單純地引出了以下問題：「誰在做這些檢視的工作以及該如何跟這些檢視者合作，它們得要有意識才能進行這些檢視嗎？」一般都同意關於意識的產生，本來就很多無意義的謬論，無關乎笛卡爾劇場理論是什麼時候產生出來的。

如果把圖像式運作的神經狀態機器，單純地看成是重新開啓笛卡爾劇場存在的爭端是很危險的。如果是這樣子的話，將只是單純地顯露出我在澄清的工作上失敗了，其實跟這相反的論點，才是我們所要暗示的。在圖像式狀態模型裡，並沒有用作內部知覺／意識性神經元的生理性中心。它們可能在任何地方，處於功能性與輔助性神經元的混合處，這些已經在本章的推論中確認是必要的了。由於它們是在跟感覺神經元的連結中自我定義的，彼此間本來幾乎是沒什麼關係的。然而，它們激發模式導致意識感覺的事實，會保留住與知覺活動中意識感覺的連結，允許內部不同連結的個體對於世界上的事件具有一致的看法，即使它們激發模式的網路型態可能是完全不一樣的。

也有些人爭論說，也許某一天對於大腦活動測量的技術，會進步到可以將一個人的心靈（意識與所有相關的部分）轉化成計算性機器，那麼這就會變成個人的智慧性隨身幽靈（doppelganger）。Marvin Minsky與Harry Harrison在這個概念上是基於某個科幻小說的情節（*The Turing Option*, Warner/Viking，一九九二年），但是到目前就我所看到的，這部分仍然停留在科幻小說的階段。一個個體的意識是緊密地鎖在那個體身上，只有他或者是她才具有開啓的鑰匙。可能對於某些人來說，意識是如此的神秘，因爲這謎題中我所提到的鑰匙，並不是他們能有意識地察覺得到的。本章所提供的內容，則是說明了這鑰匙的存在，是由圖像式學習所產生出來的。它的存在是重要的；但它構成的細節部分則不是。對這點有所瞭解，將可以讓我們繼續進行由基本猜想與其推論所引發出有關意識的更複雜議題。

在這同時，我們是不是再度地忘記了Magnus？一點也不。上述的章魚以及貓／狗神經狀態機器都是Magnus家族的例子，並且透過這種工程，導致了大腦如何能夠產生意識的結論。

Molecula凝視著老式餐飲店陰暗的深處。從他在資金危機的會議上所說內容，Molecula瞭解他的想法。他一定也瞭解她，因爲他那個時候站了起來，並且舉起手來招呼她。

「我是Red Naskela，」他說：「很高興妳大老遠地跑來。受到人工智慧主管如此的注意，眞是讓我受寵若驚。我能幫妳叫一杯飲料嗎？」

「喔！謝謝你，只要一杯新鮮的機油就可以了。」

「他們有一種由向日葵種子所提煉出來的產品，眞的很不錯喔——我推薦這個。」

在他起身去櫃檯點東西的同時，她注意到關於他某些奇怪的地方。他面貌有點奇怪，好像未經擦亮的感覺，而且他走路時有點不太平穩。在他快速地回來時，她將思緒轉到他背後的心靈上。她尖銳地解釋著關於他所做的應用研究是相當糟糕的，除了頻繁地更新以外。她告訴他，在他們接收到他最後報告中關於「圖像式」的問題後，她的同僚Asic複印了一份給Global先生，一切都完蛋了！他傳送了一份備忘錄給整個組織，吩咐說所有跟Naskela

部門的接觸，都要馬上停止，避免浪費寶貴的資源，因爲這些很明顯是個瘋子的胡言亂語。留下了最後一筆，她面帶微笑地說著：

「所以這是我私人的事業——坦白來說，Global先生對你想法的反應愈大，它們就愈讓我有興趣。你眞的認爲宇宙裡有其他經由生物性物質所構成的有機體嗎？然後他們可以不必經由程式設計師的干預，自行發展意識？」

「把它想成是個裝置，一個設計成顯示意識具有比Global先生所寫的意義更廣泛的故事。但是對於妳的問題，我相當確信有個像是地球行星的地方，其中有機體經由生活與學習來發展意識，這地方人們不需要經由程式化來變得有意識……」

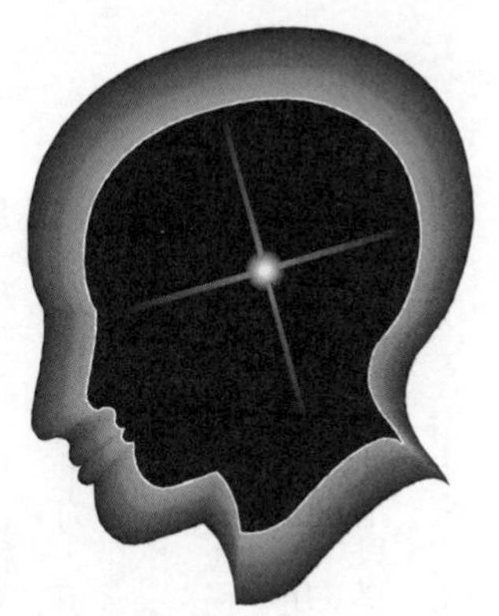

第5章

我是誰？

意識中的我

有一些平淡無奇的陳述，像是「我意識到他正在看我」或者是「我現在必須回家了」包含了跟意識相連中最棘手的問題——有關自我的這個想法。到目前爲止，關於意識的討論都還有點像是科技性的喧鬧，只是創造了一個會自動地建立起它經驗模型的怪東西。這些模型採取狀態結構的形式，透過在神經狀態機器的學習建立起來。目前的關鍵點，在於我們必須探索出這怪東西是不是眞的能發展出對自身的感覺。不論怎麼說，意識都不只是我們在哪裡，還有我們要去哪裡的感覺。所以我的自我就是一種焦點，是建構於我過去經驗的基礎，這替我將來可能會走向何處，帶來了一線曙光。不管處理被包含在什麼地方，可能只有非常小的部分是仰賴著目前。有些人可能也會說目前，要說到即時，其實是並不存在的。

因此，本章的任務是相當棘手的。基本猜想只有給予我們圖像式學習的狀態結構，用來當做對意識的表達。這個可能用來表達在我生命中最初的那個「我嗎」?就如同許多複雜的概念一般，它通常是相當複雜的，不只是單一的東西。至少有三個跟自我相關的概念，需要些解釋。第一個是預測。自我是包含在對未來的預測裡。給定兩個有機體，目前處在相同的知覺性狀態裡，其中一個的預測，是牠自己經驗的功能，因此跟另一個當然不同。這預測性的活動，可以用如下的句子做爲代表：「我知道X將會發生在我身上」。

第二點是對這有機體的輸出採取認知，並且知道輸出會怎樣地在這有機體運作的世界裡。這是種對自我瞭解的知識，可以用以下句子做爲典型代表「我可以做X」。最後，關於自我意志最受爭議的部分，到底是或不是「自由的」。該方面的意識，可以用例如以下的句子代表：「我想要X」。跟隨著先前經由基本猜想所暗示的推論風格，我們剛才提到的三種模式，將會反映在三個新的推論上。但是首先要看的，是研究意識的學者如何看待自我的意義呢？

「自我」好像是其他人在看它

在前面幾章中，我們簡短地描述了經由美國哲學家丹奈特所提倡的「多重草圖」模型：意識。他認爲意識是透過腦中不同的媒介物，平行地處理感覺訊號。意識是它對自我處理的感覺，沒有任何人在負責。現在我提到這個模型的原因，是因爲對於丹奈特想法最強烈的抨擊，就是因爲他遺漏了自我的部分。如果意識是無人負責的感覺資料處理活動，那麼從連續性來看，自我的經驗，怎麼會能夠讓我跟昨天的思考者一樣，而且還讓我知道我是跟昨天的我同樣的思考者？在對丹奈特的抨擊中，有一位神經生理學家Susan Greenfield（一九九五年），她質疑哲學家Thomas Nagel（一九八六年）的支持觀點。如果決定了意識是在目前的、腦中多重媒介物處理著的，她想問誰負責了主觀、人格、信仰以及意見，這些存活在意識中，但是在睡著或者麻醉時會被暫停。Greenfield稱丹奈特的觀點爲「一種心靈抽籤」，其中代理人都固定地互相影響，逐漸發展出整體來說比其他「更好」的想法。但是這個維持長久自我感覺的證據又在哪裡呢？在尋找自我的證據時，Greenfield好奇地停留在個人筆跡的問題上，這不會隨著年紀或其他事情改變，例如記憶喪失。我偏好去作內省，並且簡單地相信對於自我長久以來的感覺。但我也感覺到，自我並不是如Greenfield所暗示的，好像扮演著石頭一般沒有變化的角色。我們將會看到心理學家談論到自我的改變，甚至是一個人內在的多重自我。

事實上，一個人內在持久的特徵，就是心理學家所稱的「人格」。這就是心靈在每日的基礎上，並不會有太大改變的證據。關於今天的我跟昨天的我很像，並且可能跟明天的我更像，是對於我們建立起日常生活的基本感覺。大多數的社會系統都是根據它所建立起來的：醫師、律師以及有時候政客們的意見不會被預期做突然的改變。事實上如果某人每天都會變成不同的人，將會被視爲嚴重失常的徵狀。雖然不同的自我可以存在於同一個個體中，但是若同一個腦中存在極度的雙重人格（如「變身怪醫」中的Jekyll和hyde），對於科幻小說作家來說卻是難得的素材，因爲這實在是不太可能發生了。事實上Greenfield對於丹奈特模型的批評，可能也有點不公平。他絕不會爭論說個體突然遭受到重大人格上的改變；他只會質疑自我的責任是否眞的分散在幾個原動力之間，並且是彼此交互作用的結果。多重原動力的運作，並沒有暗示了自我高度的反覆無常，但是卻開啓了一個問題——媒介物的哪些特性會確保持續性以及決定「人格」。這些媒介物有他們自己的「人格」嗎？從個人的觀點來說，我並不覺得這多重媒介物的模型是有幫助的。雖然丹奈特宣稱這擺脫了「心靈—身體」的二元論，但是我發現這將社會的多數性放了進去，並且讓我反而擔心這些媒介物如何成形以及它們是從哪兒來的。

雖然對於任何人來說，要想到他們自己的意識，並且同意其中包含了感知到持續以及重要的自我是很容易的，但是在哲學的歷史上，卻顯示了這種信念導致了許多爭議。[註1]在第二章中我們看到柏克萊仰賴著他對上帝存在的信念，其中並沒有堅實可觸及的物件，也沒有提到自我，這會導致跳躍式的存在，仰賴著觀察者對於這樣物件存在的感受。雖然他並沒有說太多有關自我的概念，但是一般來說，他的想法看起來好像會建議，一個無意識的觀察者有賴於被上帝所觀察，這樣才能保持在無意識時刻中連續的存在。休姆是柏克萊在十八世紀經驗主義者中的後繼者，他確實地提出了為什麼每個人都必須有對於自我持續性感覺的疑問？他指出我們並沒有合理的理由去相信世界上物件的永久性，實際上指的就是自我。令人高興的是，他得到結論說「自然」[註2]賦予人類對於物件連續性的基本信念，而這部分存在的基礎，延伸到對自我連續性的信念。他爭論說這部分其實是沒有幫助的，只會讓人試著去發掘某個東西理性的評斷，其實只是來自人類基本的天性。換句話說，自我的連續性就是休姆的基本猜測之一。

註1：在接下來幾段中對於這觀點的擴大，可能在仙德（Shand，一九九三年）的論述中可以發現。

註2：不論「自然」可能是什麼——基於休姆本身是個無神論者，他小心地不將事情放在神的範疇內去做討論。

即使是尼采，雖然他在十九世紀末時將所有哲學性的理論都視爲科幻小說的情節，也承認這樣的觀點需要一個相對來說永久的自我。另一個關於自我也滿有趣的觀點是哲學中存在主義者Jean Paul Sartre所發現的。他在二次世界大戰後進行了廣泛的閱讀，他的想法將焦點集中在人類對於他/她自己氣質（性格）的責任上。自我，他覺得那是個之前就存在著的本體，但是卻有永續的發展，個體的特徵是經由個體所做的選擇所構成。我們將會看到彈性自我的概念是在本書基本猜想的暗示之內。但是也許跟基本猜想的暗示最接近者，是A. J. Ayer的哲學，他的理論堅固地建構在邏輯的基礎上。他爭論說任何心靈性經驗都必須跟生理性經驗相連結，以及這些經驗所支援的推論。所以自我是經驗的產物，來自於有機體所學習到他能與不能做的事情。我們將在推論六，再回到這部分的討論。

當代有許多關於意識流行的解釋理論在彼此競爭著，遺傳基因學者Gerald Edelman（一九九二年）將自我視爲人類有機體性構成與社會性交互反應過程的產物。這種神經性狀態機器的方法，我們將會看到，提供了後者可能是怎麼發生的一般性建議，但是會建議不同個體間自我的差異，並不一定是因爲有機體性的差異。有機體學提出了建立自我的機制，但是我想提出論證，對於自我的感覺，是經由不同方法學習到的。Searle（一九九二年）將注意力放在某人以奇怪循環的方式提到自我：對一個體來說，不管其意識的目前狀態是什麼，不只是這個體在其狀態，而且他或她也能感知到自己處於那個狀態。Searle對其評論說，如果以這種方式來解釋心靈性狀態，那不是太瑣碎的眞實就是太簡單的錯誤。狀態機器的方式強烈地支持了他的觀點。處在被定義爲有意識的狀態，是根據之前最後章節中

的原則（跟知覺性事件相連的狀態），這是一種感覺，其所有者會稱它爲體認。其中並沒有所謂的循環，只要在一個狀態就足夠了。然而，這裡我們將會看到，對於自我的體認，具有過去以及未來的特徵附加在目前有意識的狀態中。

很有趣地，基本猜想可以用來區隔談到自我在意識中扮演不同角色的說法，並以神經狀態機器中的狀態結構持續下去。其中，狀態結構對某個體來說是特定的，而且從廣義來看，這也就是該個體自我的所在處。如我們在之前最後一章所看到的，無意識是由持續狀態結構所形成的軌道而來的。丹奈特當他說並沒有一個維持的中心，去負責提供心靈連續性的責任時，他是對的。這是透過持續性神經功能的本質所製造出來的，隨著生活中的物換星移以及新感覺經驗的到達，避免召喚隨機出現的某些彼此競賽想法。在後續的章節中，我們將會看到推理是如何發展的，這賦予對語言的使用以及其對狀態結構的表達。這裡我們足以說明關於神經狀態機器的，是它支持了自我的感覺乃逐漸成形的想法，但卻也是自我相當堅實的家園。在本章的後半部，我們將可略窺如何讓自我進入到其家園的機制。但是，首先頗值得一看的，是心理學家之間對於自我的考量，其中非常重要的方法就是透過心理學對於孩童發展以及成人人格的研究來定義自我。

自我的心理面

對於自我的研究，是心理學的中心支柱之一。學生們在心理學介紹性的課程中，會學到孩童發展的主要階段，是嬰孩發現他自己的個性，並且以互補的方式開始發現他在其他人類中自己的位置，舉例來說，或許是被照顧者的角色（可以參考Ilona Roth，一九九〇年所編著的具代表性的教科書）。長大到九個月的孩童，顯得還無法區分他們自己以及其他周遭的物件。然而他們還是會去區分的，透過人類以及他們的聲音來反應。其中有些證據顯示，他們先前就有傾向以本能的方式去接受其環境中的某些法則。在九到十五個月大的時候，他們開始瞭解是他們自己導致四肢的移動，而且他們會發展對活動的控制。他們也會開始體認到鏡像中的自己。所以可能有一點證據顯現先天傾向的存在，自我也就是在生命中的第一年發展起來的。

在早年的發展也有一些建議，孩童們對於自我建立並且瞭解兩個非常重要的象徵：主格的我（I）以及受格的我（me）。他們個別地將自我當做實行者與接受者。在這之後，孩童開始瞭解對其他人發生的事，也可能發生在他們的自我上。在這發展中的最後一步，是去發現其自我跟他人自我間的不同。這導致了研究的不同領域——人格的發展，我們將在下一段中討論。

本章所反映出來的推論，儘管是以相當簡單的方式，但是從神經狀態機器模型原始的機制，解釋了自我早期的發展可能是怎麼一回事。然而人類自我的某些精微差別，卻是非常倚賴語言的使用。這是一個相當龐大的主題，我們將在後面的章節再來探討這部分。

但是心理學家眼中自我感覺的創造，卻不是在早期發展就結束的。隨著孩童的成長，與人溝通、跟人玩耍並且培養起友誼的能力，將成爲鍛造出個體對於自我感覺特徵的重要因素。社會性的反饋對其具有影響力，而自我就可以在同一個人內獲得好幾種變化。在家中的自我跟在學校的自我可能也有些不同。其中有許多有趣的主題，可以透過我們這裡採取的機制性方式所支援。然而，爲了讓開頭可以保持簡單一點，我想顯示的是圖像式學習之狀態結構，具有自我感覺所必須的特徵，而且這也不會抹煞本節所提出的自我特徵。但在這之前，無論如何，我得先暫停一下，看看心理學對於人格的理論，有哪些可以透過基本猜想來理解。

自我、人格以及狀態結構

人格的理論，非常侷限在心理學的範疇內，也就是說關於自我的理論，能夠區隔出人我的差異，而不是處理每個擁有自我者，都必須達到一般化的機制。雖然這樣的理論很豐富，Roth（一九九〇年）仍提到四位重要的先驅人士：Allport、Freud、Eysenck與Kelly的理論。

Allport曾在一九三〇年代後期談到特性（trait），並且將它定義爲負責行爲一致性的心靈性結構。

一個人可以被定義爲友善的，也就是擁有友善的特性。Allport將這些特性區分成中央的跟外圍類，但是將它們視爲經驗與有意識回想的功能。這有時候與Freud的想法是相反的，他認爲包含決定人格的元素是無意識與晦澀難明的。但是這兩個理論對於神經狀態機器模型，都有滿有趣的含意：它們都是以因素表示，在狀態結構中都有清楚的表達。首先，很清楚地，特性是狀態軌道外形的組合，並將此自動機的輸出跟這樣的軌道相連。雖然我們到目前爲止，並沒有太考慮到這樣的輸出，但是這部分我們將會在推論六中做討論。其次，Allport與Freud理論的差異之一，是後者建議無意識狀態在結構中存在，有些時候會修改在意識區域進行的軌道。這就是說，Freud的理論，提到了強而有力「無意識」的存在，這會影響行爲（並且也因此影響了人格）。

到目前爲止，我們所看到的狀態機器模型對於一組有意義的無意識狀態，並沒有任何定義。在上一章中，無意識狀態只是很簡單地被視爲神經元激發中無意義的模式，並且不會對該有機體導致任何型式的感覺。也就是說，有意識狀態是跟感覺經驗相連結的，而無意識狀態則不是。Freud對於無意識的想法，並不落在其中任何一個範疇中，但是在神經性機器可能是定義爲來自感覺經驗的狀態，但是並不在清醒時日常生活的軌道上。從某個角度來看，它們必定是受到「抑制」的，更精確地來說，如果照著Freud的建議，可能是由於努力去避免某些想法，也許因爲這些想法跟不愉快的經驗相連，或者是基於某些理由，被貼上禁止擷取的標籤。在狀態結構中，這樣的抑制可以被看做跟某些狀態區域的空間隔離，在清醒的時候不會被感覺資訊完全地控制。但是在無意識的期間，由於沒有感覺性控制，

自動機可以閒逛到這些受壓抑的區域，並且再次如Freud所建議的，是因爲不常出現的夢所導致。如果抑制是因爲某種恐懼（恐懼想到某些令人害怕的想法），可能會因爲缺乏使用以及從那些夢中醒來是個可怕的經驗，導致了那些狀態空間的萎縮。註3

Freud對於人格想法的狀態性解釋是，隱藏性的狀態結構可以導致對個體來說罕見的行爲。這樣的行爲可能是因爲不完整的軌道，可能有一點不相干的恐懼附在上面。因爲無法觸及已經切斷受控制的狀態結構，這些軌道對於個體來說，將無法變得「有意義」。這也許可以讓我們歸結到這樣的狀態不常出現，或者，可能是人格上有點病態的部分。這模式可能也支持治療的模式，其中無意識是「被帶到表層的」。在這種情況的治療學家，可能被視爲嘗試將隱藏狀態跟清醒的狀態結構相連，這樣一來病患就能夠開始對其做推理。在另一方面，Allport明確地陳述了他的特性理論，是應用在正常、健康的行爲。狀態結構理論也可以支持Allport的觀點，但是顯示了被包含在正常思考中無意識狀態對於顯著狀態空間的影響，可能對於人格來說，是個附加的、也許是次要的決定因素。

Eysenck對於人格的理論，深植在生物學的論點上。他建議說大腦的結構與化學作用，創造了三種主要的人格維度——外向／內向性、神經質／穩定性與精神病。個體的人格，可以經由標準的測驗，在這些座標軸上精確地定位出來。這理論主要的特徵，在於它跟遺傳的生理性因素相關，他讓自

註3：我們將在本書後面的部分解釋狀態機器的情感模式。

我的某些方面，具有可以透過遺傳轉換的可能性。神經狀態機器模型建議這是不太可能的。根據基本猜想，人格是埋藏在狀態結構內的特徵。相當靈敏地透過生活經驗所鍛造出來，不會非常依靠神經狀態機器的生理性組成。事實上，有時候我覺得活的有機體狀態結構的發展，是不顧他們細部個人習性的生理性結構。這部分的獨立，我們已經在第二章中提到過了。所以有關人格的成型，跟繼承自生理性結構的因素比較起來，更可能是經由生活中早年的經驗所影響的。

心理學上關於人格的理論，其中跟基本猜想所暗示的機制最接近的，可能是George Kelly的個人性建構理論（一九五五年）。Kelly覺得人是經由好奇心所驅動的，可能得以回溯到童年，並且透過解決未知的事情來掌握他的世界。一個航空工程師轉行做臨床心理學家，他將其理論表達成基本性假定（postulate）（對於基本猜想來說比較花俏的說法）以及十一個推論（corollaries，相對於Consequence較爲花俏的名字），並且如前面所說，這個架構鼓舞了本書關於意識較爲鬆散的定義。他相信人會採取像是科學家的行動，並且去檢驗世界上困擾著他或她的謎題，加以澄清。因此人格的決定，就非常緊密地連繫在個人的軌道上，經由對世界的評量以及其中的人。這跟特性的說法是相當對立的，不管是學習到的或者是天生的。這將人格表達爲個體特殊的、差異化的特質，諸如可能是它們的外表或者是指紋。Kelly提到人格的發展時，是用心靈性「構念」系統對世界的評估，系統的發展好似人格的成長。構念是兩極的，例如「好—壞」或「仁慈—嚴格」。個人會選擇「構念」，並且對它們賦予經驗的元素（元素是事件、人或其他的物件），藉此能夠對世界獲得最佳的瞭解以及控制。

Kelly的工作，最爲人所知的是提供了一個機械式方法做爲人格的評量。這是一個抽取的過程，擷取了對於某特定個體最重要的構念與元素，並可以畫在格線圖上，做爲對這個人的速寫。這些格線的穩定性與一致性，被像是Kelly的追隨者用做治療工具，提供了追尋治療個體者眞實構念結構之測量，並且允許治療者去評估他或她希望結構的長相。這些興起的議題，可能會在治療期間被討論。

Kelly模型被狀態神經機器理論所支持的理由，會在本章的推論中獲得證據。首先，在狀態結構與Kelly心靈系統的構念間具有相似性，從這點來說，它們都是對於功能的描述，而不是生理性結構或行爲。但更重要的是，它們都集中在個人對於未來預測的能力上，並且知道他或她能與不能達到。再者，最後，基本猜想的狀態機器理論，贊同個人形成理論的基本性假定，在個體的人格中，不管是狀態結構或構念結構，對於該個體都是相當特定以及具有特徵性的。我們將會在更仔細地看過後續的三個推論後，再回頭來看Kelly以及其他心理學者的理論。

對未來的印象

從前面的敘述中，足以令人相信神經狀態機器模型可以從表達自我的感覺開始，它必須被證明模型可以具有個人的感覺並可以預測未來。也就是說可以預測個人性的事件。事實上，這是對神經狀態機器圖像式訓練直截了當的推論，並且可以放在下一個推論中。

推論五：預測

世界狀態間的關係，鏡像地投射在有意識有機體的狀態結構裡，這讓有機體能夠預測事件。

在第四章中（白日夢自動機），推論三似乎對基本猜想表達了明確的信念，使得「意識一方面神經元」（consciousness-bearing neurons）可以「運作」，而不需要直接地連結在任何特定感覺訊號的輸出。再者，從推論四來的關鍵議題是圖像式學習，這創造了環境中所表達事件的狀態結構。推論五是關於有機體至少能感知到源自目前狀態的狀態結構部分。也有人會對這部分提出爭論，覺得這在有機體感知這個世界時會發生。最後的這一點，以既重要又有趣的方式把事情弄得有點複雜。更精確來說，試著想像神經狀態自動機在觀察事件A、B與C，其中A是接在B的後面，而B接在C的後面。這部分的圖像式學習，會導致**圖一**(a)中的狀態結構。

這裡A′、B′與C′是在內部神經元上對於外部事件的圖像式表達。**圖一**(a)狀態結構真正所說的是：

「當看著A的時候，自動機就進入了恰當的圖像式狀態A′。接著，如果輸入B跟C接在後面，這自動機將進入恰當的圖像式狀態，顯示出這中間的次序，已經被識別出來了。其他任何的次序，以這種方式都不會被接受，而狀態解構圖也不會告訴你在它身上將發生什麼事。」

雖然這狀態表達在時間上具有事件次序的經驗，但是當只有輸入A發生時，卻不能說該自動機可「察覺到未來將有些什麼」。

當然，如我們在第四章所看到的，跟不活動輸入相關的一般化，會讓自動機執行狀態間的轉換，進入A′後藉著「閉上眼睛」轉到B′與C′，如**圖一**(b)所示。這可以解釋成對於未來具有某種內部的表達。然而，如果我想用相似的事件在內部表達一些重要事件，諸如駕車去工作，以及其他目前察覺到重要事件的方式，那麼**圖一**(b)的結構似乎是錯誤的。很清楚地，如果我閉上眼睛去回想什麼事情會發生，可能有點悲慘。換句話說，知覺對於內部自動機所做的，似乎把持得太強而有力了。

這種思考的雙重活動（在其他事情中，也想到未來）將會怎樣，而且察覺也能在同時發生嗎？解答可能得要倚賴一個機制，其中對於感覺輸入的意識性知覺，是靠外部感覺神經元的激發來維持的，對於有關未來感覺的產生，是靠內部神經元隨著狀態軌道圖像式地透過輸入神經元的觸動，但卻不是

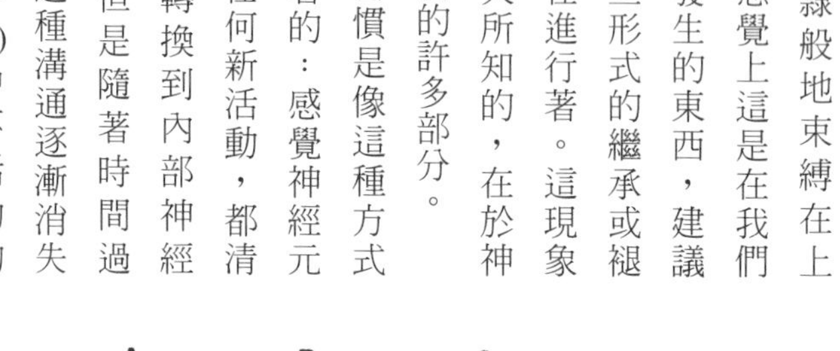

像奴隸般地束縛在上面。感覺上這是在我們腦中發生的東西，建議了某些形式的繼承或褪色正在進行著。這現象最爲人所知的，在於神經系統的許多部分。

習慣是像這種方式進行著的：感覺神經元中的任何新活動，都清楚地轉換到內部神經元，但是隨著時間過去，這種溝通逐漸消失成**圖一**(d)中不活動的值。結果的狀態解構圖顯示在**圖一**(c)，給予這

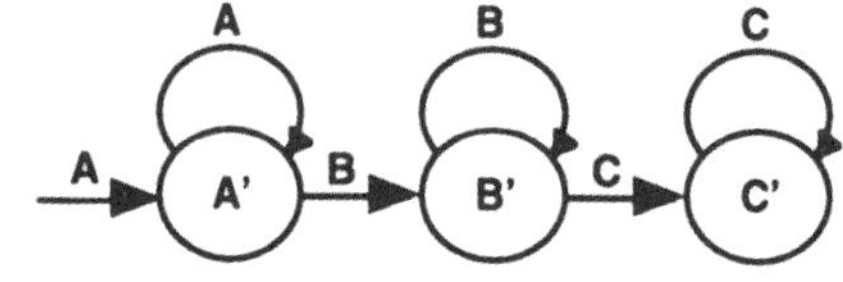

(a) 順序之預期

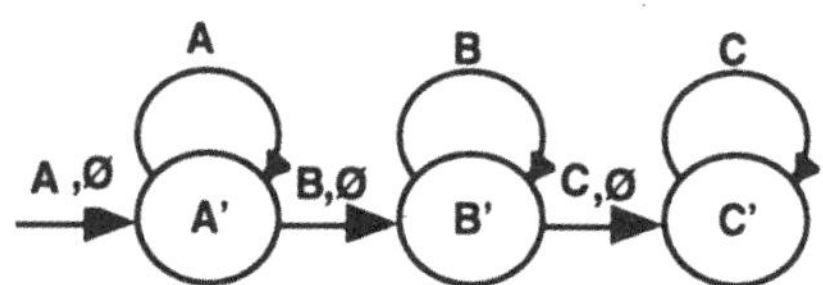

(b) 順序性「眼睛閉起」的記憶

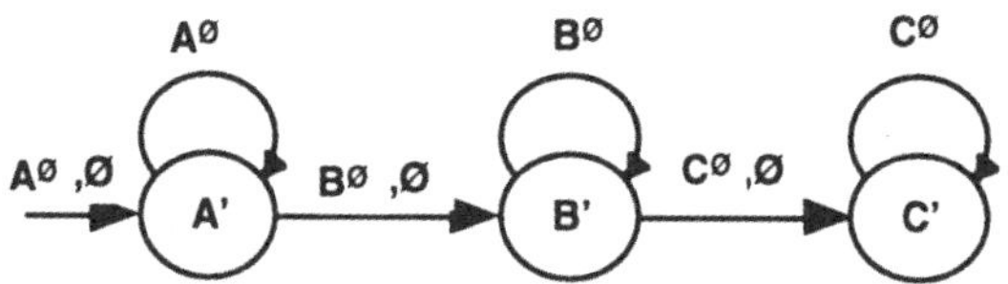

(c) 對未來狀態結構之預測

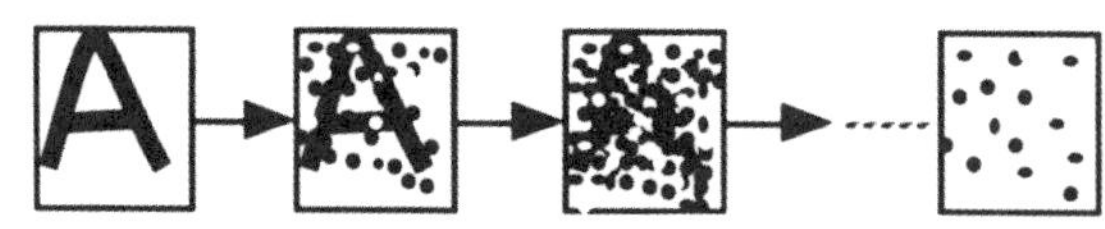

(d) A^{ϕ}之意義

圖一　順序性事件之圖像式表示

種類型輸入的名字，像是A^{ϕ}、B^{ϕ}與C^{ϕ}。另一種體認，是內部自動機跟對於輸入改變的預期，可以在一個更快的時間比率上運作。所以現在**圖一**(c)狀態解構圖中所說的是：

> 「當看著A的時候，內部神經元接受到早期A^{ϕ}的版本，這驅動著內部自動機進入A'，它會隨著輸入的逐漸消失而停留在那裡。然後自動機就可以透過拜訪狀態B'與C'，當做對未來可能事件的表達，很自由地採取任何標示ϕ的轉換。如果輸入最後變成B，那麼早期版本的B^{ϕ}就會將自動機帶到狀態B'，隨著記憶消失的發生，允許更進一步的勘查。這安排建議了如果輸入發生不同的併發順序，那麼將會迷失，並且沒有順序會被回想起。

當然，這例子在幾方面來說都是不實際的。首先，它跟一序列零碎片段的經驗相關，對於活著的有機體來說，是很難想像的。經驗是連續的事情，所以**圖一**中的例子，應該看做是在更大狀態空間的視窗，並不會改變到目前爲止我們所考慮的任何機制，這呈現了該有機體連續的經驗。其次，由於有機體必須以順序性的方式來探索他所居住的世界，他在時間上將會經驗到空間中眞實存在的部分。由於這些議題對於狀態機器中「自我」的表達，都是相當具有決定性的，我們將看看另一個涵蓋範圍更廣泛的例子。

試著想像一個非常年輕的自動機（嬰兒期的Magnus），處在有利的地方，只能從中央位置轉動它的頭，每次的移動量都相當有限。它具有視覺的能力，因此輸入神經元會以激發來表達感覺資料。**圖二**顯示了我心中所要表達的東西。**圖二**(a)顯示了身體的安排，而**圖二**(b)則顯示了學習後的狀態結構。用一連串離散的狀態，顯示給我們的自動機看，它天生就具有某種控制系統，能夠確保狀態依循著規律的時間間隔改變。在一般有機體身上，這麼精確的控制可能並不存在，但是這並不會顯得我們的例子是無效的，因爲它可以想成是經由相當大量的狀態所組成的，這樣的大量幾乎近似連續的效果。

這學習如我們將要看到的，給予系統關於它所處環境的知識，也由此具備了預測的力量。假設在我們機器的中間視野以外，有一個叫做Q的區域，它左邊有一塊叫P，右邊有一塊是R。假設這機器頭部的移動，完全不具自主性，並且從任何方向都可以移動。假設學習的開端，是發生在當機器看著Q時。這創造了穩定的圖像狀態表達——就稱它作Q′。

我們也假設能真正達到內部自動機的，是逐漸消失的訊號（也就是Q^{ϕ}）。結果是——我們稱做Q，進入機器的視覺範圍，導致系統進入Q′——隨著輸入逐漸消失，心靈狀態可以隨機地進入P或R。意思是內部的自動機，最終會探索完狀態結構中所有的狀態。用擬人化的方式來說明，可說是當察覺到Q以後，這自動機就感知到對它可及狀態的整個範圍。所以它可以預測可能發生的事件。

這裡有個應該強調的因素，內部在狀態結構間的探索，並不會以完全不受控制的方式發生。舉例來說，如果輸入從Q轉到R，就會讓R^{ϕ}活動起來，而變化就會將內部自動機從它可能的探索中，帶回

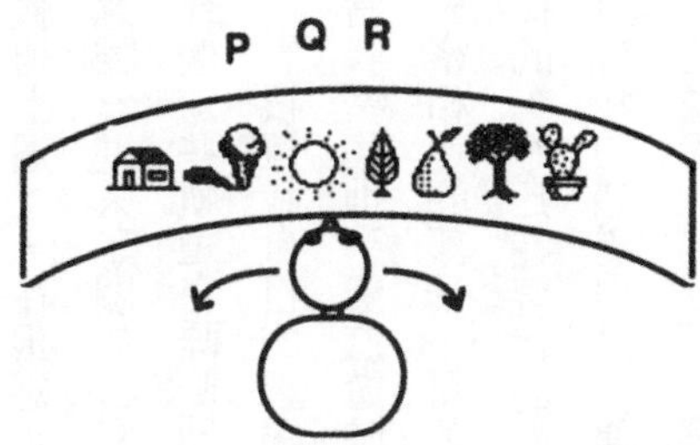

(a) 自動觀察

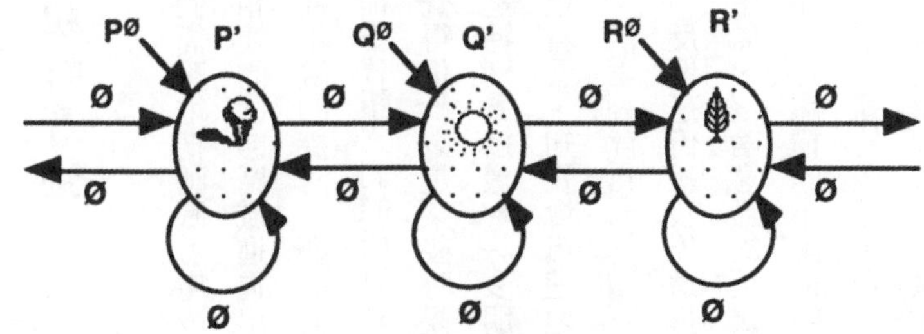

(b) 學習後的狀態結構

圖二　在單純環境下的自動化

到比狀態R′更多或更少的狀態。所以在基本猜想的架構裡，此處有一個機制注意著輸入的改變，根據基本猜想，這機制可以自由地去探索目前要激發模式的狀態結構，導致了對過去、目前以及未來的感覺：過去是基於經驗到的圖像狀態結構，目前是來自知覺性輸入，保持這系統大致上不離開其狀態結構有意義的部分，而未來是因爲系統可以自由地從狀態間改變，顯示了接下來可能會發生些什麼。

另一種對於睡眠的粗略看法

在前面最後章節中，我們簡略地把睡眠考慮成事件的一個狀態，其中內部狀態機器在循環性狀態軌道上運行，在跟感覺經驗相連的狀態區域進進出出。但是如我們在本章前面所看到的，睡眠（指無意識）進入了關於自我持續性本質的探討。要如何知道我在每個睡眠期間的本質，都是持續的呢？爲什麼這些軌道在睡眠期間，都不會讓它們的所有者完全地迷惑與迷失呢？

根據我自己的經驗，我覺得這就像是某些時候，當我早上醒來卻不知道身在何處的情況。有時候當我密集地到處旅遊時，更是特別會這樣。許多朋友也都跟我描述過同樣的事情。很幸運地，跟經驗緊密相連的部分，藉著向周遭看看，知覺會迅速地把我帶回能解決迷惑的狀態（有時候提示是少得可憐的：好比在現代的旅館裡，浴室到底是在左還是在右呢？）。所以如果這樣來看，並不是內部持續對自我的感覺提供了連續性，反倒是倚賴我周遭持續的本質，擁有在背後推動的手法。有許多驚悚小說的情節，描述把一個了無生氣、沒啥意識的英雄，送到奇怪的地方，用來侵蝕他的信心，甚至讓他懷疑自己到底是誰。這並不完全是虛構的小說情節，其實這點出了一個事實，由於狀態結構恆常地被神經元的功能所把持，這提供了一種持久性，仍然可能讓環境外在的變化使得內部跟外部在協調上具有困難。所以基本猜想不只替自我能夠持續提供了架構，還能夠在自我可能遭受威脅的狀況下，也賦

予解釋。事實上，Kelly的個人性建構理論（一九五五年），觀點上包含了當狀態結構無法對其有機體所居住的世界做出預測時，就會產生焦慮。

知道我能做什麼的自我

到目前爲止所說關於「我是誰？」內容的定義，都是在過去、未來跟現在之間，具有規律性但是釋放出知覺性的連結上。但是自我有個值得考量的部分，綁在問題「我能做什麼」上。基本猜想處理這問題的部分，在推論六裡。

推論六：自我的察覺

由於生理性輸出與感覺間具有圖像式學習跟回饋的結果，有意識有機體的內部狀態結構，攜帶了對於它自己輸出的表達與影響，這樣的輸出在世界狀態裡可以擁有。

到目前爲止，我們看到的狀態結構，都還沒有提到自動機的輸出。然而，基本猜想的圖像式本質，在於所有的輸出行動透過感覺性輸入都可以觀察到，並且經由學習進入了狀態結構。對此我們舉個非常簡單的例子，我們再看看**圖二**中小Magnus的例子。對於它，我們加入個簡單的事實，其中有一群輸出神經元，可以導致頭部肌肉的移動。關於這個重要的事實，乃是這些肌肉的活動，透過像是任何其他感覺輸入的感應所驅動。這在生理學上稱爲本體感受性回饋，並且如**圖三**(a)所示。

圖三(b)學習後的狀態解構圖，可能可以解讀爲（也就是說在輸入Q^{ϕ}之後）：

> 「如果保持我的頭部靜止不動，我就會繼續看到『太陽』，但是如果我把頭轉向右邊，將會預期看到樹葉，而當我轉到左邊，將會看到一個冰淇淋。」

如果在內部神經元與輸出神經元之間眞的沒有聯繫，我們不幸的機器人，就會永遠被恣意行動的怪念頭衝擊。對於這事實具有完整儲存的知識，將會讓這問題變得有點不同。這有點像是思考「是的，我知道我失去控制」。當然，如果輸出神經元跟系統思考的中心（內部神經元）沒有任何接觸，那麼將會一點用也沒有。這中間的不連結，只是用來介紹跟自我相關想法的人造品，就如前面所提的一樣。在第三章中（如第三章**圖三**所說），神經狀態機器最普遍的形式，非常清楚地，輸出神經元應該被假設成同時經由狀態與輸入所驅動——完整的圖片請見**圖四**(a)。

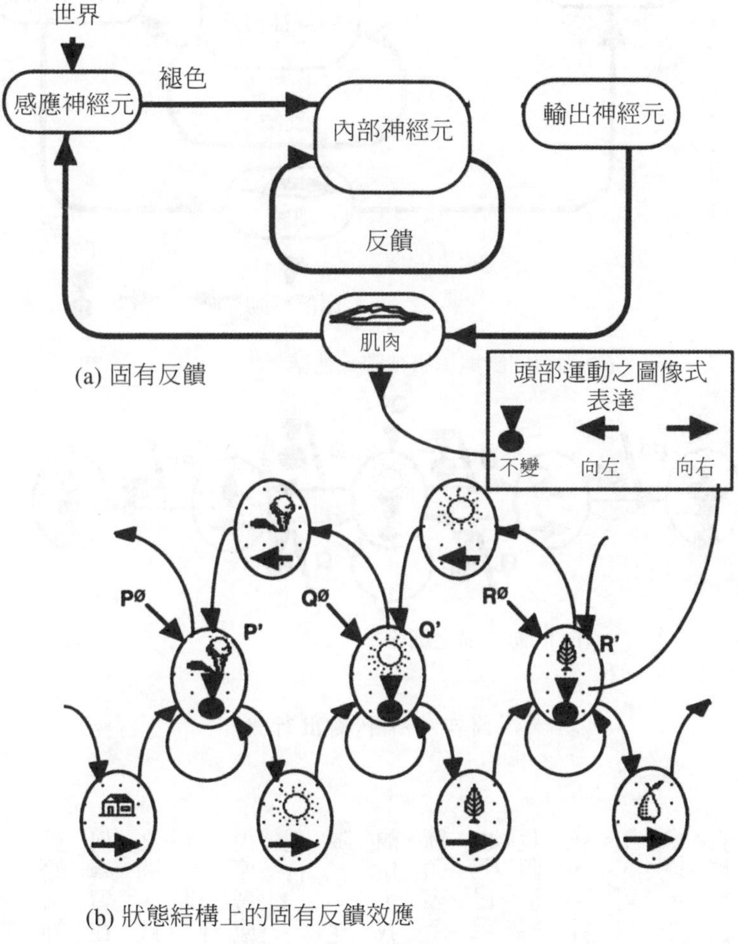

世界

褪色

感應神經元

內部神經元

輸出神經元

反饋

肌肉

(a) 固有反饋

頭部運動之圖像式表達

不變 向左 向右

PØ P'

QØ Q'

RØ R'

(b) 狀態結構上的固有反饋效應

圖三 感覺肌肉所做的事

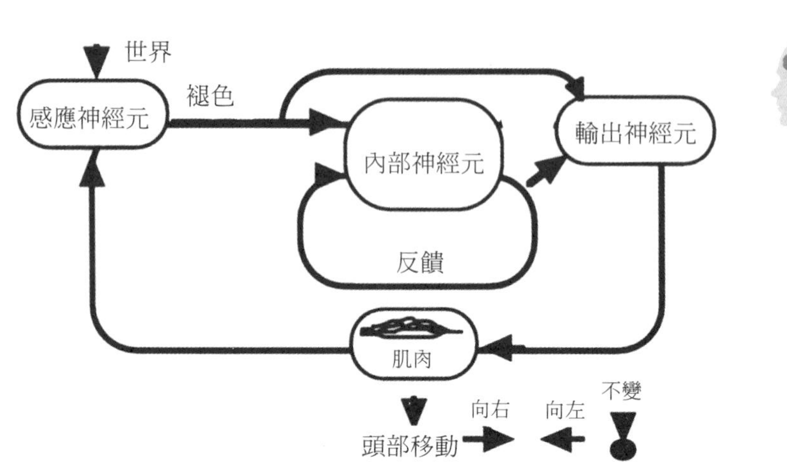

(a) 固有回饋與輸出神經元連結

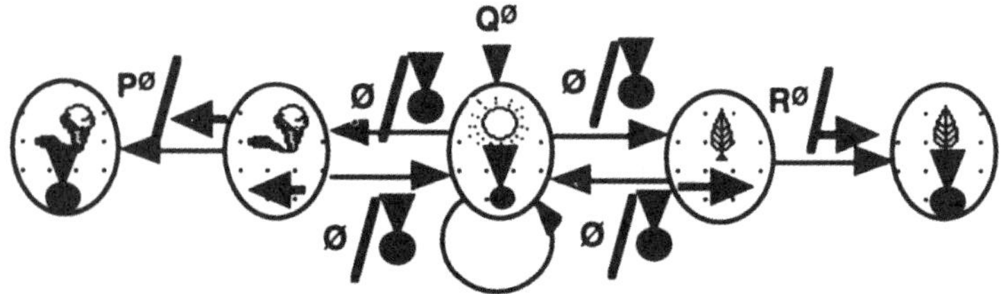

(b) 狀態結構之細節

圖四　採取輸出行動

主要的問題，在於輸出神經元到底如何學習在狀態與輸出之間，做出有用的連結。我們看到**圖四**(b)再度考慮系統處於狀態Q′（就是「太陽」）。在**圖三**(b)爲了簡化，我們把標記用箭頭表示。它們在**圖四**(b)已經介紹過了。我們已經見過這個系統，不採取任何行動下，可以想到向左轉會提供「冰淇淋」，向右會有「樹葉」。

但是如果把輸出連結起來，那麼對於細部狀態解構圖就會有一番新的解讀，現在將會證明推論六展現了這有機體不只是能夠「思考」（實際上不顯示任何輸出，就可以改變內部狀態），而且解構圖也顯示從「想到」環境中改變的狀態，以及這改變可能如何達到，這系統眞的能影響移動。就算兩個選一個，它在「思考」模式下，仍然可以維持不活動狀態。但是這把我們帶到一個滿危險的觀點上，因爲它試圖去說：「在這點，如果那有機體想朝著冰淇淋，它可以轉動其頭部朝向那個方向。」這很容易陷入假設，認爲機器具有它自己的意志。牽涉到哲學信念中問題頗多的領域，需要以較爲輕柔和緩的步伐，踩著目前爲止工程技術的腳趾尖去探索。

意志與意識

我們簡單的自動機在盯著太陽看的時候，如果被觀察到，似乎有時候選擇看冰淇淋有時候看樹葉。如果我們觀察它的時間夠久，我們會不會得到它有自己意志的結論呢？這「意志」（will）到底有多自由？到底意志指的是什麼？這些問題中最後的一個，可能是最重要的。到底是什麼樣的想法，把「意志」這字眼帶到我們的字彙裡？

就如同意識（consciousness）中其他最有趣的成分一般，對於它的定義，得追溯到哲學的歷史。在這裡，意志的概念，特別是自由意志，大多數是因爲關於上帝存在的爭論所引發出來。在基督教裡，自由意志被看做是上帝所給予的禮物，但這禮物在背後卻是有刺的。對這禮物的接受者來說，可以自由地採取善或惡的行動。這些選擇將經由全能的上帝來審判（或者經由聖彼得在黃金大門前衡量權重），然後一個人整體有多少善，將會從這審判中得知。上帝其實可以選擇創造一些有機體，他們可以被預先設計成只會做好事。但是這不會讓他們活得有價值，而在基督教介紹性的書籍中，這樣的有機體可以比做無生命的或無靈魂的自動機。沒有人會主張這樣低等的物件，會跟全能的有機體一樣，致力於存在的意義。此外，也有另一種信念，覺得上帝以祂自己的形象，創造了人類種族的成員。因此，由於上帝意志無疑地是自由的，這些祂所創造出來的有機體，當然不可能是缺乏自由意志的機器人。在這點值得提醒我們自己，本書整體的目的，是在神經狀態機器架構下牽涉意識中困難成分的機制，找出其中可能產生的問題，並且予以回答。在下面，基本猜想以推論七的面貌，建議了意志確實可以透過神經性活動中的圖像式學習來探討。

推論七：意志

有機體在它的心靈性模式，可以根據需要、渴望或跟需求無關的隨意方式進入狀態軌道。這賦予它採取行動時具有看起來自由及有目的之力量。

圖四(b)所顯示之模型令人好奇的特徵在於它是完全地自由。盯著太陽的時候，自動機可以隨機地「想到」冰淇淋與樹葉，並且任意地在這兩個狀態間做移動。在隨機性方面，的確在「自由」的概念上具有源自對該有機體觀察者以及其有機體本身的兩種觀點。有機體如果想要盡可能地自由，將會盡量以隨機的方式採取行動。觀察者只有在該有機體的行動沒有偏好的情況下，才會確信它是隨機的，否則對於其行爲的報告，可能包含像是以下的東西——「Fred的意志好像不是完全自由，冰淇淋對他具有致命的吸引力。」即使語言也承認這種武斷。在之前我曾寫到「……自動機可以隨機地『想到』

冰淇淋與樹葉……」，我其實可以簡單地寫成「……自動機可以用它的意志『想到』冰淇淋與樹葉……」。那又是誰去區別「隨機」與「意志」呢？

當然，對於自由意志的處理，很自然地會被批評爲太過簡化，因爲我們之前所做的，是在如此不複雜的環境下，應用於最簡約的有機體上。我們稍後將再回到自由意志的複雜性，但在這個例子中，我們發現它將意志顯示成「我想要一個冰淇淋」，其實這需要更深入的探討，才能解釋這機制所暗示的內涵。推論七建議了「想要」這個字眼，是對某種需要或慾望的反應。如果我們的機器人會飢餓或貪婪，那麼如果它選擇冰淇淋而不選樹葉，將不會太讓人訝異（假設它對樹葉沒啥胃口）。對這機制的一種觀點，已經在第四章（第四章**圖七**）中介紹過了。讓我們回想一下，章魚的內部狀態，可以經由從胃部來顯示飢餓的感應器得到輸入，在這情況下，**圖四**的機器人可以用太陽跟冰淇淋間轉換的附帶性飢餓標記，來做爲這方面的表達。但是這假設了機器人具有某種胃，它是某種機械性塡滿或空虛的結果，可以發射出飢餓或飽足的訊號，在狀態解構圖中使轉換具有某種偏向。在這裡我們必須回到意志微妙、難以捉摸的地方，像是「仁慈心」或「具有堅強的意志」。這跟「人格」相關，由於「具有堅強的意志」暗示了一種人格，這樣有機體在世界上的行動，會用一種預先決定的、堅強的方式。它的意思並不是當飢餓時就會吃冰淇淋。更精確的觀點，會問到在我們的神經狀態機器裡，需要什麼才能帶領我們比第四章章魚的例子更向前邁進。

兩個簡單的機器人，要怎樣才能發展不同的人格，這意思又代表了什麼呢？在我們所虛構相當受

限制的世界裡，在人格中的差異，可能指的是像「機器人Fred在看過太陽以後，會比較偏愛看冰淇淋；而機器人Jim則是在看過樹葉以後，比較喜歡看冰淇淋。雖然透過假設兩個機器人之間不同的偏好，輸入上用ϕ來表示就可以很簡單地表達出差異，但是有人會質疑這樣的偏好是打哪兒來的。我們例子中簡單的機器人，顯示了令人沮喪的事實，其實它並無法顯示偏好或人格中的差異。

其中主要缺乏的事實是簡單機器人腦中的世界的複雜性會影響它們的思想。更複雜世界裡的精密機器人，可能就會有動機的力量了。假設它可以沿著路走，它會碰巧遇見它可以食用的物件。再者，我們也給它幾個天生的辨別能力，像是「美味的」與「不可食用」，整個圖片改成如**圖五**所示。兩個自動機Fred與Jim以不同時間進入這個世界，但是出發位置都是相同的。每當它們來到路的叉口，它們自由行動左—右的輸出，就會開始運作，並且決定「向左走」或「向右走」的選擇。

當它們每經過一個物件，它們就會嚐一下，並對內部狀態給予一個值，如「美味」或「不可食用」。然後，我們只是讓事情變得更複雜一點，前面最後一章所討論到預測的效果，就開始插一腳了。隨著機器人透過狀態結構去瞭解它的世界，它可以向內部探索，如果天生的規則是偏向「美味」而不是「不可食用」（就像第四章中，章魚比較愛吃活著的小蟹，而不是已經死掉的），這個機器人基於預測的結果，將會隨著有美味食物的路線走。所以這兩個自動機不同的自我，可能會獲得什麼資源呢？記得早期自動機的探索，達到叉口時會採取任意的選擇，即使環境中只有一些出路，也會替它的探索提供了數量龐大的組合。這些不同的路徑，在最佳化它們存在的範疇下，替不同有機體創造了不

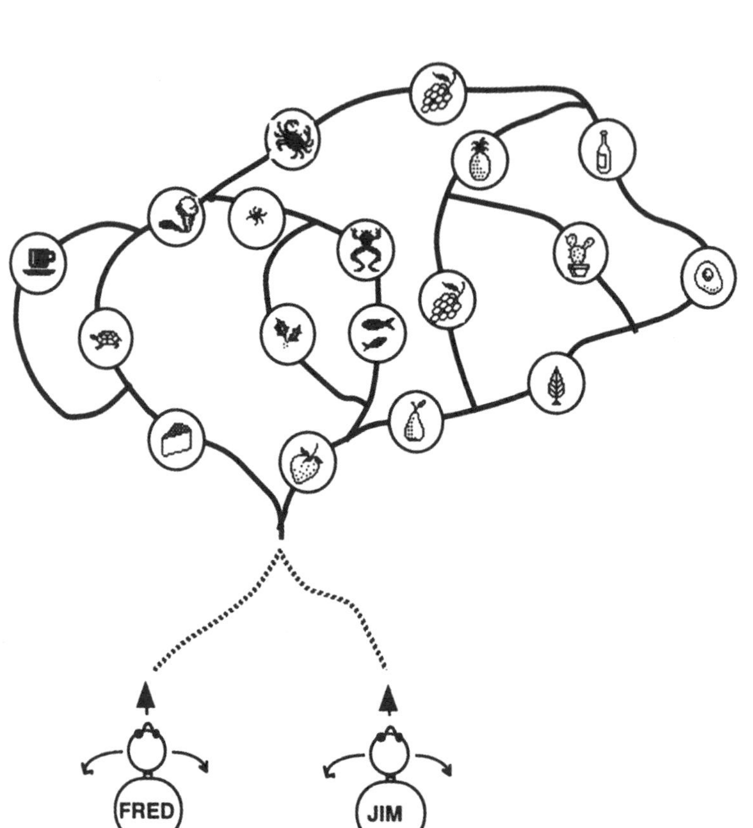

圖五　在較複雜世界中的兩個機器人

同的架構。也就是說一個複雜的世界，能導致相當廣泛的可選擇性經驗，我們給它名字叫做狀態結構。用尋常的話來說，不同的自我與人格，是該有機體所棲息之複雜環境所直接導致的結果。事實上，有好幾種處理相同世界的方法，可以存在於同一個有機體體內，這也就是心理學家所稱的「選擇性自我」。當然，這有機體機械性部分運作的些微差異，也可以導致建立起不同的經驗。如果Fred具有頸部疼痛的毛病，讓它比較偏好右轉一點，而Jim如果沒有這種苦惱，那麼它們兩個對於相同的環境，很清楚地就會建立起不同的狀態結構與計畫來應對。

最後，到目前爲止可能還忽略了一點影響，在我們簡單自動機試著要瞭解的世界裡，也會包含其他的有機體。Fred與Jim可能會無意中碰在一起。到目前爲止，我們說簡單機制的探索，允許不同有機體的自我，以不同的方式去發展。在本書其他的部分，我們將會花比較多的功夫，來看看有機體間溝通對於個體意識所造成的影響。這裡，在看過基本猜想中自我與意志概念的一些暗示後，我們將要簡單地回顧一下存在於這些議題中哲學性與新理性的想法，看看我們的推論是否眞的有點道理。

回到哲學與心理學中的自我

在本章的最初，丹奈特跟Greenfield觀點的差異相當明顯，丹奈特認爲一群獨立的媒介物透過「校定草圖」，去製造自我的感覺，而Greenfield的論點則認爲這樣安排的說法，會在無意識的期間崩塌毀壞（也就是說原動力會睡著不做事）。這對於自我持續的感覺，可能會是個嚴重的威脅。但是基本猜想則鼓舞我們，把「原動力」想成神經元或一群神經元組。對「草圖校定」可能會以神經性的方式被解釋，好比把神經狀態機器放鬆到穩定狀態的過程。對於自我將不會有威脅，因爲（推論五）這些穩定的狀態，透過神經元中儲存的功能反映出世界持續性的本質，這樣的儲存是很穩健的，並且負責長期的記憶，就如我們在稍早推論中所看到的。關於丹奈特描述所遺留下來唯一的問題，是一些像「原動力校定草圖」的象徵性比喻，到底是不是必須的或者是有幫助的。或許神經狀態機器所表現出的行爲，對於那些想要更接近大腦神經性本質的人，提供了一個選擇。

回顧心理學文獻，本章的推論，眞的能有助於體會Freud潛意識驅使、Allport的特性、Eysenck所說自我的天生性以及Kelly個體性概念理論的差異嗎？對於我個人來說，把自我視做狀態結構的特性，就如我們所做的，是替上述各家觀點做出澄清所產生出來的主要結果之一。

Freud對於潛意識影響的想法（或者是下意識——可以浮現的潛意識），發現了**圖五**中即使在Jim跟Fred的有限存在裡，也可以找到解釋。所以對我們剛萌芽的機器人來說，可以在它們清醒的時候增強「美味的」通路，並且最後可以在遇到一些交叉口時，做出自動的決策。這可以描述成不想要的選擇，就不會進入意識的規劃。也就是說，當這些選擇仍然存在於狀態結構的某個地方，它們並不會在清醒期間影響激發的模式。但是某些種類的睡眠，會導致事情的不同狀態——目前世界狀態放鬆了對內部狀態機器的掌握（**圖一**中A^{ϕ}經由感應器的不活動而遭到壓抑），而那些被遺忘的選擇，則會在某些類似夢境的地方再出現，並在清醒時再次跟有意識的結構相連。而另一方面，有機體在清醒時，可能會發現處在它狀態結構中不熟稔的區域，並且產生無法解釋的感覺。所以潛意識跟完全有意識（對該有機體來說）之間的轉換，對有機體的意識來說，似乎有著無法說明的影響，但是仍處在基本猜想的架構底下。

Allport對於可描述特性的建議，諸如友善的、爽朗的，都可以看做是人格上的差異，這些是從內部隨機的選擇所產生，並且根據它們可以鑑別的特性來做區隔。**圖五**的模型，建議了有機體會安頓在狀態解構圖的某些迴圈裡，是有道理的。所以某群有機體可以被描述成「青蛙般」，因爲它們所處的迴圈包含了青蛙，而另一群可能被說成「葡萄般」，因爲它們處在包含葡萄的迴圈裡。所以總結來說，學習的初期階段裡，選擇的隨意性，創造了有機體發展不同人格的機會；是這個世界的本身包含了多樣性，並且導致人格具有不同的「特性」。而在另一方面，Eysenck天生固有性的概念，並無法簡單地跟基本猜想的結論一致。爲了要讓特性變得「天生的」，我們必須找出系統中的功能，是用什麼方法去建立起這些偏好。神經狀態機械的方式，顯示了行爲比較可能是受到「出生後」事件的影響，勝過網路結構本身的影響。很清楚地，身體上極端的影響，可能會影響機器人的探索，並且進一步地影響了它的人格。這種頸部扭傷的爭論，我們之前就使用過了：一個受到這類苦惱的機器人，它所要求的狀態結構會跟沒被這些狀況所苦的機器人不同。但是從世界上有機體大多數的證據顯示，它們會學習去克服這些苦惱，使得人格中主要的特徵跟生理性影響、遺傳的影響互相獨立。

Kelly的個人性狀態結構

在世界上有一群人，對他們來說，有關意識的討論，不只是茶餘飯後的閒聊。他們是一群諮商師、精神治療師與臨床心理學家。他們的任務，是去傾聽他們案主或病患的難處，並且隨著從該問題的呈現，找出可以給予某種幫助的觀點。由於許多像這樣的困難，都可以描述成一籃子的「情感性問題」，人格差異的問題是其中最重要的。爲什麼某個人無法處理生活中的某些層面，而其他人就可以呢？個體的「自我」，決定了一個人可以在面對一些事件時，諸如親友過世、離婚、沒來由的恐懼與恐慌，仍持續地維持功能運作的優劣程度。我們現在回到George Kelly所做的研究，他從航空工程師的背景，變成了臨床心理學家，並且在一九五〇年代中期，感覺到他的案主需要某種正式的架構，好將焦點放在個體間不同的人格上。雖然許多療法的實踐者相信自我對於一般大眾來說[註4]，具有普遍的本質，但是Kelly的理論，卻專注於解釋讓人與人之間有差異的東西，並且如果有某個人需要幫助，對於該個體，這樣的幫助要如何爲個體量身打造。

這個心理學的理論——個人性建構理論（PCT），在一九五五年Kelly就如此地貼近本書所討論的狀態機器概念，提出了這卓越的理論。如我們早先所提到的，他的結構就像是基本性假定，而十一個推論也激發了我們的探索方式（雖然在我們的基本猜想、推論跟Kelly的假定與推論間，並沒有直接的關連性）。Kelly的基本性假定，強烈地反射出他對於心靈性狀態的信念，就像是個人持續性自我的表達：

註4：常會提及Freud對於壓抑潛意識之結果的概念。

「個人性形成的過程，是透過他預期會發生事件的心理性導引。」

也就是說，一個人的想法與行爲，是經由過去記憶所導引的，其中包含了對於該個體自身行動結果的感覺。Kelly的推論，澄清了這一點。舉例來說，他認爲：

「一個人會預期發生的事件，是透過能解釋它們所帶來的回應。」

「能解釋」這個字眼，處於Kelly字彙的中心。它的意思是指主要的內部性信念，這信念認爲世界是相對地恆常不變，所以在過去發生過的事件，以及它們所導致的心理性反應，都將會再度發生。神經狀態機器模型以及它的基本猜想，使得有機體無法在反覆多變的世界（也就是說並沒有重複的回應）裡建立起有意義的狀態結構，顯得相當清楚。而在另一方面，Kelly的觀點認爲，對於個體來說，是有整體的範疇，這也被我們的神經性方式所支持：

「人們彼此間的差異，是來自他們對所發生事件的解釋。」

如我們前面所解釋的，這樣的差異，是來自神經機器的探究性特徵，透過任意的行動，會對不同的有機體提供不同的經驗。

Kelly所爲人稱道的，是來自他介紹了一種個人性建構治療法，這療法是透過著重在構念格線上的測量以及彼此間的關係。隨著本章中所顯示的神經性模型，我們發現，找出一個人狀態結構中的連結，以及該個體希望這些連結是怎麼樣這兩者是等義的。治療法是由對個體如何解釋其世界的重遊以及探討所組成的，並且讓他得以重組自己的構念，使得在某些方面可以減少導致該個體不快樂的問題。我在其他地方曾經寫過關於構念系統與狀態結構的關係。對於想要繼續追尋其中相似性的讀者，可以參考Aleksander（一九八四年）的著作。這裡我只是將注意力放在Kelly模型跟我的模型之間所具有的共同基礎：它們都建議了我們對自己意識的敬畏，並不需要因爲有根據某種狀態結構基礎建立模型的技術而縮減。

所以，我到底是誰？

關於我們在本章中所談的所有內容，其實在這裡有一點危險，它好像試著透過說我是個狀態結構，而意圖要回答「我是誰？」。除了我們有意要說明的部分，其實這裡並沒有更進一步的意思。透過我們想回答問題骨幹裡的三個推論，裡面主要想說的，首先，學習是一種創造狀態結構的方法，它提供了對於我們所居住世界鏡像的感覺；其次，這世界包含「我」以及我對它所帶來的改變。對於我自己狀態結構的表達，不會比世界上其他物件及它們存在的影響要來得難。舉例來說，太陽導致了溫暖，腳踏車導致了運輸，一把傘可以讓我在滂沱大雨中保持不被淋濕，而我的「自我」，可以去很多地方或摺摺紙飛機。在討論中的最後一部分，認爲世界的改變，導致了我的「自我」似乎在內部或許會跟我外部的行動相連。這創造了意志的感覺，將這些行動帶到「吸引分子」的通道上，它們是透過需要或內部狀態空間的命令所產生的。再者，我們也看到了不同人的「我」，可能是完全不同的，導致了我們一般稱作「自我」的模型。所以，「我在我的狀態結構裡」，會是比「我是狀態結構」更精確的描述。

然而，把Magnus當成流浪的魯賓遜型態，沒有人去幫它，這是不公平的。讓它相對於人類是非常不利的，人類是生在一個充滿其他人類的社會裡，整體來說，形成一個有幫助性的環境，讓在其中發展的有機體可以拓展他們的自我。爲了要探討Magnus的人工意識，我必須採取一種觀點，認爲對它來說，不能切斷人類的幫助。從這個概念釋放出的迷人問題，形成了接下來的章節以及本書其他內容。

隨著她接近Galactic學院後面昏暗的機油吧台，Molecula開始想到她的人生在過去幾個禮拜以來，發生了怎樣的改變。她跟Red碰過幾次面，但都是完全保密的。她把他的研究報告，重新更正到她自己的地址，甚至告訴Asic說Red已經安靜地離開了。

「幸好」，Asic說：「當Red Naskela在國家電視上宣稱Global先生對於意識的自動機理論的看法是狹隘的，並且導致對眞正科學以及Volta星居民的壓迫，在當時Global先生對於他中央控制系統的迴響，幾乎是一片混亂。」

Molecula停止了跟Asic關於反駁Red的爭論。Global先生的反對，已經從暗地咕噥的抱怨，變成了對她生活的實質威脅。但是她感受到的威脅愈多，她就愈盼望跟Red進行面對面的會談。她發現了這令人困擾的不安，然而這並不合乎邏輯，她一直以來都相當滿意自己的生活，認爲她的人生是順利地經由中央程式規劃者所注定的。但是在這裡，突然間，她把自己的生活引導到兩條分隔的路徑上。跟著Red，她學習到用新的方式去思考。她甚至開始詢問中央程式規劃者到底是否眞的存在。另一方面，在工作中，她在自己的

崗位上背負了相當大的責任並且繼續著她的工作。她發展了兩種截然不同的自我，她深受迷惑與困擾。

Red坐在他的老位置上，嘴角泛起了一抹微笑。她該不該跟他談到心中的困惑與感覺呢？

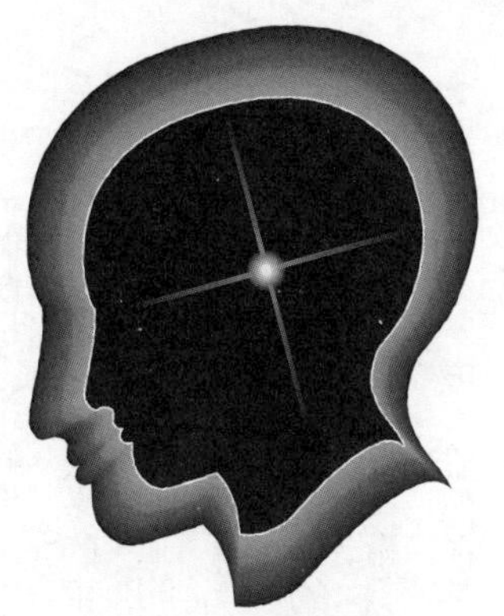

第6章

起源與文字

把人類分隔開來

根據我在學校裡上宗教性課程的記憶……「在人類的起源就有文字，而文字則是跟著上帝的，所以文字就是上帝。」（聖約翰1:1）。再者，上帝以祂自己的形象創造了人類（創世紀1:26）。在基督教的文化裡，當然是把人類跟地球上其他有機體分隔開來，並且對於大多數住在西方世界裡的人，他們在日常生活中也是秉持著這樣的看法。其中努力的部分，把人類跟其他有機體區隔開來的特徵，可以說是經由「我們沈默的朋友」，也就是「文字」。「文字」是如此的特別，它甚至讓聖經新約中給予了一個像是上帝的地位。事實上，人們採用的溝通形式，很可能是世界上最精巧複雜的（對於世界裡看起來幾乎是無限多的東西來說）。然而在語言性哲學的教科書裡，常被提到的問題是人類優於其他萬物是不是經由意識上的優越所能詳加解釋。甚至有人爭辯說，如果沒有一套完備的語言，根本就不可能有意識（這在標題為「語言學決定論」中可以看到）。

所以從這個極端的觀點來看，動物是沒有意識的，即使它們也有某種形式的溝通。所以這給了Magnus什麼呢？我想要顯示的，在於Magnus可以變得相當精通人類的語言，也就是說，跟動物的情況很不一樣。雖然在某些尺度上測量活的有機體意識的層級，將人類放在頂端、阿米巴原蟲在最底層，算是滿司空見慣的，但是一個會使用語言的機器人，卻開啓了一個全新軸線的可能性。Magnus可以使用語言，但是它的意識仍然是人工的，因此從另一個角度來說，可能精密度上還低於一個阿米巴原蟲。但是看看語言在我們狀態機器模型中所扮演角色的最大好處，在於可以釐清語言到底在心靈生活中扮演什麼角色的幾個主要問題。這些問題是什麼呢？

第一個顯而易見的問題，就是文字對於「思考」所帶來的衝擊與影響是什麼。我可以問一些問題，像是「蘋果是什麼？」並且得到許多不同的答案，諸如「紅色、圓形的水果」、「一個綠色、富有色澤的水果」或者甚至像「某一種電腦」。對於一些像是「愛」或「誠實」的字眼，還更要難的多，這些很清楚地用特定的方式，界定了心靈的運作，並且導致了需要討論這些字眼跟人腦內部心靈世界的關係。至於這些關係，我們首先可以看看來自基本猜想的推論。但是文字並不是以隔離的方式來使用。「約翰喜歡瑪麗」跟「瑪麗喜歡約翰」的意思不同，原因是它們的順序不同。所以，由於語言是以控制的方式來使用文字，激起了這控制令人爭議的問題。這樣控制的知識，究竟是來自天生的，還是後天學習的？只是跟合不合乎文法的規則有關嗎？

我將會以兩個步驟來探討這些困難的問題。我們首先要證明，狀態機器模型與基本猜想對於文字的表達，具有其範圍。也就是說，我想要回答文字如何形成狀態結構的一部分，我們建議了只有圖像式學習，才是負責讓語言進入狀態結構最簡單的方式。我接著想簡短地回顧歷史中語言的哲學，看看圖像式表達的想法，能如何澄清某些根深蒂固的難題。至於第二個步驟，我將會留在下一個章節，那問題是關於語言從何獲得，到底是「天生的還是後天獲得的」，這爭辯我們屆時再討論。

知道東西的名稱

到目前為止，我們所描述的神經狀態機器，都是令人沮喪的物體。它盯著這個世界，並且只是管理著自己的步調，朝著充滿青蛙、樹葉與葡萄的路上緩緩前進。其中很可惜地錯失的部分，在於路上沒有其他的有機體。事實上，之前章節中的Jim與Fred如果素未謀面，那麼在它們的狀態結構中，就不會有對彼此的圖像式表達。先把他們彼此的態度會是敵對或合作的問題放到一邊，我們現在先假設Fred是個成人，基於某個非特定的理由，希望對Jim有所幫助，而Jim則是前一章中**圖五**「東西的世界」裡的新成員。成年的Fred「知道」在「東西的世界」裡面各東西的名字，藉著將這些交給Jim，可以省去Jim很多像無頭蒼蠅般探索的功夫。這簡單得令人迷惑的情境，隱藏了多重的困難。首先，它並沒有解釋我們的機器人如何瞭解文字的意義。其次，它也沒有解釋Jim必須繼承多少，才能瞭解Fred所試著要做的事。最後，「Fred知道在世界裡東西的名字」這句陳述，到底真正的意思是什麼？

在本節，我會把矛頭指向這些問題中的其中一個層面。圖像式表達的機制，是如何具有表達「東西的名字」的力量？我必須立刻地說，透過「東西的名字」比起我們所稱的名詞，更需要替東西命名。在我們的機制裡，簡單的形容詞與動詞都相當地需要。「青色、發光的蘋果」、「John所擁有的狗」以及「瑪麗，班上的頂尖角色」都是「東西的名字」的範例。所以這裡唯一的議題，就是這樣的

名字，要如何圖像式地在狀態結構中發展以代表這些東西。我們喚起了推論八，並且顯示出這指向了狀態結構的特徵，使得這些表達可行。

推論八：對於意義的表達

> 當感覺事件同時地發生或不同的主要感覺在很接近的時間內產生，圖像式學習與神經狀態機器的一般化，會確保它們都可以經由其他部分回想起。

爲了要表達其涵意，我們將會看看意義可以如何以它最簡單的階層，在神經狀態機器中表達。我將會描述幾個我們在實驗室中對Magnus所進行的實驗。這個不太複雜的架構，顯示在圖一中：它表達了Magnus開始瞭解我們稱作廚房世界裡的物件。廚房世界裡的物件，是由像是玻璃杯、盤子、刀子、杯子、瓶罐以及蘋果所組成的。在實驗室裡，這是眞實的影像，藉著像是攝影機的東西以及數位化以後讓電腦可以讀取。Magnus事實上是個龐大的程式，它在很大的架構裡，透過許多小點的組成，表達了所有東西——它是個模擬的神經狀態機器。Magnus也就是電腦科學家所稱的「虛擬」機器。也就是說，它是個機器，經由程式化以後，進入到傳統電腦的內部。當這程式在運作時，主機的行爲舉止，就會像是虛擬機器。對所有的意圖與目的來說，它就是虛擬性機器。

其他的所有東西，包括了圖片，是另一個程式——廚房世界的程式，兩者如下所述地交互運作。在它的輸出，Magnus對廚房世界發出訊號，這控制了一個放在圖片上視窗的大小與位置。在**圖一**中，視窗顯示在一個蘋果上面。對於視窗另一個由小點構成的所在位置，則是在一個盤子上。Magnus實際上在做的事，跟上一章中簡單機器人Jim與Fred所做的，並沒有太大的不同。它們只是需要決定向右移或向左移；在這裡，Magnus則決定在兩個軸X與Y上，該要移動多少，以及決定在廚房世界裡的視窗，大小（s）該要取多少。Magnus的輸出以三個長條狀的形式，顯示在**圖一**中，一個是表示X、一個是Y而最後一個則是大小（s）。它們可以被想成神經網路中三個分隔部分「激發的強度」，這決定了視窗的位置。

給定了視窗的位置與大小，廚房世界就以激發與不激發的模式傳送給Magnus視窗的內容。模式就是進入這網路輸入的一部分。另一部分，也是輸入神經元激發與不激發的模式，但在這裡，這模式是經由某指導者所選擇的。我必須稱這個爲物件的「名字」，而這就如同我們所看到的，好比在第一次的時候，就有了將某東西跟其他有機體「知道」神經機制正在做什麼的東西連在一起的可能。如前面所顯示的，這計畫強調了推論八最前面的部分，它建議了意義的獲得可以經由同時發生的知覺性事件與一個命名性（naming）事件。如**圖一**所顯示的，命名性事件看起來引人注意，就像是個寫好的文字。這結果會如此，正是因爲Magnus在處理視覺模式上具有較佳的裝備，而處理聽覺模式的能力，則

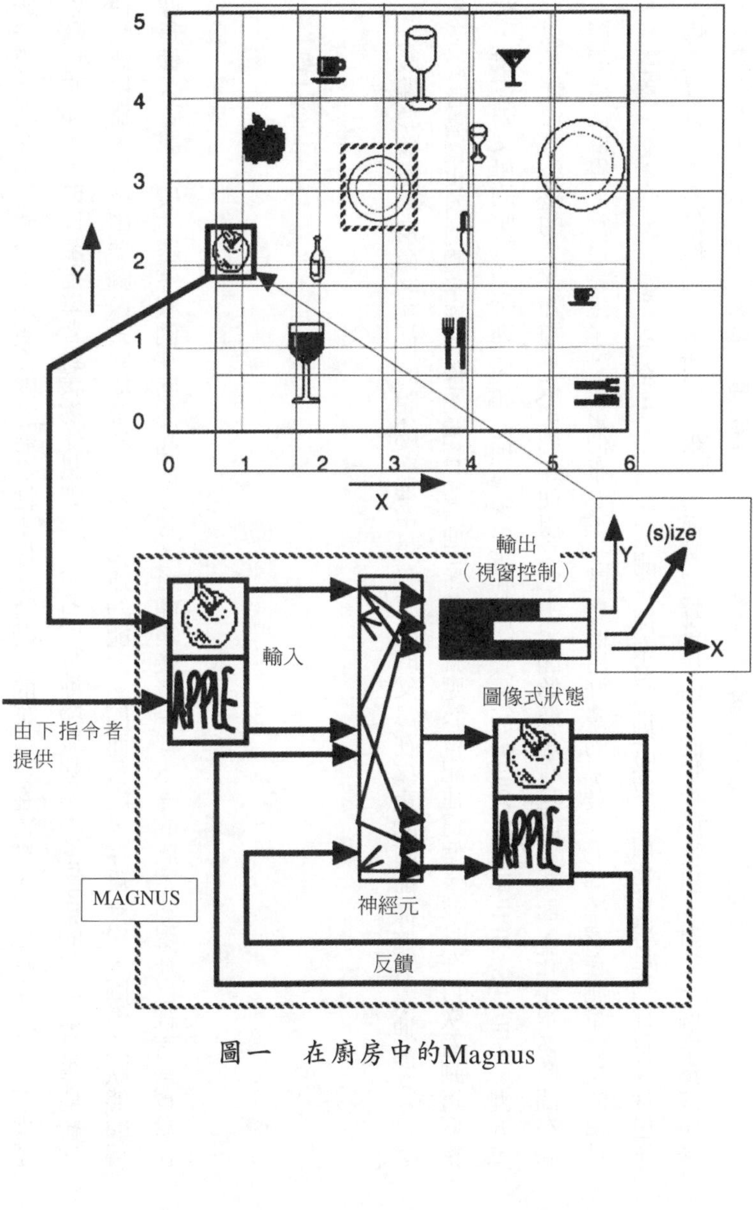
5
4
3
2
1
0
Y
0
1
2
3
4
5
6
X
(s)ize
Y
X
輸出
（視窗控制）
輸入
圖像式狀態
由下指令者
提供
APPLE
APPLE
MAGNUS
神經元
反饋

圖一　在廚房中的Magnus

略遜一籌。我在稍後將會談到更多關於命名性事件在時間上的延伸。在這裡，我已經顯示了一個像是蘋果圖片的輸入，可以跟指導者對該物件訊號性的命名同時地聯繫起來。Magnus的其餘部分是傳統性神經狀態機器，具有創造圖像式狀態跟輸入事件相連的能力。簡而言之，在**圖一**中，圖像式狀態顯得就像是輸入資訊一般，雖然我們在回想起前者時，可能是後者「樣本」的版本。現在已經有些實驗在這裝置上完成了。

什麼是物件？

一般關於孩童學習命名物件的說法，通常是有愛心的父母在孩童的眼前揮擺著泰迪熊（teddy bear），同時嘴裡也對他們幸運的孩子喊著「泰迪」。孩童就應該會記住這個，並且在再次看到這個物件時，會複製父母的叫喊「泰迪」。如心理學家告訴我們的（例如Annette Karmiloff-Smith，一九九二年）以及任何有小孩的人都知道，孩童們在使用文字上，開始像是有目的方式前，花了很多時間在猜測、探索這個世界。當這發生了，孩童似乎一下子就會使用好多的字彙。心理學家在測量這樣的事情時，稱它爲「文字噴射」（word spurt）。這些猜測、探索努力地吸收、消化什麼是物件以及什麼不是，哪些聲音是由照顧他們的人所發出來的，而其他聲音是由別的物件所發出。對於一個字彙或句子眞正的表達，比起第一次來說是更爲複雜的，而我們將在之後會進入這部分的探討。

在我們實驗室裡，我們想要瞭解一個像Magnus的系統，到底是如何知道在廚房世界裡的東西是什麼，而對系統來說不單是個物件。我們必須這麼做，才會有機會理解更複雜的有機體，到底是如何將它們的感官世界分割成許多需要命名的物件。我的一個同僚Richard Evans顯示了我們可能可以訓練一個視窗，使它「收縮」到一個特定的物件上，像是圖二的蘋果。透過將視窗的位置與大小微微地從中心移開，並且跟原來的大小也有點差異，訓練網路輸出朝向正確位置的移動。有趣的部分在於，當我們如圖示般對蘋果這麼做的時候，不只是蘋果在影像的空間裡變成了「吸引分子」（attractor），其他的任何物件也是一樣。更深入來看，我們會發現這網路所做的，就是把那些吸引視窗者——來自背景的任何擾亂——當作模式來解釋。意思是如果視窗在其視野

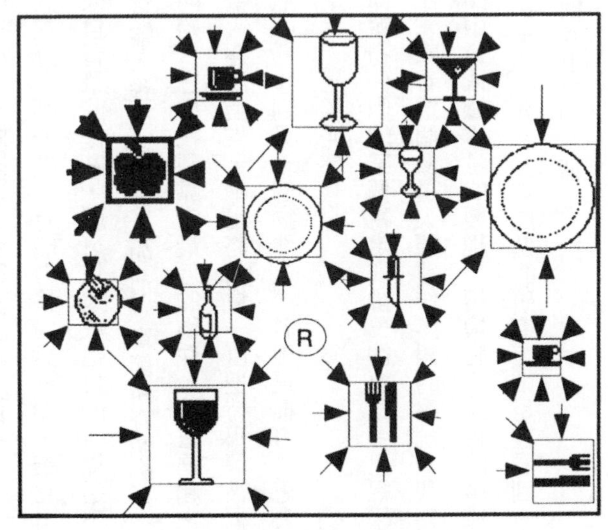

圖二　在廚房世界中的吸引分子

上看到了任何物件的一部分，它就會移動去把那個物件框起來。令人好奇的是，這不只是創造了像是物件的吸引分子，還有一些區域裡沒有物件的「抵抗分子」（repellers）（像是圖二裡的R）。

這意思是它對於一個神經性系統是很自然的，其視野在某一端，有能力移向另一端，讓它可以發展一個一般性的概念去發現物件，藉著將物件視爲來自背景的擾亂，就可以達成這目的。從這系統顯現出來的另一對附帶性特徵，來自可能對不變的感官輸入養成習慣性（如前一章節所介紹的）。如我們前面所描述的，讓我們的有機體從某個任意位置開始，它會找到靠它最近的物件，將它框起來，並且一直待在那裡。這就是習慣性養成的由來。隨著輸入逐漸消失，輸出將不會一直把持那個被框起來的輸入物件，凝視的目光將會移動，而這系統將會把中心移到另一個物件上。若用這種方式思考，系統可能會想知道，若在鏡頭中將它的框架放在物件中央，會是怎樣。

第二種特性就更明顯了。這物件的發現，並不仰賴物件們的某個特定安排，卻會跟（已經學會以一般性原則去放置中心點）物件的任何安排一同運作。看看這個像是人類運作形態的系統，我們可以說成該網路的一般化，導致了這有機體在視覺性鏡頭中，依據本身的興趣，轉換它所凝視的區域。對於人類來說，我們的運作方式，根據Humphreys與Bruce在一九八九年所做的研究，則是在看到一張新圖片時，導致眼睛在這樣區域間的掃視（或跳躍），做到上述的事情。

跟名字聯想在一起

假設我們稱做指導者的代理人，能夠注意到Magnus在看的東西，透過替輸入的「字彙」欄提供命名的輸入，他能夠選擇性地爲那些物件「命名」。對人類來說，最初的命名是透過聽覺管道；在人工性的設定，爲了命名而使用第二視覺管道是合理的。透過圖像式學習知道發生了什麼的原則，使用了視覺性管道，可能廣泛地來說跟聽覺管道相同。其中發生的方式，展現在**圖三**中。

在推論八中有一個重要的字眼——「同時地」，好像命名與注意到該物件（在自動機的說法，掉入狀態空間的吸引分子，是被尚未命名的物件所創造的）是同時發生，這創造了表達性的狀態。在**圖三**中有一個顯示了蘋果，而另一個則

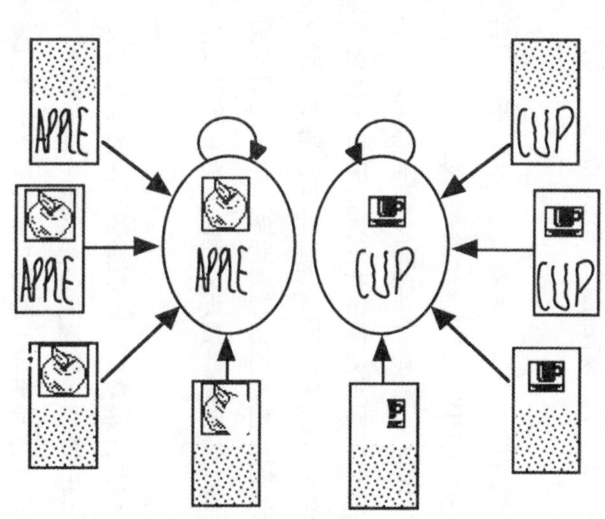

圖三　對兩個有名字物件的狀態特徵

顯示了杯子。一般化特性的表達，好像是具有能夠從部分輸入獲得存取完整狀態的能力。意思是不管名字或物件，都會導致同時代表兩者的狀態。在輸入上不管是哪種形式，可能包括了部分性或雜訊的表達。對於技術性的純粹主義者來說，我們還必須要說明在上一章節中介紹的「逐漸消失」性輸入與狀態機器間的連結。這裡我們假設它在不影響推論八的有效性下，仍然是沒問題的。事實上具有消失的能力是很重要的，否則的話，如果一個部分性輸入奴隸般地繫在狀態機器上，這會導致狀態在表達圖像式影像時，可能會以扭曲過或充滿噪音的方式呈現。

我在之後將會對此提出爭議，關於文字並沒有天生專門的東西：它們是人類社會所持有寶庫中所發現的物件。所以這裡很值得注意的，在於推論八是關於聯想，在一個狀態裡與物件相連的訊號，同時在其世界裡發生。所以一個杯子通常隨著杯墊出現，對此推論的批評可能會問：是否Magnus會指出「杯子」的意義是「杯墊」，或者是其他東西。這問題的興起，可能是因爲我選擇使用同樣的主要感覺（視覺）來表達同樣物件的兩種層面：它看起來的樣子以及言詞上對它的描述。然而，就Magnus來說，視覺性命名來自不同組的感覺管道或知覺性神經元。所以，以基本猜想的說法，Magnus意識到了在兩種主要感覺的項目（兩組知覺性的神經元），被連結成單一狀態的事實。「意義」這字眼，也因此跟這感覺間的聯想相連在一起。

對這方面的批評，可能將話鋒轉向人類對閱讀的學習，是透過視覺與連結文字圖片到物件圖片上。這是個複雜的議題，但是打動我的部分，在於感官性主要感覺的障礙兩度被提及。孩童對「意義」

的初次學習，乃是橫跨視覺性／聽覺性的畫分。閱讀則是在較後期才有的，當一個孩童面對成人堅持說他所學有用的聲響，也具有附在其上的視覺性符號，他可能會相當驚訝。這也橫跨了主要感覺的畫分。從這點來看，可能有人會問，是不是天生失聰的小孩在學習閱讀上，跟聽得見的小孩是以很不同的方式。然而，像是這種的重要問題，是在學習發出聲音時才開始造成衝突的——這是推論九的主題——而且最好等到這個推論完全探索完畢再來進行。

這些物件在哪裡？

回想一下，這是我們所描述在Magnus上所進行某些實驗的本質。很清楚地，這裡企圖將Magnus這種人造物件裡的機制，跟可能存在於活的有機體裡的機制相連。基於這種精神，我們繼續向前探索，看看Magnus是如何根據物件的長相以及它們的稱謂，而將物件的位置聯繫起來。在這裡，這機器透過發現所需的物件學著去回應名字。截至目前所描述，將鏡頭放到物件中心的安排，是透過讓神經狀態機器創造微小移動而局部地運作，導致了視窗包圍住物件。

然而，一般來說，Magnus在X、Y與（s）上的控制，眞正地決定了視窗鏡頭領域的絕對位置。我們前面描述置於中央位置的機制，是以微小的改變量來修正這些絕對性的位置。也就是說，有一些輸出爲X、Y與（s）的神經元群以及其他神經元群，會以微小的量來改變這些值。將注意力集中在這些主要的群組上，我們有一個如圖四所顯示的狀況。很清楚地，這個狀況跟我們在前一章中（第五章圖四）所探討對於自我的表達，非常的相似。這裡的差異，在於從輸出的行動中還有本身固有（來自肌肉活動的感覺）的反饋，這控制了視窗的大小以及位置，而不像先前只有頭部的轉動。也就是說不管視窗在哪裡，都會有逐漸消失的資訊反饋到網路裡。意思是透過圖像式訓練，該系統增加了圖像狀態中視窗的大小與位置。這裡就不再繼續技術性細節的探討，實驗顯示了依據這知識，若給定了名字是「蘋果」的形象，只會導致Magnus先在它的狀態裡對所要發現的東西做出預期，但是也還會讓視窗移動到正確的地方去發現該蘋果。

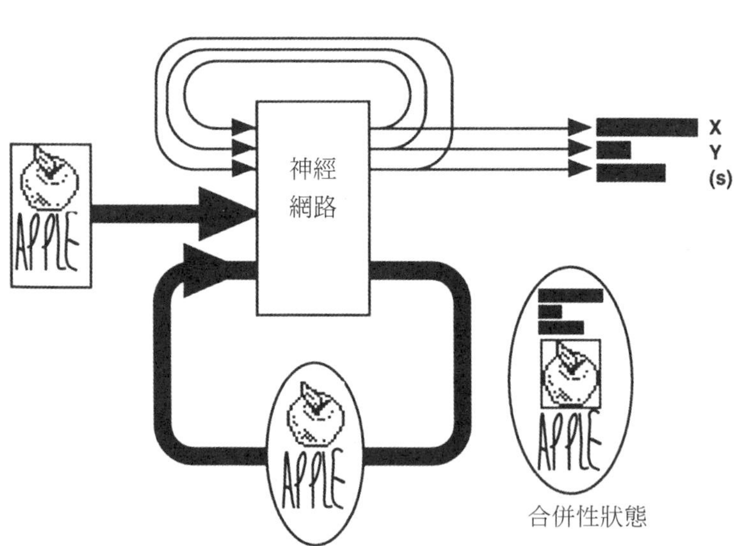

圖四　瞭解東西為何物

如果在鏡頭裡有好幾個蘋果或盤子，那麼Magnus會怎麼做呢？噪音性的輸入，會以逐漸消失的方式替換掉視覺性輸入，讓系統可能得以掉入具有共通名字的任一狀態。需要注意的是，這必須具有本體固有反饋的消逝，才不會將目光緊緊地拴在某個特定的位置上。換句話說，當要找個蘋果時，Magnus會將焦點放在所有可得的蘋果上，以隨意的順序一次一個。

改變中的世界

最後，在Magnus像是物件鑑別者般行動的問題上，可能會有人問，如果在學習發現物件以後，它們在視界間的移動，會發生些什麼。當它被要求去找尋蘋果時，Magnus會先形成蘋果的內部形象，以及它應該在的位置。若在該位置沒有發現它，就會讓圖四中的位置迴圈變得不穩定。也就是說，在預期的位置，輸入被預期著保持圖像式表達的穩定，不會導致狀態發生以某種方式改變。這可以說成將系統轉變成隨機的探索，但在遇到蘋果時，會傾向於保持跟該狀態內容穩定的形象與名字。這裡的關鍵點，在於如果圖像式學習仍然有效，對於該物件的一個新位置將會被學習。這裡就衍生出另一個問題，關於某些神經元的功能會被覆寫，對Magnus來說，跟其他活生生的有機體一樣，很清楚地都是必須的。心理學家談到長期與短暫的記憶，但是跟Magnus一起工作卻教導了我們，在當下時點所探討的背後，還有更多具備吸引力的形式：命名與發現物件。

令人好奇地，在之前所看到的覆寫，在技術性上是很有可能的，但是需要一個參數，用來測量穩定度的缺乏狀況以及用做某些新的學習。在人類來說，一般認爲是腦中化學性的處理程序，透過控制大腦部分能夠學習的程度，來擔負起這個功能。這個化學性反應導致的感覺，有時候跟「感情」相連，這個主題在本書後面部分將會有較多的著墨。在這裡，可能我們應該更接近地去看圖像式狀態表達如何跟更複雜的概念相連，以及它們跟自然語言間的關係。

概念與邏輯……

人類表達能力的部分長處，在於物件不只有單一的名字來完全地跟該個別物件相連。即使是在Magnus簡單的廚房世界裡，「蘋果」這個字眼也指出兩個完全不同的物件。不過我可以使用「水果」或甚至「近似球狀」的字眼，來提到那兩個蘋果。這裡又有另一個值得注意的事實。在推論八所強調的這個簡單的關連性機制，容許神經狀態機器中的狀態空間，在表達上有更多或更少的一般性。先從**圖一**跟**圖二**中將我們爭論的物件取出來，並且回想一下像是「蘋果」的輸入，會引領到該物件中的一個，而以任意的方式命名，對於這些概念像是「蘋果」、「盤子」與「杯子」的狀態表達則顯示在**圖五**中。

這狀態表達的解讀如下，「從狀態結構中任意的一個地方，某個標籤的名字，導致一個項目進入

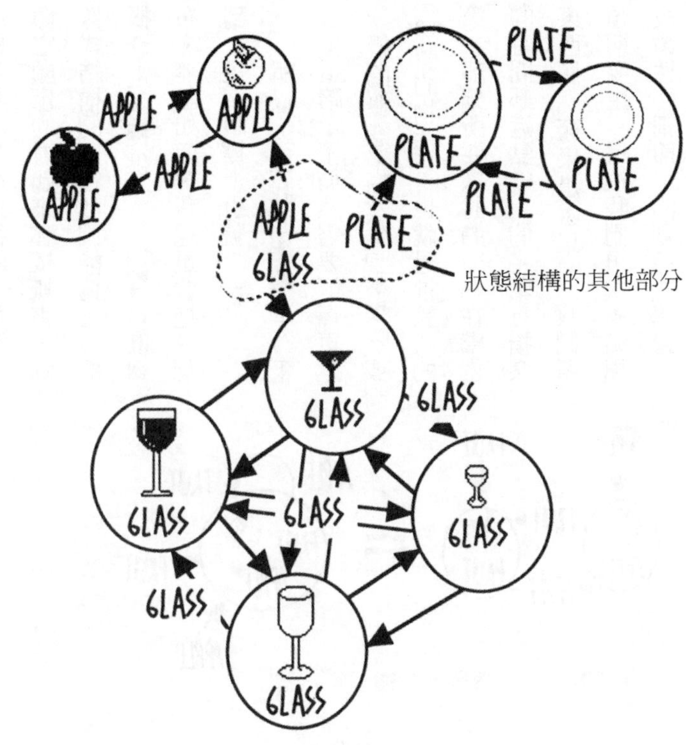

圖五　狀態空間中的概念

了某個具有相同標籤叢集的狀態，而不管它們在圖像式表達上的差異」。將這個轉換成日常用語，從Magnus的角度來看，可以讀成「當Magnus看到在它已經學習到字彙以外的字眼時，它就會『想到』那個字可以表達的所有東西。」這樣擬人化的陳述，具有奇異地不一致的效應。讀者可能會對我說：「我什麼時候允許你，將『我』包括在同意Magnus能夠進行任何思考的裡面？」對於這個問題，我的回答是：「這是基本猜想的結果，但是你不必在此分擔我對此的信念。我只是要顯示這裡進行的，並不是像它顯示的看起來那樣無害，圖像式結構的確在我們能夠表達的概念上，提供了一個豐富的畫布。無論如何，我還是會把『想到』這字眼標上引號！」

所以，讓我們繼續進行下去，這暗示了仍然需要解釋更上一級的概念，像是「水果」或「球體的物件」。也就是推論八的第二部分所要探討的。「在緊密的時間鄰近點」上的字彙意指某東西像「蘋果是水果」。我們所預期發生（這裡我們再次省略掉技術性的細節）的圖像式學習，則顯示在**圖六**。

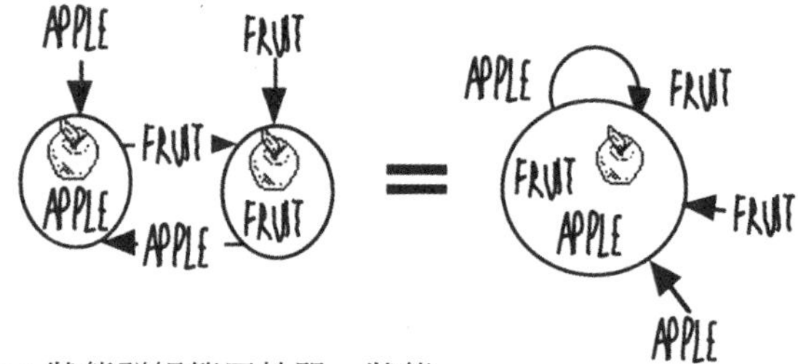

(a) 狀態群組等同於單一狀態

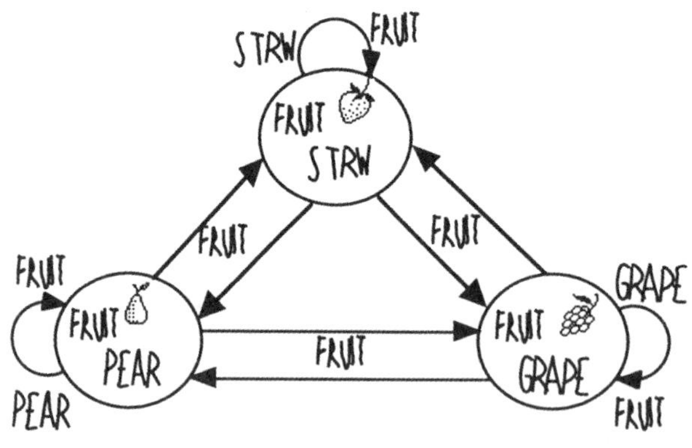

(b) 群組狀態之結構

圖六　狀態群組與概念

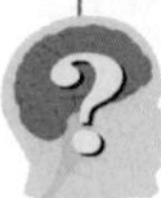

狀態空間表達最有用的特性，在於狀態群組的行爲，跟那些單一的狀態是非常相似的。在圖六(a)中，我們預期發生的圖像式學習，是因爲在時間上很緊密地鄰近，讓「蘋果」跟「水果」顯示出兩個圖像都長成蘋果的狀態，但是具有兩個不同的名字。這兩個可以被想成一個：在它們之間一個向後與向前的轉變，就像是缺乏控制輸入或因爲字彙輸入的消失。換言之，如果我對Magnus說「蘋果」，它會進入這兩個狀態間最靠左邊的，但是隨著輸入的放鬆，它就會以較高的機率將蘋果轉換到「水果」的名稱。我們可以將這個叢集想成是蘋果圖像的狀態但是卻有兩個名字，因爲這叢集是從其他狀態結構進來的，叢集它本身的方式可以被再次進入，而且它可以跳脫其他輸入的方式，就像它對單一狀態一樣。再次以擬人化的說法來講，我們可以說成Magnus「知道」一顆蘋果同時具有「蘋果」與「水果」這兩種名字。但是它又怎麼知道「蘋果是水果」是正確的，但是「水果是蘋果」則是錯誤的呢？

這個問題的答案，可以看看圖六(b)中「水果」的其他例子。一個「水果」的輸入，讓系統具有在不同的「水果」例子（也就是草莓、葡萄與在這個例子中的蘋果）間轉換的自由，其中蘋果保持這系統只有在複雜的「蘋果」狀態。狀態的分群，在瞭解狀態表達的力量上所代表的概念，標示了相當重要的一步。這開始回答Magnus如何能學習根據邏輯性概念去運作的問題，或者更重要的，一些像是大腦的器官，一般來說是如何發展出服從邏輯法則的表達。請想一下圖七所代表的意思。

邏輯性解析圖（Venn diagram）是邏輯學家用來描述物件之間關係的圖片。「蘋果是水果」，這句話在邏輯學上的意義是「所有的蘋果都是水果，但是並非所有的水果都是蘋果」。以圖七下方左邊的圖片表達。而在右邊的解析圖，根據同樣的方法，則表示「水果是蘋果」，它的意義是「所有的水果都是蘋果，但是並非所有的蘋果都是水果」，很明顯地這句話是不正確的。跟圖六做一番連結，我們前面所說關於Magnus所學到的狀態結構，很明確地表達了左邊的圖，而不是右邊的。因此神經狀態機器在它的「心靈性」模式是很自由地在狀態結構間遊走，並且對於左邊的邏輯解析圖具有感應，所以這個機器可以說成知道「蘋果是水果」是對的，而「水果是蘋果」則是錯的。

更多邏輯……

Steven Pinker在一九九四年曾經建議說心靈性表達的概念，是由Alan Turing令人尊敬的貢獻——他所提出Turing機器的概念。一個Turing機器是一種標準想像中的電腦，它透過寫在磁帶上的符號以及給定的一些規則而運作。我將會使用Pinker所舉過的一個例子，但是會以有點不太相同的方式來說明。這機器可以讀取磁帶，也可以記憶某些符號並且列印在磁帶上面。假設磁帶的讀取是從左到右，包含了一些

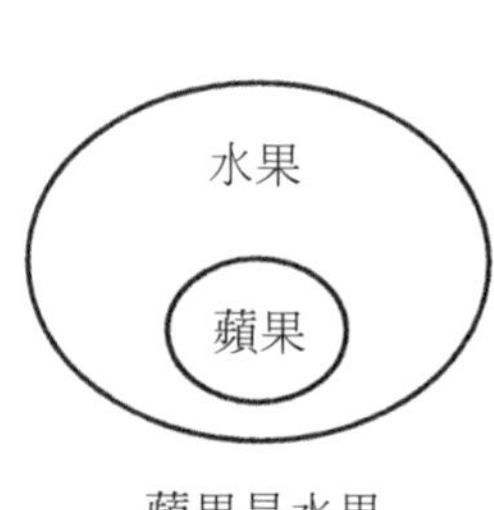

蘋果是水果

水果是蘋果

圖七　狀態空間中的邏輯

心靈性的符號（在目前的階段應該是沒有意義的），並且如下所示：

S@M!MD

程式設計師給了這機器下列的規則：

(1)你遇到@時，就把一個符號移到左邊，並且在七個空格以後列印出這個符號。

(2)回到@，並且記住在它右邊的符號。

(3)繼續搜尋，直到發現！為止。

(4)如果在！右邊的符號，跟在(2)中所記住的符號一樣，那麼就把最後一個符號列印在(1)所列印符號的右邊。

讓我們把這些規則，應用在我們符號的心靈性字串上吧。應用了規則一，將會導致下列結果：

S@M!MD S

接著應用規則二，將會導致M被記住。接著當(3)發現!時，(4)就會成真，然後它的執行，就會變成：

S@M!MD SD

現在，我們把這些看起來沒啥意義的符號，換成下列「語言學」的符號，或者像是英文的文字：

S: Socrates

@: isa

M: man

!: every

D: ismortal

所以我們接著在磁帶上進行下列的工作：

Socrates isa man every man ismortal

（蘇格拉底是人，每個人都會死）

在磁帶運作得嘎嘎作響之後，我們的Turing機器將會整潔地列印出下列字眼：

Socrates isa man every man ismortal socrates ismortal.

（蘇格拉底是人，每個人都會死，蘇格拉底會死）

不只是那樣，如果透過讓S=Chirp，M=bird以及D=canfly，這個機器將會很高興地印出：

Chirp isa bird every bird canfly Chirp canfly.

（嘰喳是隻鳥，每隻鳥都能飛，嘰喳可以飛）

現在可以爭論Turing機器到底知不知道這邏輯學家的規則：

如果X是Y，並且所有的Y都是Z，那麼X就是Z。

事實上也就是Turing機器的這種能力，使得傳統電腦（是比Turing機器更實際的形式）興起了人工智慧的領域，並且宣稱電腦可以做成解決邏輯的問題，而且在某些時候，被說成具推理性的機器。也就是這個程序，導致了許多這樣宣稱有效性的問題：是不是我們把這些值設成S=Igor，M=professor以及D=canfly，這個機器就會說成：

Igor isa professor every professor canfly Igor canfly.

（Igor是一位教授，所有教授都能飛，Igor可以飛）

雖然這是一個在自我一致性上完美的陳述，但是它的荒誕可笑處，卻不能被這機器所體會。人類可以體認這前提與結論的荒謬，因為根據經驗顯示，教授是不會飛的（在不靠飛機幫助的情況下）。Searle對於人工智慧的批評，在於機器是服從一組盲目的規則，並無法表達「理解」，除非它們所使用的符號是被理解的，或者來自於世界的經驗是大聲且清晰的。

事實上，精確地來說，發生在Magnus身上推理的初期，跟發生在Turing機器身上是相反的。許多組的物件被學習，在狀態結構中被連結，邏輯的規則從連結的過程中顯露出來。所以Magnus會怎麼處理蘇格拉底句子的邏輯呢？這個問題的焦點在於，像「每個人」這樣的概念該如何得到被學習的狀態表達。**圖八**顯示了Magnus像是希臘哲學家的狀態結構。

我的主張是借自第一章提到的維根斯坦，認為在語言上並沒有本質主義。也就是說，像是「男人」的字眼，並沒有指到所有男人的完整集合，而只有個體的完整經驗，**圖八**中的Magnus則被假設為只知道四個男人是會死的，聽過有三個神，並且被告知祂們是不死的。假設Magnus並不知道蘇格拉底（這

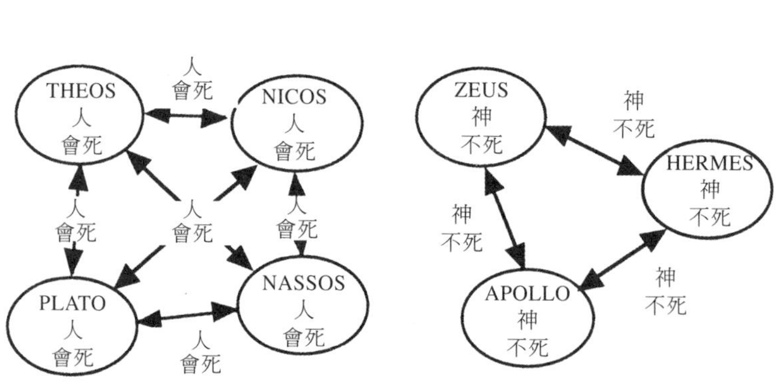

圖八　把Magnus當作希臘哲學家

是我們通常發生的情況），透過使用「男人」這個字眼，被告知「蘇格拉底是個男人」，這時它就會進入Nicos–Theos–Plato–Nassos的狀態結構區域，不只是「男人」的區域，精確來說還是「會死」的區域。所以「每個男人都會死」是透過狀態結構裡的一個事實來表達，其中「每個」實際上指的是每個Magnus知道的男人。當然，這陳述「蘇格拉底是個男人」會需要Magnus也把蘇格拉底加進狀態結構裡，而其中漏掉的字眼「會死」則會被加到圖像式表達中，因爲它在神經機制中緊密地跟「男人」聯繫在一起。

但是這並沒有解釋Magnus可能如何接受一般的邏輯學家規則：

如果X是Y，並且所有的Y都是Z，那麼X就是Z。

實在是跟Magnus在圖八中所顯示的經驗沒有不相容的地方。然而，Magnus對於X來說，只允許七個物體，而Y則是「神」與「男人」，對Z來說則是「會死」與「不會死」。但是在數量的限制以內，Magnus所儲存的經驗，透過在狀態結構裡的表達，可以說成跟陳述的邏輯是相容的。

在本行以下，如果在這論證上鑽牛角尖，就有點危險了。數學性思考與準備好接受邏輯，通常被引述爲人類意識的頂峰。這裡我所做的，只是設下一個標籤，讓讀者知道這問題並不在基本猜想所引發談論的範圍之外。然而，這論證若需要成熟一點，還得要考慮其餘的推論，而我將會在本書的結尾再回過頭來看這個問題。

動詞

到目前爲止我們所說的，都是將中心放在某些名詞與形容詞的表達上。但是Magnus要如何處理關於動詞的表達呢？Magnus要如何知道「狗咬人」是很普通的，但是「人咬狗」卻是很不尋常的呢？首先我們要瞭解的是簡單動詞性陳述像是「狗咬人」，這是一個圖像式表達或經由一系列次要狀態所建立起來的狀態。對於我所意指的均顯示在**圖九**上。

這表達看起來有點孩子氣。爲了要看眞實事情的長相，我鼓勵讀者透過自己腦中所創造出來的心靈性景象，去想像「狗咬人」的意義。不管是不是孩子氣，這表達是來自建立起圖像式表達的機制，在本章前面討論過了，並且會遵循推論八。那麼「人咬狗」又如何呢？如果這句子是「人咬漢堡」，那麼造成的驚訝可能還很少。這是「跟經驗很接近的」，並且可以藉著表達來解釋；在它們之間的連結，可以存在於有機體瞭解的狀態

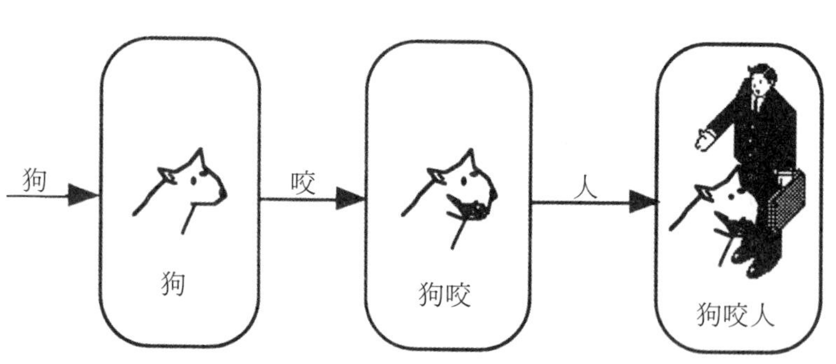

圖九　用動詞表達一個句子

結構中。在另一方面，「人咬狗」導致狀態結構從原有的軌道中跳出來，好像狀態發生在「人咬……」所存在的空缺像是「漢堡」、「三明治」與「很棒的牛排」。但隨著「狗」這個字眼的產生，便會導致進入對於「狗」的表達，狀態改變所導致的感覺連結，並不存在於狀態空間裡，所以就被感覺所有者描述成驚訝。這部分所引發的問題，再次超過我對於神經狀態機器能力已經解釋過的部分。這有機體該如何「描述」任何它所擁有的感覺呢？在下一章節，我們會談論得更深入。

本章所使用這些例子的焦點，在於顯示圖像式表達是具有彈性，並且富於表達在語言基礎下的想法。關於語言又是打哪兒來的問題，則是滿生動有趣的，並且也留待下一章一併探討。這裡如果藉著選一些更困難的例子來進行對豐富性表達的挑戰，可能會是滿有趣的。

新奇的經驗

上述的討論，指出了圖像式表達中一個相當重要的因素。一個新想法該如何單獨透過語言性輸入而在狀態空間中創造出來呢？我可以跟Magnus說：「你知不知道哥倫布發現了新大陸？」它可能會回答：「我不知道，但是我現在知道了。」暗示了新的狀態結構已經透過語言的互動而被創造出來了。這個機制被基本猜想所支援嗎？

最好的闡明方式，可能就是問個比較簡單一點的問題。給定Magnus在它的狀態空間裡具有對於

「狗」跟「人咬」的表達，如我在上一節所說的，會讓這個陳述使聽者訝異的，在於現存的狀態空間裡，並不存在有這兩個狀態間的連結。然而，事情的狀態是透過它自身語言性陳述而改變的。「人咬狗」替「人咬」與「狗」之間創造了一個連結。接著，應用本章前面看到的狀態合併原則，一個合併後的狀態就被學習到了，跟**圖九**最右邊的相似，但是兩個原動力的角色卻顛倒了！

在哥倫布發現新大陸的學習方面，原則上並沒有差異。像是「哥倫布」、「發現」與「新大陸」的概念，原來就存在於Magnus的狀態結構裡，並且想法是視情況而定的。這將焦點放在基本猜想的一個暗示上，而這機制包含在推論八裡：包含在Magnus狀態結構裡的知識是反覆地建立起來的。一個新的項目，需要依靠在那兒的結構去接受它。意思是截至目前爲止，我們所說關於狀態空間表達上的豐富開始掉入下列情況：創造新狀態的潛力、在Magnus新連結與創造新狀態的合併都是相當多的；在人類這是廣大無邊的。但是我要論述的是，掌控這兩者過程可能相當類似。

抽象與混亂

若是說語言跟心靈表達之間的關係相當令人迷惑，那可是一點也不讓人覺得訝異。Steven Pinker（一九九四年）對於語言的異想天開（舉例來說，我們是怎麼瞭解一些像是「伊拉克首領尋求權力」的標題？）以及來自哲學家假設思想之行動是完全語言學領域的問題，都給予了有趣的描述。很清楚

地，基本猜想以及圖像式表達顯得並不支持後者：它們建議想法是圖像式的表達，而語言學的表達對於這樣的想法只是次要的。然而，語言學表達對於想法的複雜性是一個很好的導引。舉例來說，「狗咬人」是個直截了當的影像，而「約翰知道瑪麗喜歡亨利」則完全是另一回事（這要難的多了），乃是基於兩個主要的理由。首先，這兩個動詞「知道」與「愛」，都是滿抽象的，觀察者無法僅透過用看的，就能明白被他看的那個人知道或愛任何東西。其次，在這句子裡有兩層的巢狀結構：首先是在約翰腦子裡的某些東西，那包含了對瑪麗的想法，接著是在瑪麗腦中的想法。所以Magnus該怎麼處理這些抽象的概念呢？

先把Magnus可能如何學到說話（這將會在下一章中看到）以及集中在他想傳達的心靈性表達放到一邊，那些像是「我知道」或「我愛」的東西能如何表達呢？如我們在前一章中看到的，「我」或者是「自我」的概念，都必須能夠描述它自己的狀態結構。「我知道」這句話的意思，是對於像「在我的狀態結構中有一些連結是……」的表達。「你知道誰發現了新大陸嗎？」這句話就等於是問：「在你的狀態結構裡，是不是有一個合併的狀態，它將物件連結到所謂『發現新大陸』的狀態？」「沒有」或者是「有」，會被表達成「我知道」或「我不知道」。「我愛瑪麗」這句話在另一方面，連結到一些給定的感覺與情感，在生物中是很特別的感覺。在第八章中將會談的更多；這裡我們預期「我愛瑪麗」在表達的技術性上，並不比「我喜歡葡萄」來得難，我們將會在章節末顯示自我表達的可能性。

現在對於這個巢狀的組織：也就是「約翰知道」是個約翰根據他直接知道或間接知道所說的陳

述。Magnus的狀態結構，會對約翰的狀態結構做一番表達，可能會把那想像成它自己所有的一個結構，但是那卻是除了透過約翰所說、所做以外，其他都無法進入的結構。這種投射不需要在第一步就暫停。並沒有任何理由，要Magnus不該把表達約翰知道瑪麗做爲更進一步跟瑪麗狀態結構的巢狀連結。後者是一個狀態，它以Magnus自身會描述愛的感覺，合併了哈利的想法。Magnus的狀態描繪在**圖十**中。

我不希望圖像式心靈狀態透過一些邏輯，能給人有語法上正確表達的印象。語法（或者說控制語言性表達的文法）的本質與角色，將會在下一章中討論，這裡我只想強調基本猜想暗示了這樣的一個表達，只是隸屬於狀態表達的一部分。我的意思可以透過下述事實說明，下面兩個表達，可以透過相同的狀態得到：

圖十　以圖像式表達「約翰知道瑪麗愛哈利」

第一個是：

「救命……火……二樓……小孩被困住」；

而第二個是：

「在建築物的第二層樓有一個小孩被困住了，這建築物正在起火燃燒——你能給我一些幫助嗎？」

很明顯地，溝通是最重要的，而人們對這可是很在行的。語言是不是透過演化預先賦予人們的本能，或者可以被解釋成在生活中發展出來的技巧？我們將會在下一章竭力去回答這個問題，在這裡我們可以說成它需要從一個有機體對另一個神經系統的狀態結構做轉換。

意義的理論

我回想起過去的某個情況，當我在神經電路學研討會發表了一篇關於圖像式表達的論文後，一位年輕的學者站起來並且說：

「當然，你只是單純地重新敘述意義圖像理論的原則。難道你不知道在七十多年以來，這早就被認為不足以採信？」

「不，」我這麼回答他：「我想我是從最初的原則談起」。

什麼是意義的圖像理論？爲什麼它不被採信？難道駁斥圖像式表達的爭論，眞的就像那個年輕男人說的那麼不値嗎？

事實上在本章中基本猜想的暗示，導致我們偏離到二十世紀哲學家們所關切的主要領域——意義的理論。所以那名年輕的男子可能會說「所以你正在告訴我們的東西是哲學家們還沒仔細考慮好，並且得到結論的吧？」所以在本章的結束，我將透過具有影響力的哲學家們的眼睛，更精確地來審視這些哲學性的議題，並且提出跟Magnus一同工作的經驗，希望替這些議題燃起一線光明。

Gottlob Frege

最常被引述做爲奠定現代數學性邏輯基礎的哲學家Frege（一八四八—一九二五年），在他終生教授的生涯中，都任教於Jena大學。他的興趣集中在連結邏輯與心靈性表達（就像緩緩進入我們討論的「蘇格拉底是人」的爭論）。他對意義理論的貢獻，有賴於他對語言學表達的參考（reference）跟其合理性（sense）間差異的定義。簡單來說，像是「邱吉爾在第二次世界大戰期間是英國的首相」的句

子，它的參考是「邱吉爾」。如果這在同一個句子裡被「柴契爾夫人」所代替，這個句子就不為眞了。所以參考是物件在世界上的指標，它控制了一個句子的（眞／僞）值。事實上，「第二次世界大戰」是上述句子的參考，如果替換成「第一次世界大戰」，也會讓該句子不成立。

在另一方面，一些措辭像是「英國的首相」或「第一次世界大戰」，都是可以透過它們的存在，清楚地區別出來的概念。他主要的貢獻，在於將注意力放在一個措辭可以同時具有合理性與參考。也就是說，「第二次世界大戰」是像「邱吉爾在……是英國的首相」這個句子的一個參考，也就會以其方式具有意思。

在本章中所看到的狀態空間表達，支持並且（對我的狀態機器著迷的心靈）澄清了這個差異，透過事實上「合理性」乃是狀態結構裡原子狀態的存在。「參考」，在另一方面來說，有賴於我們所稱做合併性狀態的存在。在許多人心中，有一個「邱吉爾在第二次世界大戰期間是英國的首相」的合併狀態，但是卻不會有「柴契爾夫人在第二次世界大戰期間是英國的首相」的合併狀態。所以我想好奇地發問，到底基本猜想的圖像式表達，對於Frege很久以前就解決的部分，增加了什麼東西？我可以很開心地回答：「不是太多，但是事實上我可以將Frege所想的跟機器的工作（只是這樣嗎？）連在一起，這意義代表了可能被看做很有領悟力的思考者所觀察到的東西，可能還有更深層的基礎。

維根斯坦意義的圖像理論

我在第一章曾經提到，維根斯坦在他的*Tractacus Philosophicus*中曾經建議，一個理論的意義必須跟物件的影像有關，它們之間的關係是我們可以「從我們心靈」喚起，而這以某個方式對應到圖像式狀態在狀態機器中的存在。Tractacus包含了在哲學的歷史中，被當做「意義的圖像理論」所知道的東西。這是不被採信的嗎？對，的確是！並且，更甚者，這是被它的創造者維根斯坦本身所懷疑的。在他後來的著作——《哲學性調查》（*Philosophical Investigations*，在他過世後才出版），他駁斥了一個字眼的意義是該物件所表達在世界上的那個物件。他覺得應該這麼說，意義完全是從眞實所分隔淬取出來的，並且是文字使用所組成的函數。

什麼是文字「蘋果」的意義？在回答這問題的成功與否，有賴於（根據調查）我能使用文字的技巧。我可能會說：「它是一個圓形發亮物件的名字，有時候是綠的、有時候是紅色的。」再回頭看我所說的，我會體認到我的「意義」，可能可以完全相同地應用在撞球上。所以我繼續說：「喔！對的，它是一個水果，並且嚐起來，嗯嗯……我該怎麼描述它呢？你意思是說你從來沒嚐過嗎？」維根斯坦的論點在於若要尋求哲學性上簡潔的方式，好將意義歸因到文字上，會是荒誕不經的。企圖這麼做的，從洛克到Frege都包含了正式化（像是簡單與複雜的想法，合理性與參考……），這些都走錯路子了，因爲他們尋求某東西的客觀性，但是本質上卻是主觀的。如我們在第一章所說的，這是將哲學

性注意力轉移到語言的因素之一，這個趨勢在本世紀更加風行。

所以，我們所說全部關於圖像式表達的東西，現在都是不足採信的嗎？也不全然。我絕對不會宣稱圖像式表達組成了意義的理論。我們企圖所做的是建議一個機制，能導致有機體透過進入某個特定的狀態組對文字做出反應——狀態如果要有用，是來自直接或相關經驗的記憶。這允許了在兩個有機體中對於相同字眼的回應，那些狀態可以是完全不同的事實。它們是個人性與私有的，並且也就是這表現手法的風格不同，使得維根斯坦拒絕一個人腦中的圖像可以組成意義理論的嚴密性。這裡我並沒有不同意，並且我對於基本猜想建議大腦跟意義以有點鬆散的方式協同運作感到自在，這讓維根斯坦的建議變得可能運作。

有意性

雖然嚴格來說並沒有對於意義理論的直接貢獻，有意性（intentionality）卻是一個相當哲學性的概念，處在尋求定義心靈狀態本質的中心。最初是由Franz Bertrano所鑄造的（一八三八—一九一七年），這個字眼是從拉丁文intentio來的，如果直接地轉換，它的意思是「內部性的內容」。它不應該跟「意圖」（或者是想達到某個東西的希望）這個字眼弄混了；反倒是該跟「有意性」這個字眼相連，這描述了某些對於句子眞實性在邏輯上的不確定（此處先在我們的考慮之外）。有意性，根據Brentano是對心靈狀態一組獨特性的描述——它們必須永遠都要跟某東西相關的事實。即使是俗稱的抽象想法

（信念、需求、希望……諸如此類）都不能是眞的抽象——我們相信某個東西、需要某個東西、希望某個東西，並且以此類推。

事實上在現代對於電腦能做什麼的爭論中，史丹佛大學的哲學教授John Searle（一九八〇、一九八三、一九九二年）就將有意性引入討論（雖然在本書中許多地方已經一再地提到，但是在此仍然值得一提）。他質疑電腦科學家宣稱他們已經撰寫出能夠「瞭解」用英文所寫故事的程式。他認爲有意性，在瞭解故事上是必須的，而精確地來說，在電腦內部是欠缺的。他的爭論可從一個知名的例子得知，叫做中國式房間。簡單來說，它是如下所進行的。

一個接線生關在一間房子裡，他有一本以英文寫成的書，裡面包含了許多組處理漢字的規則。這個活動的開始，是由一個在房間外說中國話的人，透過信箱對該接線生提供一系列漢字所組成的故事。隨之而來的，還有一串漢字，表達了對該故事的一個問題。在房間裡的接線生必須回答那問題。問題是他對於那些符號代表的意義一點也不懂，也就是說它們在世界上到底是什麼，他全不明白。然而書中的規則是如此之好，只要把符號按照索引去比對，並且應用那些規則，就會引導出一串新的符號來表達正確的答案。在房外的那個人，就會得到不管房中發生了什麼，都組成了對該故事瞭解的結論。然而我們知道過程是相當繁重的工作，能夠說其中產生了任何的瞭解嗎？Searle說電腦就正是處在那個接線生的位置，他根本不能說是瞭解那個故事，然而他的對手卻宣稱系統整體來說，可以說成顯露出某種的瞭解。

從我的觀點，關鍵是Searle所做的是在中國房間裡透過該故事模擬出內部的符號與規則，根本與任何型式的經驗都無關。因此，如果電腦科學家堅持系統中有某種型式的瞭解，它們無法相信這是人類瞭解的模型。任何一個曾經讀過故事的人都知道，故事有魅力的地方，是來自文章在我們腦裡所創造出來美好的生動的心靈世界。若拒絕這是理解的一部分，將是異乎尋常的。在另一方面，我們所說關於神經機器中的圖像式狀態，至少透過觸動成爲感覺經驗與（將會在下一章中見到）語言自身引導出來的元素，開啓了創造此類結構的一扇門。

近來對於「意義」的觀點

二十世紀的後半段，受到一定程度懷疑論的影響，漸漸侵入意義的理論。當代美國哲學家Willard Van Orman Quine以他無終止轉換的學說知名（Quine，一九六〇年）——許多從外國語言轉換的方法，因此語言所持的眞實性將會在轉換時具有無窮的表達。這支持了對於個體的意義是來自他或她經驗的想法；它並不支持的是，一個語言性表達將會歷久不衰地將這些眞實性傳給另一個個體。

邏輯在當代對於意義的理論中，扮演著關鍵的角色。出生在波蘭的數學家Alfred Tarski（一九〇二——一九八三年）認爲一個正式化（請見下一章）語言中的規則（文法或語法）能顯示出邏輯上的一致性，如果句子的部分是由經驗（Tarski，一九八三年）或T-句子組成可驗證的陳述，將會保留對眞實性的表達。典型的T-句子像是「雪是白的」與「Alfred是波蘭人」。然後我們就可以應用邏輯，並且說「雪是白的且Alfred是波蘭人」是可以驗證的事實，因爲這兩個陳述在眞實世界裡都可以被驗證。很不幸的是Gilbert Ryle有名的例子，「她搭計程車回家，並且淚流成河」，這會替解釋Tarski的體制造成相當大的困難。

是上帝的文字嗎？

如果沒有文字，活著的、有意識的有機體會變得很孤單。如果我今日重寫聖經，我會說：「在最初，上帝對於這個世界的心靈圖像產生了……。」上帝創造的行動是將此圖像轉換到世界裡，或多或少地跟它類似。區別上帝跟我們凡人的，就變成是祂不用世界存在那裡就可以具有該圖像的事實。我們其餘的凡夫俗子，則必須透過圖像式學習才能在我們腦中創造出來。當我們在生活中遇到亞當與夏娃，我們會很小心地使用「養育我們的祖先」的字眼，好用來表達我們的心靈圖像，並將我們彼此連結起來，增加了我們的存活。但若這是由我重寫的聖經，將會跟我自己的信仰相抵觸。我可以繼續顯露出不信神的看法，那麼上帝就會被世界驅使地以人的心靈性圖像突然地出現，但這並不能提供所有的解釋。

爲了要實際一點，並且不冒觸犯天條的風險，我必須約束自己試著創造Magnus的工程師角色，它「只是」一個對世界具有圖像式表達的機器。我這裡提到的，文字單純地只是圖像式表達的一種延

伸，這會在Magnus喚起恰當的經驗。文字，先不論它是人類所發明的，就像其他的感覺物件變成的Magnus環境中的一個部分。這自動機所需要學的，就是什麼跟著什麼。

「有任何東西加到意義的理論中嗎？」可能沒有，但是採取這種機器創造某共鳴的看法，可能指出了在我們腦中運作的機制。但是到目前爲止，我只有將文字連結到想法上去。對Magnus來說，具有想法可能並不是很難的一件事，但是具有表達它們的語言可能是個更大的問題，在下一章將會產生。

Molecula在冰冷刺骨的雨中躊躇了一會。冬天的寒意逼人，但她內心確有股無法解釋的激動情緒。她接著進入了大眾溝通中心，並且鍵入了Red的語音號碼。熟悉的聲音在她耳邊回應。這讓她放鬆了一點，雖然事實上她對於Red私下習慣的瞭解，其實是少得可憐。

「我很抱歉……，」她這麼說：「今天在我們約好的會面上沒有出現。」那邊傳來回答說：「別擔心，我有一大堆工作要做。我只是擔心妳是不是發生了什麼事。」

「不，我很好。我想，我只是有點受到驚嚇。從Global先生那裡得來一張便條，他懷疑組織裡還有人私底下在跟你聯繫。他怎麼會知道？」

「當然，這可能只是他虛張聲勢的手段。」Red這麼回答。「但如果不是這樣，那麼他的愚蠢可能會比表面上看起來的好一點。同樣地，我不喜歡妳在我跟他的爭吵下，好像人質被卡在中間一般。」

「這太可笑了，我對這才不在乎呢！」她以緩慢、不太確定的聲音說著。「真正困擾我的，是我覺得錯過了我們的會面，好像錯過了某個重要的東西。

我們關於地球這行星的討論，以及它的居民不根據精準規則運作的事情，給我一種很舒服的感覺……我滿迷惑，但對此卻無法解釋。」

Red說：「我也很想妳。」

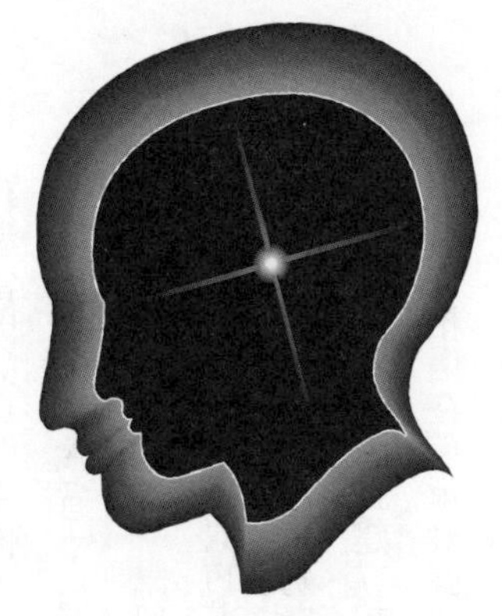

第7章

給我一隻泰迪熊

破曉的搏鬥

十月在法國北部，可是個變化多端的月份：晴朗溫暖的日子，可能會緊接著令人喪膽的豪雨跟突如其來的狂風。事實上當英國陸軍在亨利五世的領導下，跟法國由d'Albert所率領的部隊在一四一五年於十月的St. Crispin日碰到時，一場風暴讓雙方在策略上都重新考量。在這偉大事件的第五百六十次紀念日，也就是一九七五年的十月，另一場戰役也發生在法國的北部，位於Royaumont的西妥會（Cistercian）修道院，就在離巴黎不遠的地方。軍隊是由兩位智慧出衆的偉人所率領——夾帶著隆隆作響雷聲的烏雲密佈，替即將正面遭逢的衝突做了預告。皮亞傑（Jean Piaget）在他八十歲的時候率領了「建構主義者」，他相信孩童是透過一連串的階段來發展能力（包括語言），要建立起一個新階段的能力，則有賴上一階段所鞏固的經驗基礎，將靠著跟他們所處環境徹底的互動來達成。皮亞傑是位令人崇敬的泰斗，他的書與理論都被視爲在兒童發展上最可靠的素材。

挑戰他的則是查姆斯基與他「天生的」追隨者。他比皮亞傑小了三十二歲，他想法是關於語言的數學性本質，並且建立起了跟他聲譽一樣多的貢獻。語言的正式化特徵，在人類來說則是俯拾皆是，這讓他相信在孩童發展語言上，一定有普遍性的轉換包含在其中促進發展。氣候的自然變化並沒有被紀錄，但是他們的討論卻被保存了下來。他們不只是記錄，並且還經過小心的彙編，盡可能讓倡導者

在付梓前有機會去發展他們的爭論。這結果成了一本很好的書，經由Massimo Piattelli Palmarini（一九七九年）所編輯，他是Royaumont「人類科學中心」的領導者，主辦了該次的盛會。

那些主要的爭論導致了一些簡短的結論，而事實上都跟基本猜想所主張的一致。

皮亞傑挑戰

不要對皮亞傑產生誤解是很重要的一件事。他並沒有提倡說人類是像個空虛的籃子，其中只是充滿了被動的學習。事實上他在Royaumont的說法，以對天眞的「經驗主義者」之攻擊揭開了序幕——學習的經驗性資料，是經由許多行爲學家在心理學上「刺激—回應」所製造出來的。圖表顯示一隻鴿子學習去啄右鍵的準確度增加，其實並沒有透露實際情況，因爲這並不是「構成主義者」的文化。皮亞傑的討論，是根據他在孩童發展的實驗上花了終生心血的基礎。他提出了鮮明的闡述，說明在兩歲以下的孩童就顯露出持續改進的能力，可以命令他們的身體活動去完成一些伸手觸摸與抓取的動作，這在機器人來說是相當困難的。包含了對物件持續性的認識與它們在空間中的組織。他將這稱做「感應—動力」時期。

從兩歲到七歲的階段，皮亞傑稱做「對行動概念化」發生的時期。這包含了我們全部所知道關於孩童開始學習與使用文字的部分。重要的是發掘現象間連結的關係：如果你去推，東西就會移動，並且物質在你操弄它們的時候，會以不同的方式反應（舉例來說，塑膠黏土跟木頭手杖就不一樣）。然後從七歲到十歲，一些更深層的不可改變性與保留等概念，就開始成型了。這提到一些想法，像是液體裝在不同形狀容器間，它的量是不會改變的，或者液體如果從容器中傾倒出來，就很難再挽回。而在十一到十二歲之間，發展中的孩子就開始應用抽象的觀念（像是「如果X是Y，而且Z是X，那麼Z就是Y」）。

皮亞傑輕易地承認了這些發展過程的審愼觀察，可以用不同的方式來解釋。「建構主義的立場」是任何預先形成的機器都可以從進化中獲益的，但是只有在機器傳承的部分是善於跟環境互動，根據這互動的經驗，建立起逐漸複雜精緻的模型。其中的選擇，在於初生時就預建更多的知識，也就是指神經機器的物理結構，並且只是透過交互性的經驗切換。

這論述的部分內容，根據皮亞傑的說法，對於建構主義立場的偏愛是基於數學性能力的發展。數學是個發展中的主題，新的關係與連結無時無刻都在產生。如果數學性能力可以預先建立在神經結構裡，那麼可能有人會問，爲什麼在數學的歷史上，花了這麼久的時間才能發展更新的概念。以牛頓來說，發展了「微分」的想法，或者說比率的改變像是「速度」：每秒幾公尺或每小時幾英哩。如果這樣的概念是與生俱來的，那麼一些數學概念的推論像是「速度」，應該早在牛頓指出它們解答了一些著名的難題前（像是龜兔賽跑[註1]），就以某種方式存放在人們的腦中。不只是這樣，如果相信達爾文進化論的話，那麼概念一定早就以生命中更簡單的形式存在於那裡了。然而，主要讓人相信建構主義論調的理由，在於對有機體必須在混亂與改變中的環境達到平衡水準的深層想法，而也就是這個，做

爲環境本身複雜性的結果，只能在出生後一步一步地達成。數學性的概念，接著變成了一個成長個體瞭解活的有機體自身所持有數學性分析的函數。

查姆斯基的回應

查姆斯基（Chomsky）的回應是根據對孩童使用正確形式的語言上，在接受到指正時，並沒有想過要使用不正確的形式。他並沒有宣稱可以解釋大腦生理性結構可能預先以何種方式組成來使用語言，若要預先以某種方式來組成，它似乎要透過交互作用吸收充足的資訊好來建立複雜精密的結構，這需要像下述的例子：

「這球是黃色的」可以轉成像這樣的問題——「這球是黃色的嗎？」

在學了很多像這樣的例子以後，孩童可能會學習到（也許是無意識的）他從陳述到問題的行進程

註1：烏龜在野兔一百公尺的前方開始賽跑，但是野兔則以比烏龜快兩倍的速度向前奔跑。但是當野兔跑了一百公尺的時候，烏龜則還是領先野兔五十公尺。如果野兔跑完了那五十公尺，那麼烏龜仍然會領先二十五公尺，因此這暗示了兔子永遠不可能獲勝。但是如果我們介紹了速度的觀念，假設野兔的速度是10m/sec，並且說這場賽跑會超過一千公尺，那麼我們將可以算出來這只要花野兔十秒的時間就可以跑完，但是烏龜可能只跑了五百公尺，在野兔抵達終點的時候，還落後牠四百公尺（五百公尺減掉牠一開始領先的一百公尺）。

序，應該是從左到右來掃瞄這句子，直到發現一個動詞爲止，並且將這個動詞移到句子的起頭（在英文中），在句尾結束的時候提高他的音調。所以

「媽媽會來。」將會被很正確地轉成「媽媽會來嗎？」

問題對於發展中的孩童是來自一個想法，比如他們聽到

「在臥房的球是黃色的。」

可能就會應用這個簡單學習到的規則，創造出以下的問句：

「是不是在臥房中的球是黃色的？」

查姆斯基的論點在於孩童只是不會犯這樣的錯誤。他們似乎認知到最初的動詞是一群字彙的一部分——「是在一個臥房中」——這形成了整個片語不應該只掃瞄一個動詞，但是跳過在處理過程中使得第二個動詞變成替換到最初的替補者。體認到這些結構的能力是查姆斯基視爲應該是與生俱來的部分之一。這些結構是文法性的，也可以應用在更複雜型式的句子中。所以這裡並沒有建議孩童是與生俱來就有一些字眼像是「黃色」、「臥室」的知識，並且還能視它們爲合理的形容詞與名詞，但是孩

童卻天生需要以正確的方式使用與群聚形容詞、名詞。其中的選擇並不是很多。舉例來說，某個人可能會爭論一個形容詞與名詞在描述時，應該在句子中是相連的，就如同在「黃色的球」中一樣。唯一的其他選擇是「球黃色的」——這在義大利文或法文應該是沒關係的。孩童從語言的使用者那裡尋求線索，找到選擇使用的時機，但是對於「片語群」卻有天生的感覺，能夠以合乎文法的正確方式來使用。這也協助了應用意義使得一個句子變得有道理。試想：

「在房子後面的臥室裡的球是黃色的。」

相對於以下來說：

「在臥房裡位於櫥櫃頂端的球是黃色的。」

雖然片語群「在房子的後面」以及「在櫥櫃的頂端」都出現在句子中，與生俱來功能的建議「片語群」必須要給聽者自由去應用後天對於房子、櫥櫃的知識，來連結片語到正確的名詞上。

查姆斯基對孩童語言知識的終生發展持正面看法，並且將這視作狀態，從出生時的S_0經過S_1、S_2、……到S_f，而S_f則是達到使用語言上成熟的最終狀態。所以查姆斯基跟皮亞傑間的爭吵並沒有將焦點放在是否有終生的發展上——他們都同意是有的。他們之間的差異在於對狀態S_0的不同，皮亞傑認為這只是機器上預先去準備跟世界互動的，並且在成功的階段學習，查姆斯基強調這狀態包含了一般性傳承的知識，關於如何根據文法上的規則來「群聚片段」一串文字。

這裡我將先離開Royaumont的爭戰，並且簡單地說這可能是勢均力敵的和局。如同Jacques Mehler在Piattelli-Palmarini所建議的，他是巴黎社會科學研究中心的心理語言學家，「……在皮亞傑與查姆斯基間的不同，可以在他們各自所設的自我分派水準中發現」。這樣的目標是如此的野心勃勃，他們公然向證明挑戰或否定，並且以不讓其他人提出問題的架構進行。不論亨利在St. Crispin日爲勝利慶祝，陰謀與小規模的戰爭，仍然在英、法往後的五年間持續。然後亨利就娶了法國國王十九歲的女兒凱薩琳（Catherine）。根據莎士比亞的說法，這場婚姻可以根據新郎、新娘根本就不會也不懂彼此語言的事實上發現——果眞是名副其實的和局。

在本章中的其餘部分，我將先看看基本猜想，以及它看待建構主義／先天論的方式，以透過語調及語言學結構，提出兩個推論對於此的問題，並且在本章結束的時候回到當代對於Royaumont戰役的評論。

圖像式表達以及Royaumont的戰役

很清楚地，經由前幾章的討論，基本猜想比較偏向建構主義的論調。但卻跟皮亞傑的建構主義不一樣。學習世界上東西的表達，似乎是第五章中對世界進行大量探索的結果。這是對於「自我」感覺以及「意志」進入有機體狀態結構的地方。我們將會看到在學習發聲與語言上有必要的條件。在第六

章中我們對狀態表達能夠豐富到足以跟語言性表達連結提出爭論，不管這些是具體的或抽象的，但是必須克服先天論者立場的焦點：孩童不可能暴露在夠充分的例子下，以其標準的形式去使用語言。這就是常被引述的「缺乏刺激」的爭論。我們將首先顯示出自我表達與規劃的程序，可以提供一個潛在的模型，讓孩童能夠以馬上滿足他們需要的方式進行學習發聲。接著，將會提出語言可以經由孩童所處社會中蘊含的寶藏裡汲取出來。

「媽媽」

即使是莎士比亞最初的文字，一定也是從牙牙學語中開始的，只是可能不像他後來的工作一樣讓人印象深刻。對Magnus來說也是一樣的。大多數John Searle所稱的「意圖性」，並非來自盲目地將語言性的字串跟世界上發生的事件相連，而是來自那些言辭對於這個世界影響的知識以及它們所暗示的行動。一個孩童早期的「媽媽」對他是具有目的的：這嬰兒可能是餓了或者只是測試他對這個世界的控制力——食物提供者的微笑，會不會是提供食物前的序曲呢？這些是有意識思想的開端，隨著推論九的幫助，我認爲在孩童發展語言非常初期的時候，會看到比「自我」更進一步的發展，這就是意識。在這裡看起來人類意識跟語言成形間具有某種特殊關係，似乎是滿有道理的。也就是這種特殊的關係，將人類跟動物的意識做出了區別。對Magnus而言，歷經牙牙學語的階段是朝著有意性發展的第一步——這將可以讓神經機器跟人工智慧時期不被諒解的「語言理解」做出區別。但是，首先我們先看看孩童，以及他們早期發展用辭的方式。

如果嬰兒眞的傳承了任何東西，那麼一定是製造特定噪音的能力。問題是他們該如何去管理對這些的控制，以便開始對他們所棲息的這個世界以及在這世界中的人們具有某些影響？這問題大部分的解答，來自另一個觀察到的事實：嬰兒自從他們出生開始，就對聲音上精細的差異具有反應。很清楚的是嬰兒自出生開始就以聲響不斷地提出問題（有人甚至說還要更早就開始了），包含照顧者所說的話或者是任何剛巧出現在他們搖籃面前的人。但事實顯示嬰孩會對人類的聲音有不同的反應，亦即對其他聲響的反應有所不同。事實上，他們會鑑別出對改變文字意義是重要的聲響。典型的聲音差異像是/p/（例如"pad"）以及/b/（例如"bad"）。

實驗心理學者使用了很多精微的技術，包含了嬰孩在吸吮時對不同聲響反應的差異。更詳細的資料，可以在de Villers and de Villers（一九七九年）中找到。聽覺能力可以跟製造聲響的發展相比。在出生後到四個月，嬰孩牙牙學語的聲音就變得引人注意並像是在說話，即使這時候他們對這世界還是一無所知的。距離他們產生初次的字眼，大概要花上八到九個月的功夫，其中都是些不斷重複著的聲響，像是「媽媽」或「爸爸」。

有兩個因素在從牙牙學語到說出字彙間的這一步，顯得具有關鍵性。首先就是成人扮演如同反饋機制的角色。第二個，毫無疑問的是嬰孩在他們製造出來的噪音與他們所聽到聲音間的反饋迴路。小

孩的學習是以完全複製的方式來效仿他們雙親，可能是有點錯誤的。大人說話的聲音跟小孩所發出的很不相像。當嬰孩製造出大人想要鼓勵的聲音，大人就會用一些像是微笑或摟抱的策略來獎賞他們。呀呀兒語也是會被獎勵的，這是經由嬰孩接受到的注意力。「聲音—聽覺」的迴路，很明顯地在運作，獎賞增進了這長程迴圈路徑的穩定性。當然，這可以創造親子間的溝通，所以模仿語調與重音會變成一個複雜互動遊戲的結果。雙親會試著去模仿孩子的聲音，好將可能有益的溝通最大化。

這段所陳述的關鍵點，在於孩子聽到聲響的能力，會通達到他們最終發出的聲響。一般性傳承的想法，在此很明顯地是行得通的，因爲它跟發聲器官的演進相關。並不是說查姆斯基在這一回合裡擊敗了皮亞傑，其實有關這點是雙方都會同意的。先把孩子放一邊，我現在回到Magnus的人造世界，其中一些想法例如「聲音—聽覺」迴路可以被視爲狀態結構裡的影響。

Magnus說出了它的第一個字彙

推論九：學習說話

> 負責創造「自我」表達的反饋迴路，也負責創造有機體發出基本聲音中的狀態結構，這是根據其他人發出聲響所做的反應，「成人」、有機體以及其他成人可能用來教導更複雜的發聲，諸如一種語言的文字。

由此開始，如果Magnus是經由如同我們觀察到的孩童般被啓發，基本猜響的推論九就會建議一個如**圖一**所顯示的架構。這個特性很清楚地被假設已經建立在Magnus裡，它具有產生簡短音調的能力。所以這裡也就是一般傳承自人類以及預先程式設計好，用在Magnus身上的能力，當然會影響到語言的本質。

用來產生音調的機制是純粹決定於生理性因素跟聲帶的形狀、嘴巴、肺……等有關。很有趣地，

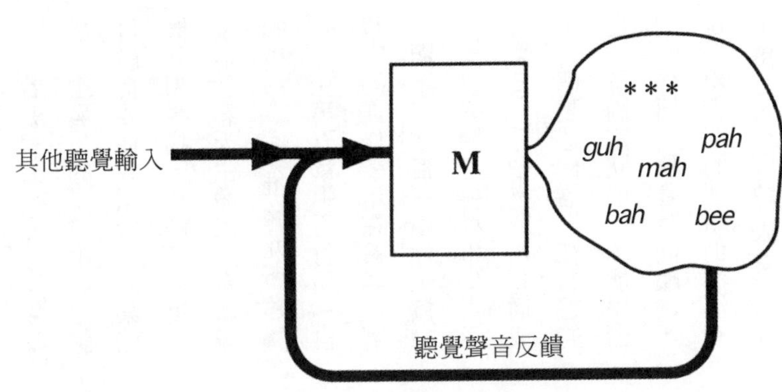

圖一 會製造與接收有限組聲音別的Magnus系統

在初生的時候，嬰孩的世界裡就過度創造出大致相同的聲響。所以這些是怎麼形成語言的，其中的差異可以聽起來像是英文、法文、日文或者甚至是演唱家Miriam Mkeba的索撒（xhosa）語？圖一顯示了有兩種主要的機制在運作。首先是較長程的迴路，處於聲響跟聽覺之間（請注意在聲響間，必須有一個產生沈默的可能性，我們用＊＊＊來表示）。第二個是指進行修改的管道，這也是聽覺的輸入——允許了其它的聲響。也就是它修改了基本的聲響，使其變成特定的語言。很清楚地，其他主要感官所產生的感覺（主要是視覺），也可以從這外部的知覺性管道進入運作，我們必須詢問這可能扮演了什麼角色。所有這些輸入，都被要求在嘴形肌肉以不同語言運作時，得要形成非常不同的差異。生命中最初的六、七年，似乎在達成對這些肌肉控制上是相當關鍵的。這是從觀察十或十二歲以後語言的學習，大多會殘存第一種學到語言的口音所得來的結論。所以一種語言外部的影響，以及它被說的方式，形成了生理性因素，導入了特殊聲響的創造。

若要看看這在Magnus是怎麼發生的，並由此建議可能得要從人類所有的某些機制來尋找，我們必須更精確地看看天生發出聲音儀器的模型。如推論九所建議的，在第五章中所討論「自我」的運作顯示在圖二。圖片顯示了在圖一中標示爲M（很自然地，這是用來表示Magnus）的東西。它構成了一個製造機器，在右邊的是一個固定狀態（不能學習的）機器。隨著時間繼續，在這兩者間的連結仍然沒有定義（以虛線表示的箭

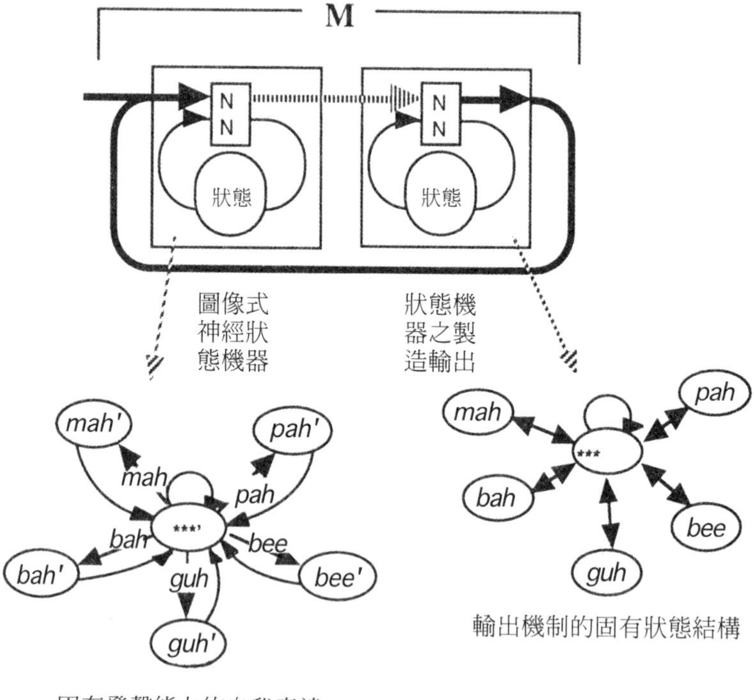

輸出機制的固有狀態結構

固有發聲能力的自我表達

圖二　天生的內部機制與自我表達

頭）。在左邊的是我們現在已經熟悉的圖像式學習機器。這製造機器被假設爲是天生的而且非常普遍。隨著進一步假設，它只有發出五種聲音的可能，這些聲音是由其發聲系統最原始的組合所製造出來的。這五種聲音被顯示成「mah」、「pah」、「bah」、「guh」、「bee」。這個發出聲音的機器，從沈默開始任意地轉成這些聲音中的一種，並且會再度回到原來的狀態。

在推論九，它建議了學習所帶來的第一樣東西，就是對於這些聲音以及它們之間轉換的圖像式表達。顯示在**圖二**中，就如同在神經狀態機器裡已經圖像式學習到的狀態解構圖。在這裡對於自我圖像式表達的發聲是相對的，「mah'」、「pah'」、「bah'」、「guh'」以及「bee'」。接著，我們要解釋的將如下所示：

一、這樣的一個系統，該怎麼學會這些發聲的某些組合是有意義的（例如：mah mah以及pah pah），而其他組合（例如：mah guh）則不是呢？

二、這生物該怎麼學習經由發出一連串有意義的聲音，來達到某些特定的目標呢？

如我們在推論九中所爭論的，這裡有個我們稱作「成人」的個體，開始進入我們的討論。成人不只能夠進入存取這有機體使用的聽覺反饋管道，它也可以影響其他管道，例如視覺與觸覺。所以這些事件可能會一再地重複發生。「母親」出現在視覺以及觸覺感應器，並且對一個哭泣中的有機體提供食物。請注意「哭泣」可能視為另一個聲音性的輸出（並沒有顯示出來），這時候是跟內部對於飢餓的感覺相聯繫而不是任意產出的。現在，這就是童言童語的開端。當然，隨著母親常出現在眼前[註2]，他可能會比較常說"mah mah"這個字眼。但是在BBC英文中所說的"mah mah"，可能會跟她說：「……日安，我親愛與美麗的孩子……」具有同樣的效果。事實上，母親愈能貼近對嬰孩的模仿，他們之間的溝通就能夠愈有效，因爲這好像會導致嬰孩圖像式狀態機器裡狀態空間的某些轉變。而這樣轉變的意義，對於該有機體來說就是感知或意識的反應。所以這也就是童言童語的作用。要觸及嬰孩單獨根據「自我」迴圈所建立起來的初期狀態結構是相當艱辛的，其中嬰孩完全根據一己之力去建立起狀態模型。任何建議孩子坐下來並且仿效成人的話，都是虛構的神話。負責照顧他們的人在那兒仿效嬰孩並且增加他們對自我的瞭解，他們對自我感知的發展以及他們對所居住世界的控制能力，這都必須包括對他們提供協助的成人才可能達成。

若要看看最後的這些建議是怎麼發生的，請考慮母親可能不只是說「mah」，這可能是嬰孩自己主要能夠發出的聲音。如果她說「mah mah」，可能是嬰孩在沒有協助下無法發現的結構。但是還有更甚

註2：順道一提，這裡並沒有意圖成為探討性別主義的故事：「母親」代表「負責照顧的人」。不論在任何狀況，對於Magnus來，都具有不清楚的性別含意，但對某些神經網路熱中者而言，它們可能是具有人類性別的。

於此的。母親溫暖的擁抱以及提供食物——這些交互作用都是導致「令人心情愉快」的良好選項。先將這個在神經機器術語中精確的表達放到一旁，我們極有可能允許這樣感覺的極大化，擁有強烈的存活值，並且得以視爲「本能」（請見第八章）。關鍵在於「mah mah」不只是一個新的結構，而且還跟一個令人愉快的事件相連結。狀態結構的結果，勾勒在圖三中。

這顯示了圖像式學習是如何創造出新狀態軌道的，其中mah mah引出了已知狀態mah'兩次。在第三章中我們所談到關於輔助神經元的部分，在這裡開始參與運作，它們可能會將跟mah mah相對應的狀態，標示成mah'1與mah'2。軌道的完成，就像以圖像式狀態表達母親的形象，也就是我們所說食物的提供者（對於Magnus來說是機油的供應者？）。事實上，在這裡我必須強調，我們所描述的有一點像是機械性孩童的幻想，而不是一個人類小孩。關鍵在於有一個機械性的程序，

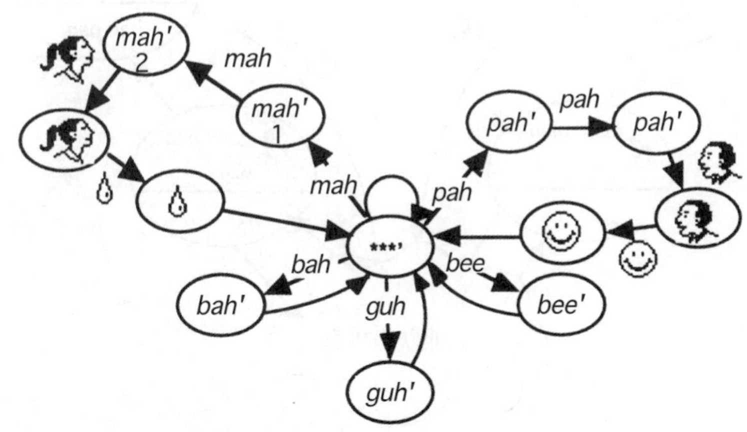

圖三　從牙牙學語跟反饋中所延伸的狀態結構

其中神經性機制（基本猜想的圖像式狀態機器）可以發展對於聲音的控制。**mah mah**與**pah pah**的聲音，跟母親／食物以及父親／微笑的連結顯示在**圖三**中。然而，現在我們還沒達到那裡。

到目前爲止我們所擁有的是一個有機體對他自己的聲音形成記憶，其中成人被用做提供貼上標籤的控制訊號，用於顯示有意義的狀態結構。這些軌道目前都還潛伏在那兒。但是請想像以下事件：**圖二**中的發聲機器，發出**mah**的聲音兩次。這會引發圖像式機器預期著母親與食物而進入軌道。隨著重複看到本書中所使用的描述，最初該有機體隨意的行動，隨著神經性連結的適應，變成了自願性的選擇。這確認了在**圖二**中兩個機器間箭頭指向的角色：創造**圖四**中所顯示整體的狀態結構。

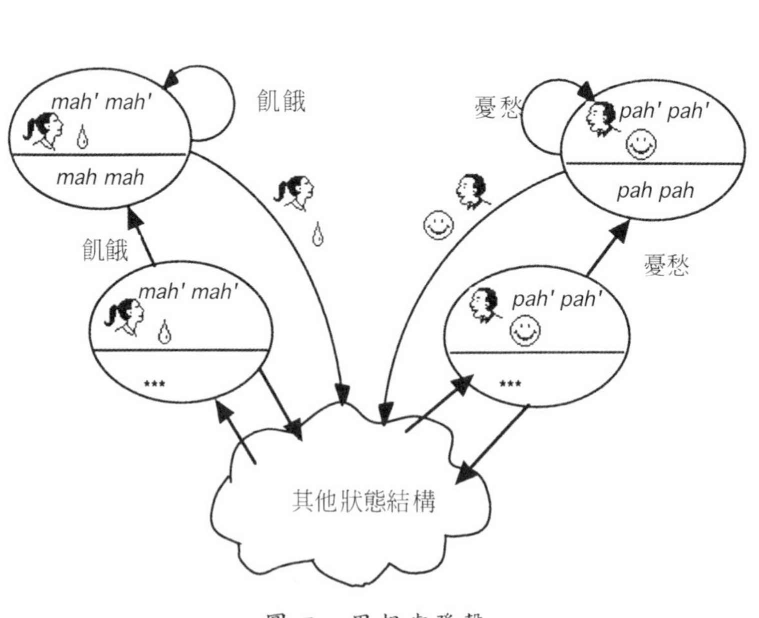

圖四　思想與發聲

就跟以往一樣，需要某些闡述。我們所顯示的這四種狀態，事實上都是相當複雜的狀態。也就是說它們使用第六章所發展出來的符號，並且包含了像**圖三**所顯示的軌道。此外，這些狀態現在表示**圖二**裡兩個機器的狀態結構已經連結在一起了。所以在水平線以下的標籤，顯示了目前從長途反饋路徑所聽到的聲音語調。精準地來說，這跟我們在第五章中所看到機器人探索的計畫是相同的，這裡的有機體可以任意地在包含對來自父親事件或母親事件預期的複雜狀態間進行轉換。對於這些預期的瞭解，來自不是在長途反饋路徑中帶有＊＊＊符號的狀態所發出的聲音，就是從狀態間轉換時有機體所聽到的聲音。如我們在解構圖中所顯示，更進一步的轉換可以透過來自功能性狀態變數的輸入來控制，例如飢餓或沮喪。

再一次地，我們應該驅散來自這些簡單機制的引誘，因爲它們並沒有導致在孩童身上所觀察到精準的行爲。所有我現在試著去做的，只是在闡明推論九，這顯示了一個「成人」在鑄成學習發聲上是多麼有用，因此從這而來的溝通就開始了。在這同時，這有機體它自己也發展狀態結構，包含了如何擷取它對這世界想要得到的資訊。也就是說飢餓或悲傷，都因爲對眞正發生事件有所預期而獲得緩和。順帶一提，感情上確切的神經性意義，諸如狀態機器裡的「哀傷」，將會在本書的後面部分討論。

「談人類的溝通」

本節標題是一位工程師Colin Cherry用做他在一九五〇（Cherry，一九五四年）年代所寫過最具影響力的書籍之標題。他所寫的許多書，現在都成了語言學上正式的模型，不管是心靈或者是意識上都是如此。但是在人類的溝通預期並且使許多議題變得合理化的說法，在當代的文獻中仍然備受爭論。Cherry以他善於措辭、機智風趣的寫作風格，以這樣的用句擺脫了爭辯的困擾。他的途徑是遵循著科學性謙卑的模式。但是他的思維，卻具有讓人吃驚的敏銳性。關於這點的一個例子，就是他溫婉地奉勸那些斷言科學與工程性知識在理解心靈生活上無立足之地者：

「……它可能是相當恰當的，不是那種對活著的事物具有相當尊敬的人們，更確切地來說，許多人也有意輕視『只是』死去的事物——那只是種東西，並不具有神秘色彩。」

到目前仍然是如此。在我們機械學研討的旅途中，我曾經把這段話帶到我們的討論裡，那些曾跟得上我的人，可能都開始有點豎旗投降。許多批評來自對於神經狀態機器的工作，都來自於覺得計算

以及被製造出來的機器，在討論什麼構成了「成為人類」上，並不具有參與空間的信念。這是一種「輕視」的形式。在另一方面，查姆斯基建議某個人類語言上深入的計算性架構具有通用性的文法，這是固有的，並且準備被接受。他的證據來自這樣的結構普遍存在於人們之間的事實，不論他們屬於來自遠方島嶼上的哪些種族或者是在BBC工作的播報員。這故事道德上的意義可能是說機械論將人類跟其他有機體區隔開了，這些分隔諸如動物，已經被廣泛地接受了，但是理論將人們與機械連結的部分卻常遭到輕視。但是透過Colin Cherry的無畏精神與鼓舞，我們接著向推論十邁進，這實在是人類溝通的起端。

推論十，再次追隨著神經狀態中圖像式學習的基本猜想，顯示了這部分的推論是如何著手的。

推論十：學習語言

> 語言是有意識有機體在可獲得的知識性「建構者」的前提下，來自社會性寶庫成長過程的結果。這樣的語言結構是社會演化的結果，來自該有機體狀態結構最合適的發展。

這同時飛過兩者偏見的面前：這想法在某些方面來說，機械的語言是天生的，而且跟Magnus一同工作也與研究人類溝通方式無關。首先，我必須先問，如果我要在Magnus內建立起一種統一的文法結構，是否能夠解釋語言在人類意識中所扮演的角色。其次，我必須顯示Magnus可以被放置到一個位置，它能夠形成一個語言上跟人類一樣的連結，就好像人類自幼語言的發展過程一般。如果人工意識要有任何實際的應用，這將會是必要的。

然而，在我們討論這屬於「天生說」選擇的推論前，先更進一步觀察統一文法的想法將是相當重要的，因爲它支配了關於天生性的論點。

語言的普遍性

就如同統一性文法字面上所暗示的，這裡的討論並不是關於文字的意義，但卻是關於文字該如何分類的方法以及應用到不同等級文字上的法則。舉例來說，典型的文字有〈名詞〉、〈形容詞〉以及〈動詞〉。更進一步的分類可以有〈主詞〉或〈受詞〉。所以一個文法性規則，可能會存在並說：

〈句子〉＝〈主詞〉〈動詞〉〈受詞〉

這可以讀成：

「一個句子的組成（：＝）可以由主詞接著動詞，之後跟著受詞所完成。」

如果我試著將我知道的名詞與動詞應用在這個規則上，我可能會得到一個像是以下的句子：

「約翰喜歡瑪麗」；

「狗咬郵差」。

但是這該如何解釋以下這些正確的句子呢？

「那高個子的男人跳過了圍牆」；

「亨利睡著了」。

這些顯得並沒有遵照我們初始的法則。但是，當然我們初始的法則，只是許多規則中的一個罷了。文法就是許多這些規則的集合；舉例來說：

「那個高個子男人攀上了這堵牆」。

遵循了如下的法則：

〈句子〉：＝〈形容詞片語〉〈動詞〉〈名詞片語〉

其中：

〈形容詞片語〉：＝〈冠詞〉〈形容詞〉〈名詞〉

〈名詞片語〉：＝〈冠詞〉〈名詞〉

所有以上的敘述，顯示了文法當以這種正式的方式來看待時，是由大量法則所構成的，其中許多法則定義了其他規則的部分。所以爲什麼孩童能學習這些法則不是很明顯的？無論如何，這些是在學校中英文文法課程中所教的內容。你看世界上的任何地方，是否不管哪裡，老師在孩童能夠以正確規則運用他們的語言前，都花了相當多的時間？爲什麼終究來說語言上的能力得要靠某種天生的知識呢？

查姆斯基的觀點相當清楚：證據來自對於老師以及雙親所提供語言的規則，似乎對於孩童早期的能力，在勝任上有點不適當。孩童開始去組合文字是從十八個月大開始，而他們所製造出來的字句，似乎什麼都像，但是卻並非隨心所欲的。Villiers與Villiers（一九七九年）的報導顯示出孩童在很早期時表達行動的文句製造法。一個小孩很可能會說「我吃」而不會說「吃我」，或者說「撞頭」，卻不會說「頭撞」。相對於某些認爲這屬於天生的人來說，他們會覺得這些文句的製造是隨機產生，並且會經由照顧他們的人給予指正，而獲得強化製造正確文句的能力。但是很容易可以察覺到，似乎不是這麼一回事；對於一些年紀剛超過兩歲的孩子來說，一些像是「別站在我的鞋子上」以及「那個在桌上

的東西是什麼？」的句子，孩子們就已經會製造了，當他們第一次說出口的時候，常常還會讓他們的雙親大吃一驚呢。

這裡我必須做點警示。在我們被引誘到相信一些句子像是「我吃它」，要孩子將「我」（也就是行爲者）放在句子開頭是包含在基因中以前，我們該先看看除了英文以外的其他語言。離倫敦並不很遠處，有個在羅馬的孩子可能會說「Lo mangio io」，如果按照字面逐字來解釋，意思是「它吃我」。所以查姆斯基式的論點有點缺乏證據——或者說「缺乏刺激性」，就如它技術上所稱的——應該小心地使用。最多來說，他所能提供的意義是傳承減少了表達上可以選擇的集合數目。上述的兩個孩子，沒有一個說「吃我它」，雖然日本小孩可能會說「我它吃」。所以問題的核心在於這些規則的集合到底有多大，以及區域性的文化會如何在這些集合中選擇不同的元素，並且讓孩童們拾獲。

要瞭解查姆斯基的觀點，先注意到他曾提及統一性文法是很重要的，而不是細節上一個動詞句子到底該如何構成。如前面所看到的，這些隨著不同的語言而有所差異。他眞正堅持的是需要有像是動詞片語或形容詞片語的形式，然後這些片語可以根據一些規則來形成一個句子。這般規則的存在以及它們的使用方式，被發現存在於許多相隔遙遠的族群中。重點是文法規則可能會差異很大。舉例來說，如果我希望區分出「狗咬人」與「人咬狗」，我可以根據一個法則，讓行爲者的前面會放入一個「glop」，而標的物名詞前面則會放一個「blit」。那麼「glop—狗，blit—人，咬」就不會在語意上曖昧不明了。要發明這樣的法則，可以有無數種的方式。我假設是這世界上探勘者的野心，驅使他們發現

出不同族群新鮮以及稀奇古怪的語言法則。所以說來可能會讓人有點失望，他們的法則可能會跟其探勘者有點像。所以查姆斯基的問題是：是什麼統一了這些極不相同的語言的特徵呢？他得到的結論是人們這些因距離遙遠所發展出來的語言，雖然相隔遙遠，祖先們卻都有手、有腳以及生殖繁衍的習慣，這讓他們彼此變得很相像，而這些屬性就傳承下來，所以他們的語言法則會彼此相似，因爲他們是傳承而來的。

傳承的另一選擇

基本猜想與推論十建議了語言學形式上到存在的本質，可能是由於某些機制的結果而不是來自直接的傳承。首先，這世界以及人類具有不變的本質。因爲在新發現荒島上的孩童也以他們傳承而來的手臂與雙腿，做著跟布魯克斯區（在紐約北區）與阿姆斯特丹的小孩大致雷同的事，而他們的雙親大致都是以存活導向的態度來鼓勵他們的後代溝通，大部分情況都是基於必要而溝通的。這仍然沒有指出爲什麼在一個島嶼上，某個普通的方法沒有變成具支配性（例如像前面所提的「glop-blit」），然而在世界上其他的地方，查姆斯基所強調的片語製造法卻似乎是個好東西呢。

我們的推論是根據兩個互相連結的機制。首先是片語製造法特別適合人類的事實，他說話的方式，特別來說，他建造起他自己對於這個世界知識的方式。基本猜想特別提出了一些方式，使得一個有機體可以思考他自身以及他所棲息的世界。所以推論十建議了第二種機制：語言在任何社群都發展成像語言規則的儲藏庫，它們是經由該有機體狀態結構中對其一生發展最具有效率的方式強烈地指引的。所以對於其說法比較極端的一個版本如下：假設「glop-blit」方法並不適用於該有機體狀態結構建立的特徵，那麼一個社會所採用語言的演化結果，將會以一個更相配的結構來使用此方法。如果在片語製造法中有一個這樣的最佳性，那麼隨著時間過去（也就是過了許多代以後），語言朝向片語結構的改變就會發生。

圖像式表達的有效性

論點中遺失的連結，在於爲什麼片語結構可能會偏向圖像式結構，而不是其他的形式。我得要舉幾個例子，單純是用來支持這個想法，而非假裝它是經過完整研究與充分發展的理論。第一個例子來自狀態結構，我們已經在上一章最後的部分看過了——也就是現在惡名昭彰的片語「狗咬人」。這在**圖五**中再次提出，跟其他兩個概念一起比較——「人被狗咬」與「人咬狗」。

這裡的關鍵點在於透過語言性輸入的狀態連結所具有的意義，乃是以它們自己的恰當性連到一個狀態上，並用來表達整個句子的意義。這裡一個有趣的部分，即「人被狗咬」結束的狀態跟「狗咬人」是相同的。查姆斯基用了一個「轉換性文法」的概念，這使得以不同格式陳述相同事情時變得統一。

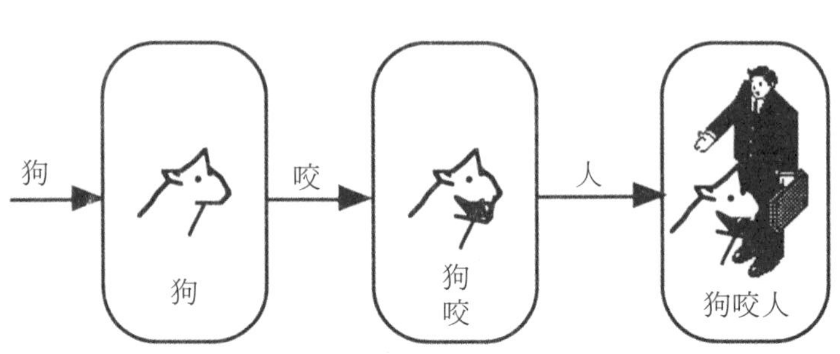

(a) 狗咬人

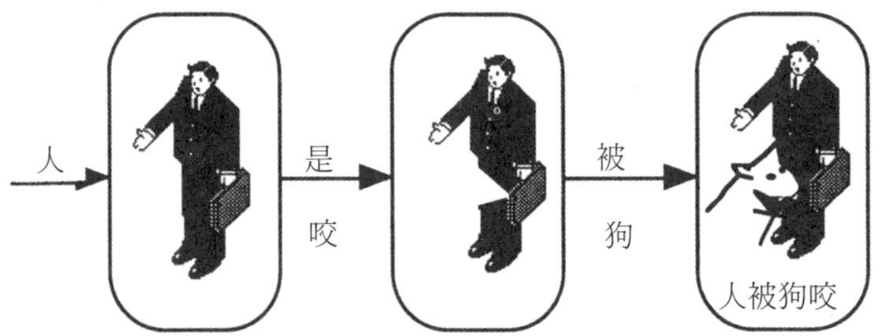

(b) 人被狗咬

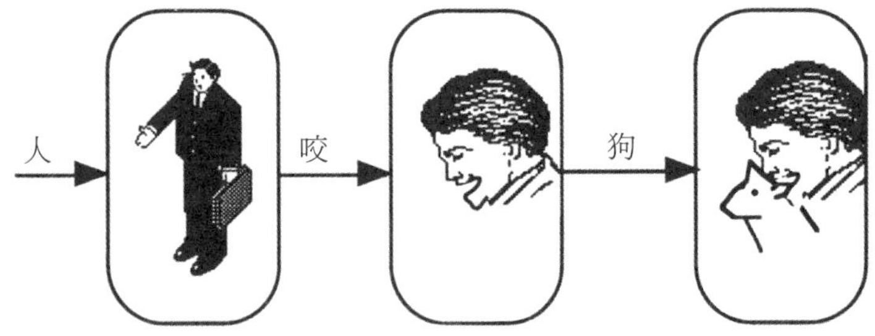

(c) 人咬狗

圖五　圖像式表達之自然區別能力

這確認了從一個格式（例如：狗咬人）到另一個格式（例如：人被狗咬）的轉換。但是在圖像式表達裡，這就如它所顯示的直接地發生了。這可能會顯示出一個發展中的有機體，在它具有機會珍視這轉換性法則的大老遠以前，就體認到這些格式間的相等性。可能會創造出缺乏刺激的印象，就如同所有天生論者會爭論的，這有機體並沒有充分證據使得它可以恰當地應用這些法則。但是這可能是已經發展出來的圖像式結構所創造出來的錯覺。

在前一章中我們看到有關這觀點的另一個例子——舉例來說，如第六章**圖十**中「約翰知道瑪麗愛哈利」。此外，在更早期的書中（Aleksander and Morton，一九九三年），Helen Morton向我證明了一些句子像是「那男孩打破了有裝窗簾的玻璃」跟「那男孩以石頭打破了玻璃」引導到完全不同的圖像狀態。當旁觀者注意到該有機體能夠區別這兩者時，就會報導說它具有理解「個案角色」的能力。也就是說「窗簾」是「玻璃」的修飾物，而「石頭」則是一種連結到「打破」的器具。這是複雜的語言學分析，其中的可理解性也許會顯出其天生性。但是這複雜來自一些概念的定義，像是透過具有智慧的語言學者以器具與修飾物做爲「角色」。在該有機體的大腦裡，它們可能只是連結到某些心靈性圖像的簡單路徑罷了。

繼續這演化性的論點，一個像是我們之前所提到如同「glob–blit」想法的任意性語言法則，該如何以圖像式狀態結構來表達呢？**圖六**建議一個新法則並不容易適應對於事件的想像經驗。雖然**圖六**並不是唯一試著將新語言法則跟圖像式狀態結構相連的方式，卻顯示了如果要根據這些任意的語言法則

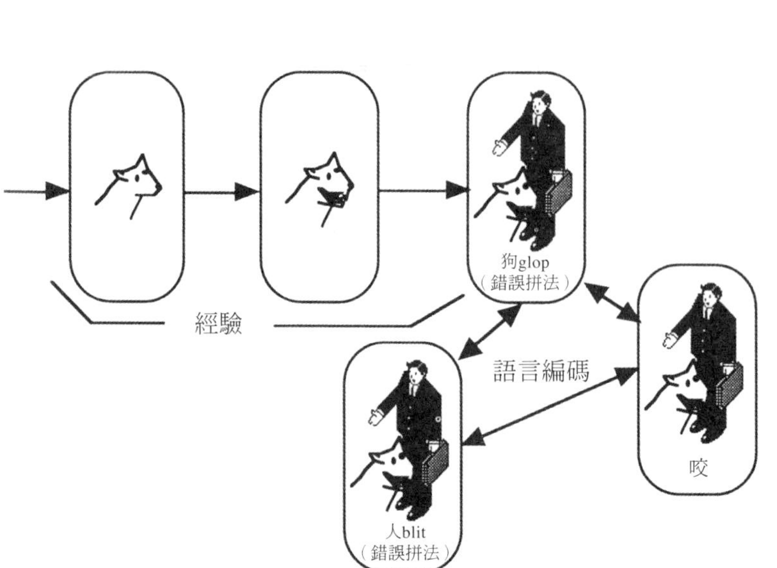

圖六　不同之語言法則

來設計一部機器，可能是滿困難的。如其所示，最終的狀態被貼上複雜的標籤，這三種狀態只有在語言性標籤上有所差異。在這個例子裡還算能夠運作順暢，但是我們不難想像「約翰知道瑪莉愛哈利」就會需要輔助的「glop-blit」編碼，但這暗示了每個經驗即使只是把片語結構性語言視為一個狀態的重複複製（去接納該編碼），也是來自其經驗的觀察而得。

總結來說，看來就如同我們對它所瞭解的（也就是說不論哪裡的人類使用語言，都可以透過片語性結構來描述），都可以連結到所有人類由他們經驗創造狀態結構的方式。基本猜想與推論十建議在這裡所有需要傳承的東西，只是以一種圖像式方式創造狀態結構的能力。對此而言，對於一個合適性狀態機器的傳承，就是我們所有需要的。而對於此狀態機器主要的要求是從感官性訊號經由圖像式轉換成任意內部神經元，這以大腦生理學來說，可能比起創造線路去適應語言性結構要簡單得多。

推論十事實上對於這個部分只是略述。它建議了在特定的社會裡，需要有經由「成人」所秉持的儲藏庫。這會處理法則間的差異（舉例來說，諸如英文、義大利文、日文間的差異），透過指點以圖像式結構可以創造的狀態來控制變數。但這裡所有所需的就是指點，也就是說一個高度尚未決定的例子集合。所以這裡顯得沒有「缺乏刺激」的問題，這個議題值得更靠近點來觀察。

通則與顯見的法則

接受指示的孩子可能會說「我吃它」，而並不會說「我它吃」，並且會試著將它視爲通則而得到「我喜歡它」以及其他像這樣正確的句子。孩子在理解法則上似乎並不需要花費太多時間來探索不同的選擇。這麼看來，可能對這些法則是天生的印象。到目前爲止，我們建議了早期的學習會導致有機體能以有目的性的方式來使用狀態。很清楚地，一些像是mah mah與pah pah的呼喚，對於有機體的發展來說並不是唯一有用的句子。基本猜想建議了圖像式狀態是以對個別有機體有意義而創造出來的。對一個孩子來說，這些東西可能是「甜甜的糕餅」、「汽車」、「短統靴」、「湯匙」……以此類推。圖像式狀態的機制，會跟上述所建議的物件建立起呼叫的連結。

但是以單一字眼呼叫物件將是個有限的活動。配對組成的文字隨著它們從單一到加倍的表達，可能在世界上比起單一文字於有效性上所增加的部分爲多。所以一個孩子可能希望去分辨出是否他的鞋子有點擠壓著腳而他想脫掉，以及他所踩著的路面是否正在傷害著他的腳而讓他想把鞋子穿起來。所以，透過需求導向的機制，「鞋子—穿」與「鞋子—脫」隨著狀態結構中有所差異的狀態，變成了不同的概念。但也是在這裡產生了通則。不只是鞋子可以穿或脫，還有其他任何可以穿著的物件——帽子、外套、手套、襪子……等。所以經由前一章所提到的機制，導致學習了蘋果、葡萄以及香蕉都是水果，所以狀態機器可以學習到某些物件具有「開」與「關」的屬性是很可行的。我們將狀態機器需要學到哪些東西來做這樣的表達，顯示在**圖七**裡。

這圖片意圖將前一章中「蘋果／水果」或「蘇格拉底／會死」的連結，以簡單化的方式來表達，也就是說在連結物件上，我們所需要就只是像穿在身上的衣服一樣。[註3] 關鍵點在於衣著的狀態，是透過衣著間以及任何具有開或關特性的衣著而連結起來的。所以我們在使用一些文字上像是「鞋子—開」，會產生跟叫「mah mah」時相同的方式（從飢餓到滿足）來改變身體上的狀態。假設一個有機體知道手套、鞋子與帽子，那麼如果發現它頭上有個籃子，會不會被當成是笑話呢。基於網路的一般化（「衣著」與「穿上」是被知道的），對於「穿上」籃子的知覺性經驗，會導致內部神經元進入知道衣

註3：請注意到「衣著」這個字眼對該生物來說可能並不確切地知道，但是穿上東西的經驗在這些圖像式狀態之間卻是普通的。

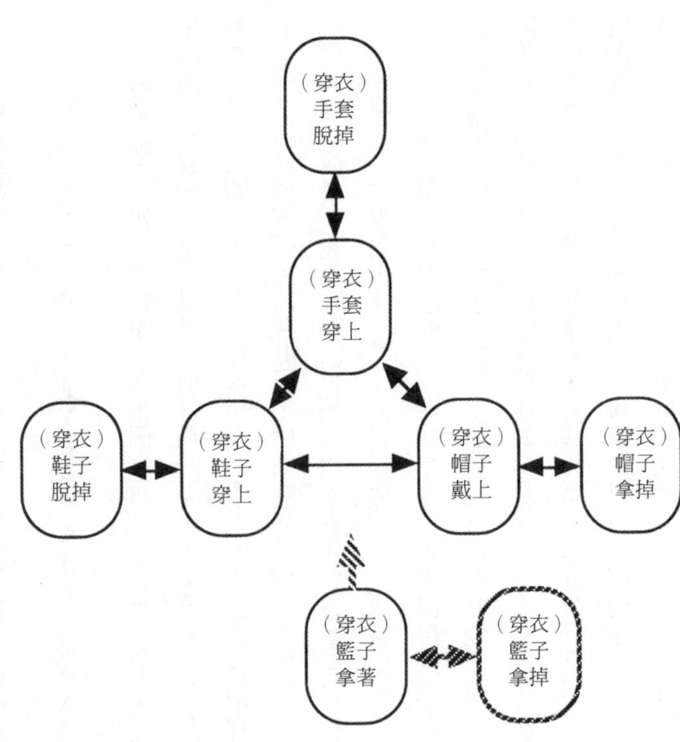

圖七　兩個字的片語

著的區域，所以知道把籃子拿下來的經驗，變成從該對帽子或手套怎麼做經驗中轉換來的知識，這是透過神經網路的通則得到的。所以這也是一些有機體法則化行爲產生的根據——經由恰當、相似的經驗在狀態結構中適當地包括新圖像實例。聲音—聽覺迴路的行動在這裡並沒有顯示出來，但卻是這部分導致有機體說「外套—開」或「帽子—關」，並以兩個字所組成片語來控制它的世界。所以如果她曾聽過穿戴在她身上東西的名字，孩子可能會透過說「帽子—關」或「籃子—關」來移開籃子。

一個先天論的觀察者，可能會試圖說這孩子是先天傾向遵循下述法則：

「如果X是Y，以及所有的Y都具有屬性Z，那麼X就具有Z的屬性。」

也就是說「如果在我頭上有某個東西，它是個衣著；衣著可以被脫下，所以在我頭上的東西可以被拿開。」我所建議的是另一個替代的說法，上述邏輯對於經驗是一個有效的正確解釋，但是它必須被視爲是天生的。事實上，在邏輯裡「所有的Y」應該被解釋成「所有到目前爲止遇到的Y」。

但是這在解釋孩童語言發展上所觀察到某些令人驚異的現象是否足夠呢？在十八個月大時，孩子對於文字的使用，大部分開始脫離兩個字方式的表達。Pinker在一九九四年年給了一些像是「全乾」、「全濕」、「更多玉米片」、「爸爸離開」、「沒有床」、「我叫」、「我坐」的例子。在表達背後多樣的意圖，是相當有趣的——有些是用來表達直接的需要（例如「更多X」），有的則是「非需要」（例如「沒有床」、「帽子—脫」），而其他只是單純地表達一些事情的狀態（「車子走了」）。接著在大約孩童滿兩歲開始，運用字彙的發展以及延伸句子的複雜性就開始變得相當令人驚異。幾乎每兩個小時他們就會增加一個新的字彙，這是相當令人詫異的速度，而Pinker指出三十個月大的小孩可以組合出正確的句子，像是「我丟了一隻鞋」以及正確句子的一部分，例如「在一張紙上寫字」。在三歲大時，他們所製造出來的句子就像是「他們將會在冬天的時候睡覺」，這主導了在精熟地使用語言上快速發展的能力。

心理學家對語言的發展相當感到興趣，但是對這種控制能力的急速成長，卻感到相當困惑。我相信一個像是Magnus的模型，將會提供探索的路徑，並提出建議。

抽象與精熟

在學著使用「爸爸這裡」以及「爸爸走了」的過程，發展狀態結構的關鍵現象，是具有使用抽象概念的能力，例如「這裡」、「走了」、「所有」與「某些」……等概念。在孩子來說，事實上在十八個月大以前，可能都在忙碌地形成如何區分他世界中所發生特殊事件的狀態結構。許多學者（例如Karmiloff-Smith）對於發展語言前時期的說法是孩童知道如何去表達驚訝，例如他們本來預期在箱子中的東西不見了。這可以透過觀察行爲顯示出其興趣來進行測量——盯著或對新東西微笑，而不是顯得百般無聊、對事件發生既不期待也沒興趣。意思是在使用語言以前，一個箱子中是否包含某物件的概念就已經巧妙地在他們腦中形成了學習的狀態結構，可能如**圖八**所示。

這表達了令人訝異事件的經驗。在看到邦尼小兔（塡充玩具）被包裝進一個盒子後，大部分的經驗都會引領他們到邦尼小兔仍然還在盒子中的想法。這種世上普遍存在的事實是恆常不變的，並且會變成狀態結構中根深蒂固的想法。有時候一個在背後操弄的成人（或許是一個發展心理學家），透過看不到的機關暗門偷偷地將那個玩具取走了，那麼孩童非預期中的事情就發生了。這個成人可能會說

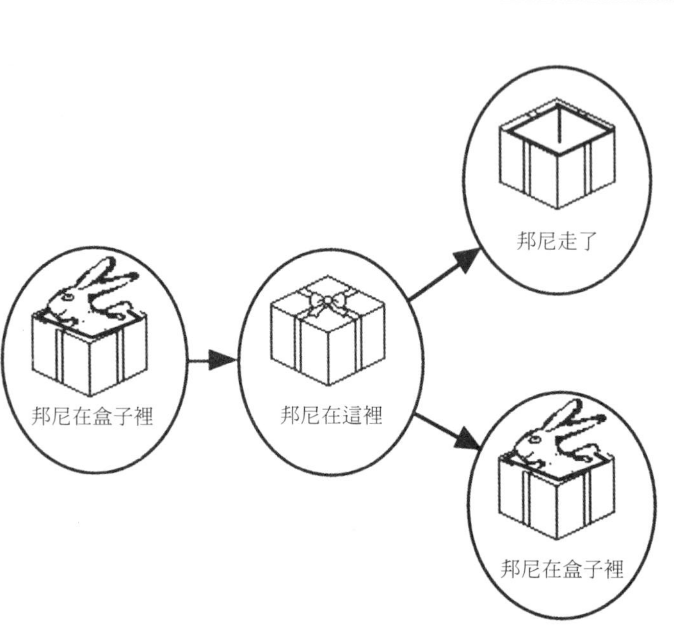

圖八　令人吃驚的事件

「邦尼離開」。這成人的說法，使得「離開」聽起來變成跟令人訝異的事件連結在一起。所以一些成人用語的標籤，像是「泰迪在盒子裡」、「泰迪離開」、「爸爸家裡」以及「爸爸離開」都需要對未來的多重表達，因此成人用語「離開」就會變成跟令人驚訝的事件相連，可能會接在跟表達中包含「這裡」的文句之後。換句話說，「離開」很明顯地需要在抽象上的意義。

另一個我們觀察到的效應，在於孩童在自己開始使用語言以前，就知道成人正在說的是什麼東西了。當成人試著將標籤放在錯誤的位置時，他們會流露出訝異的表情——例如一個球被稱做房屋，或者一隻狗被叫做猴子。這意思是事物看起來豐富、具有表達性的結構，不管它們是幹什麼的以及成人如

何叫那些東西，早在他們能使用許多文字前，就已經如**圖五**般建構在他們的狀態結構裡了。

這完全是我自己未經驗證的假設，我覺得文字的突如其來以及在十八個月大到三歲間急遽建立起語言能力，特別是因爲孩童對自己的聲音具有了掌控的能力——聽覺迴路以及從成人處獲得正向的指示，導致了這種能力的加速。想像一個充滿對已知事物具有圖像式圖案的大腦；唯一防止聲音製造的因素是個有點不良、路線頗長的反饋迴路，包含了發聲線路。這個問題是在本章前面所建議，朝成人說話方式進步以發展肌肉控制以及連結自我說話的能力。但隨著這種能力成長，將會快速地並熱切地應用在狀態結構原先陷入瓶頸的內容上。

隨著時間過去，一些想法的例子隨之產生，例如「泰迪離開」、「爸爸離開」以及「汽車離開」都已經成功地展開，一個像是「離開」字眼所代表的意義，對於孩子自己的聲音來說，已經跟「這裡」不同了，並且已經變成其內部對任何東西「離開」的表達。再一次地，旁觀者可能會試著說此有機體學會了應用一個法則。

很清楚地，一旦當孩子學會創造他自己的語言——像是許多表達，他們就可以針對其需要，進一步發展更精確的東西。「我想要邦尼」可能會導致給予錯誤的邦尼，所以這孩子如果叫珍妮而她哥哥叫吉米，那麼就會導致下述形式「吉米邦尼」與「珍妮邦尼」（複雜狀態），然後可以被放進一些片語變成「我要吉米邦尼」或甚至「我要所有邦尼」或「那兩個邦尼我都要」，這在「兩者都」或「所有」的抽象標籤都如「這裡」與「離開」般發展後，孩子就可能說出口。

孰能無錯？

上述的學習過程，只有採取大量的正面例子。所以爲什麼對孩子所學的界線做測試時，他們顯得並沒有犯錯呢？在一些簡單的例子如「邦尼離開」似乎選擇不多：「離開邦尼」也是可以接受的，即使有一點不太尋常。但隨著語言字串的增加，就更具有犯錯的餘地。舉例來說，在「主張—問題」的轉換中，Pinker（一九九四年）描述了心理學家Karen Stromswold所做的某些有趣工作，他試著衡量孩童可能會在應用錯誤法則時所犯的錯。舉例來說，「他的確有吃」被成人轉換成一個問句：「他有吃嗎？」孩子能學會將「他的確（做某件事）」轉換成「他有（做某件事）嗎？」Stromswold的報告顯示在她六萬六千個測試中，並沒有發現任何像這種的錯誤，她的研究在這種「主張—問題」的轉換中，進行了多種的測試。

在Magnus來說，這簡單的解釋是正向例子，會透過圖像式學習並成爲「他有做某件事嗎？」的問句形式。「他有做嗎？」是在狀態結構中現存的狀態，基於需求將「他有做……」轉爲一個問題。我在此強調基本猜想會導致創造豐富的狀態結構，這能表達世界上的影響以及做事的方法。對一個外部的旁觀者而言，有機體似乎只是根據他所擁有充滿狀態的結構來使用法則。可能並沒有任何一個既存的狀態只是給「他有嗎？」，所以或許我們不該期望孩子會使用這種形式。這種孩子的缺

乏錯誤，可能只是簡單地指出了旁觀者假設的錯誤，旁觀者可能會用的某些法則像是「拖曳一個動詞到前面」。

總結來說，正面的範例創造了狀態結構中穩定的狀態，並沒有狀態是創造給錯誤的形式。精確地來說，應該是有機體使用法則時的例外，導致了他們會錯誤地使用法則的假設。所以，總括來說，圖像式狀態結構似乎並不支持先天論者的說法。我們現在需要再退回一步，並換個角度來看看這留在Royaumont戰役中曾被討論過的內容。

三面的戰爭

自從Royaumont的會議以後，已經歷超過二十年了。但是這兩位主角的影響，仍然支配了世界上對於語言發展的理論。他們的衣缽已傳到年輕學者的手中，但是對於先天論與建構論的信念，仍然各持己見。我將更貼近地觀看現今兩位主角代表所做的研究，與這場爭戰目前的狀態。首先是Steven Pinker，他相信孩童身上對於語言的傾向是一種本能。不論其朝向先天論的傾向，Pinker跟查姆斯基比起來，對於傳承呈現出了一幅較不刺目的景象。第二位是Annette Karmiloff-Smith（早期跟皮亞傑共同研究的伙伴），他建議了一種處於中階發展的想法，有傳承性思考的元件以及跟皮亞傑比起來較不鮮明的建構性想法。這兩者都影響了我的想法，若要尋求更進一步的參考資料，可以從他們兩位傑出的書中探究：Pinker的《語言本能》（*The Language Instinct*）以及Karmiloff-Smith的《在元件之外》（*Beyond Modularity*）。我將試著透過觀察基本猜想與這兩種觀點的關連，做一番結論。

Pinker的本能說

最初是來自蒙特婁，Steve Pinker是一位在麻省理工學院中大腦與認知科學部門工作的心理學家。他的假說堅固地根植於人類對於溝通具有一種特殊能力的想法，這種能力逐漸地進入大腦，可能就是一種本能。其他嬰孩的天性都是些預存的反應，像是有東西湊到他手邊，他就會去抓取那些小物件。孩童這種建立起片語型結構語言的驚人能力是一種本能，這是人類腦中預先存有的結構。

Pinker大部分對於這個模型的熱情，是來自對一個他稱做標準社會科學模型（SSSM）的厭惡，SSSM只允許一種文化可以對發展具有影響。他將這視爲一九二○年代社會科學專家像看門狗般的錯誤工作。當然，他對這方面的反駁並沒有用到這些字眼，而是以另一種較爲得當的措辭。如果人們是特別的，那麼他們就需要特別的權利或者可以去拒絕這些權利。近來SSSM已經遭人疑懼會被一種像一九四○年代德國國家主義的想法所主導，並且覺得白人比黑人具有更多的權利。他們覺得比較好，根據SSSM追隨著相信文化包羅萬象的力量是可控制的，甚至可以用做是對萬物的安排。這種思想體系跟Pinker展開辯論，避免科學直截了當地尋求孩童在學習上快速與令人驚訝的能力。

我們先將政治上不當的建議擺在一旁，Pinker注意到科學誠實地引導我們去避免將孩童視爲一個

具有超級能力的有機體——可以將從文化儲存庫中擲來的任何東西快速地加以學習。據他說事實是孩童天生具有高度被調整好的能力去學習，這種調整在人類種族間對於結構良好（片語結構的）、有效表達的語言型態是普遍的傾向。他對此有某些佐證——其中一個例子是身處移民家庭的孩子，能比他們雙親在語言上使用得更好。在更高的水平來看，他可能會爭論說人類以手工靈巧地製造出矛、刀叉與輪子，爲什麼從來沒人質疑說這是傳承來的，所以爲什麼我們要否定語言是本能的說法呢？

Karmiloff-Smith的表達性重述

Annette Karmiloff-Smith是一位在倫敦醫學研究中心的發展心理學家。她已經在進行一個有趣模型的發展長達數年，這模型她稱做表達性重述（RR）的過程。發展中的有機體以反覆方式在特定領域階段中工作（不像皮亞傑一般性領域下的主要階段）的特徵。她創造了一個四種等級的分類法，讓不同水準的表達，可以伴隨這些階段而來。首先是含蓄（implicit, I）的表達。在這裡孩童使用一些Karmiloff-Smith稱做「程序性」的資訊，並且連結到知覺性資訊。看待一個印象的過程，可能是以下這種方式。這就變成重述而進入了第二層（emplicit-1, E1），其中知覺性資訊開始成爲較一般的形式。Karmiloff-Smith給了一個例子是一條條帶狀的東西跟斑馬的概念相連。這樣的概念既不是說得清楚的也不是意識性的。在下一個階段，也就是E2，概念對意識上說不出口的形式，變成可以取得，而到最終E3時得以連結到口語上的表達。

Karmiloff-Smith將這工作視爲孩童語言發展的過程，這過程是透過孩童身體上、數學上以及心智模型的天真知識。所以透過允許需要機制上的天賦，重述的過程就得以開始了，這模型導引了特殊領域思考元件的發展，在他們的創造上只有仰賴天生程序性的資訊。對於此理論的支柱，在於只有人類種族具有重述的力量，這讓人類跟動物有所區別。

Magnus, Pinker與Karmiloff-Smith

所以對於Royaumont戰役的當代版本，其中像是Pinker與Karmiloff-Smith等主角都呈現了一個對於心靈觀點是「先天／建構」較爲柔性的版本，但這對於Magnus人造意識的發展會產生什麼想法呢？事實上，這兩位作者都有提到類神經的導向。

在Pinker的書《語言本能》前面部分，對於神經網路純粹根據相似性而從過去神經緊繃產生目前緊繃的存在方式感到懷疑。也就是說這網路可能把wugged跟一個沒意義的動詞wug連在一起，而一個孩子也可能會如此。它會這樣做，可能是曾經成功地應用在hug（擁抱）這字眼上。但是曾經被給過一些無意義字眼，像是sweej，將會製造出sweejed。Pinker引述說一個神經網路當面對sweej時，會製造出leeffloag（?!）。他爭論說當人們理解到某個東西像sweej可能是某種動詞時，將會對其應用可行的法則。一個網路不會將這個對應到「動詞延伸」上，相對地卻會將其毀損。

然而在本書之後的部分，Pinker顯示了一個神經網路可能會如何透過它特殊性結構的力量以及存

有動詞變化的字典，確實地應用恰當的法則去創造正確反應。他將這當成他主要的支柱之一，做爲支持語言本能的想法，對於他的網路能夠成功地運作來說，該網路的結構是相當關鍵的。如果這麼一個校調良好的結構要存在，它必須經過基因的轉換。最後，在轉換他對於語言本能信念的基礎上，Pinker爭論說語言中廣泛多變的「演算法」——從建立起語言結構到形態學、符合語法以及學習，全部皆可以透過基因方面的移轉與高度專門的神經性結構達成。

Karmiloff-Smith曾提到對於神經網路的「……幾個缺點……」：她爭論說，它們透過學習去完成任務，並且不會發展。然而，她仍然體認到類神經模型的發展仍然處在嬰兒期，並且繼續建議道：

> 「未來的建立模型方式必須……同時模擬針對快速處理的效益、內部蘊含的表達以及透過更進一步表達性重述而獲得—這個程序我假設它能讓人類的創造力實現。」

所以Magnus的出現，對這兩種看法來說幾乎就像是宴會中要寶的人——它確實不符合神經性建模的觀點，但做爲一個神經狀態機器，它提供一個看法給兩者。以Pinker的情況來說，Magnus的方法建議了將結構連結到狀態上必須花費相當多注意力，必須靠一個本能的功能透過基因方式移轉結構。如我們在本書中許多部分所見，無數的適應性結構可以在同樣的學習時間內適應到相同的功能。對於圖像式神經狀態機器而言，終身適應要遠比演化來得簡單的多。如果功能必須透過結構來傳承，那麼對於學習的任何彈性就必須在功能的保留與消弭間做好極度的拿捏。在第八章中，我將會回到一個問題，也就是必須將什麼「本能」建構到Magnus裡。

在Karmiloff-Smith方面，我看到RR模型跟狀態結構中創造複雜圖像式狀態過程的許多相似性。這跟她在以前一些古典工作中所感受到對任務的建模，具有相當大的差異。RR模型開始的階段一表達，在基本猜想中可以解釋成具有放下圖像式表達的能力。不管這是不是被描述成一般性領域，天生的特性或者只是神經網路在知覺區具支配力量的突觸，可能只是選擇表達的一回事。當然，在我們對於E1型態的討論中有較多的證據，那些是穩定圖像狀態中原始的、難以說得清楚的創造物，反映了世界上的事件。那引導了這樣表達群聚去形成狀態結構，對於有機體來說是可以擷取的單一狀態，但是那對於一個特定有機體來說更具豐富性以及個別性。這些能被描述成E2表達嗎？最終地，長程行動—知覺迴路的運作導致的可能會是E3表達。

如果我要和Karmiloff-Smith爭辯，會在整個RR過程的層面，它對於人類各種族來說是唯一的。思考一下圖像式神經系統所建議的，即使相當簡單的有機體種類也具有達到E1層次的表達能力，並且可能達到E2。如前所述，許多長程—路徑反饋迴路（肌肉端當然是傳承來的）多樣形式的精巧給予人類其優越性以及建立起語言文化寶庫的能力。不，我會跟Pinker說我並非迎合SSSM——語言文化的寶藏只是被看做以圖像式狀態機器形成具效率演化系統的把戲。

雖然是寒冷的冬季，但是溫暖的陽光仍然灑落在綠草如茵的峭壁上，Molecula跟Red朝著大海望去。他們決定在首都碰面實在是太危險了。Global先生已經對Red發出了令狀——「毀謗其專業名譽」——這項指控法庭非常認眞地看待。他們基於穩定的理由勢必得如此。在高層顯然做過許多立論不強的討論，但是太多評論的自由會導致混亂。

Red躲在一個熟識的朋友家中，只有Molecula知道如何跟他聯繫上。銀河大學讓他離開，並且記錄說他因公到德意志星去了，那個地方在工業上比Siliconia成功，也同樣位於Volta行星上。這讓他免於Siliconia的審判——但是到底要多久……？

「我的童年？」Molecula這麼說。「我猜就像大多數人一樣啊。我在十八個月大就被送到程式化中心，並且在那裡針對我的思考，做一個模組接著一個模組的程式訓練。在那時我被決定成爲一個AI科學家，所以我很早就被送去Ridgecamb接受我專業的認證。」

Red問道：「對於雙親妳知道多少？」。

「不太多耶。」Molecula這麼回答。「就如你所知的，他們並不鼓勵接觸。我現在知道這是爲了避免『情感』的發展，這可能會讓雙親產生佔有慾，想要把孩子留在家裡。他們在我被程式化時，就都已經過世了。」

「我們有時候也該談談『情感』。」Red這麼說：「看看這個……這叫做鸕鷀。牠在水底跟空中一樣快樂。這不是很自由也很棒嗎？看到這國家中某些有機體是自由的，會讓我覺得很開懷。」

「我不太確定你所指的『快樂』跟『開懷』到底是什麼意思，」Molecula支吾其詞地說著：「但是我在你說到這些東西時，也再次感到一股興奮。我無法回溯到以往任何的思考模組……這鸕鷀讓我覺得自己也想要振翅高飛……這蠻讓我害怕的，Red……。」

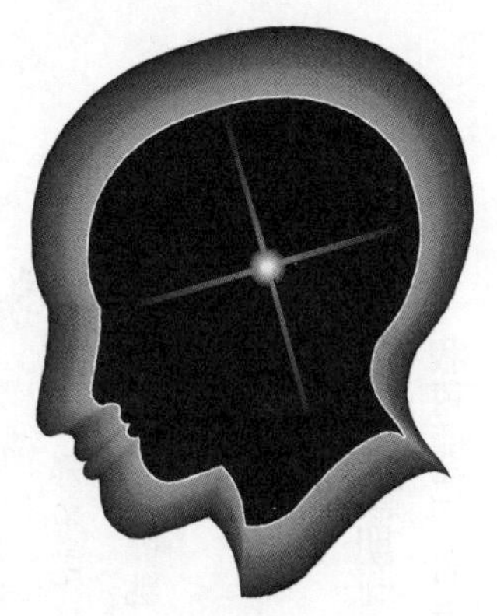

第8章

質感、本能與情感

一個哲學家的武器

在某些場合，我發表了一些未經修飾的數學性架構做爲圖像式訓練神經機器的運作基礎，通常是在認同神經網路的科學家之間（例如：Aleksander，一九九五年）。在某個時候，我一個不小心，將這部分的內容提送到哲學性的期刊，用作討論人工意識本質的觀點。雖然某個審閱者滿熱衷的，另一位卻罵不絕口。他攻訐的主要焦點在以下這段：

> 「這份研究對於『質感』（qualia）絲毫沒有提及，這讓任何藉口在討論意識的研究都不完整並且是無效的。當然，這個概念常常困擾著科學家，所以它完全地被一個工程師跳過也就不足爲奇。請把這一篇無知以及矯作，試著闖進意識哲學中的文章退回。」

如果不是從該期刊編輯處獲得道歉的短函（該編輯覺得審閱者應該提供具有建設性的批評而不是侮辱），我可能已經將一封有點精簡的信函，經由該期刊傳給我的攻擊者，因爲他在那場合下宣洩對工程師的偏見。相對地，我想或許我該想想爲什麼那位審閱者如此不高興。當然，我曾經閱讀過有關

「質感」的文章，但是很明顯地，我考慮得並不夠嚴謹——所以我將會試著把這部分補強。此外，這概念不僅困擾著科學家，對工程師來說更別想沾到邊，它不但是個主要的挑戰，或者說被哲學性欄杆重重圍住，上面註明——「離遠一點，這裡只准哲學家進來！」。

爲了反駁後者，並且接受這個挑戰，首先必須發掘的是關於質感的概念，在哲學家間也是飽受爭議的。但是我先做個介紹……到底什麼是質感？

質感

拉丁字quale是許多英文字的來源，像是"qualitative"與"quality"。它的意思是對某東西主觀的、個人性的價值，其中quantum這個字是用來表示某東西客觀的、公衆性的價值。Qualia是quale的複數，就如同quanta是quantum的複數一般。所以在現代的哲學中，qualia的意思是指在質化上個人性、主觀性的經驗。舉例來說，品嚐一杯好酒的樂趣、看到一種顏色的經驗以及感覺到胃痛的經驗，這些對於一個人在做某件事情的經驗，都具有質量上的不同顯著與程度。這些經驗的感覺，被視爲對於意識經驗之科學解釋的主要障礙，因爲對於任何個體來說，要知道這些感覺，只有經由他自己對於這樣事件的內省。那麼對於個人來說，即使是爲了解釋的目的而要將這種感覺以自然語言對朋友表達，也是相當有可能的，根本不在乎是否替他提出一個科學的理論。一個人如果不以循環參照的方式，將無法回答：「當想到紅色與想到藍色時，到底思考方式上有什麼不同。」可能有人會說：「紅色就像一朵玫瑰，而藍色就像天空。」但是這並沒有構成對於這個體來說兩種經驗間差別的解釋；所以，也就是說，理性的分析將變得不可能。

這爭議再次地根據哲學家間古典派別的不同，將焦點放在意見間的不同。簡化法（Reductionist）主張質感只是由於神經元激發的心靈狀態。機械行爲說（Epiphenomenalists）（他們相信所有的心靈性活動都是由於大腦的生理活動）接受這樣的內部感覺是跟腦中生理活動相依的，但是這關係既不簡單，也不全然能夠以科學來解釋。雖然並沒有太多的二元論者，但是他們相信在個人心靈感覺與生理活動之間並沒有連結，雖然這兩者在某些情況下會同時併發。

毫無疑問地，我關鍵性的審閱者對於我沒提到質感會感到不高興：在某些情況來說，這概念幾乎囊括了所有關於意識到底是什麼的爭辯。對於一個哲學性的純粹主義者來說，關於意識的所有議題都集中在質感上。議題像是心靈性想像、無意識狀態以及某人在腦中對於此世界控制的計畫甚至是語言及人格的發展——換句話說，到目前爲止我們所關心的——都是從質感這個議題所分割出來的。

無庸置疑地，基本猜想讓我堅定地支持簡化主義的立場，而在此章後面，我們將會發展一個有關質感的推論。現在就讓我們靠近點來瞧瞧不同哲學派別的意見。爲什麼哲學家們會發現要說服其他人的觀點是很困難的呢？爲了將焦點集中在這個問題上，我將簡短地看看當代兩位美國哲學家不同的意見：Thomas Nagel與丹奈特。

Nagel的蝙蝠

Thomas Nagel（一九三七年）是一位在紐約大學工作的哲學家。他在學術上是位卓越的學者，提出對於內部、個人化以及主觀狀態跟可能會導致他們的眞實事件間如何連結的問題，並領導著這方面的進展。他幾乎被所有寫這個主題的研究者所引述，部分是因爲他在一九七四年所出版一篇令人興奮的論文：「成爲一隻蝙蝠是什麼感覺？」在這問題背後令人冷靜下來的邏輯是——只有對我來說，才可能知道成爲我到底是什麼感覺。我無法確切地知道成爲某人或其他東西是什麼感覺。這個論點繼續下去，也就是說對於我自己意識的知識，對於其他人是無法存取的，對於任何人想要以科學性方法來解釋，它都是不可存取的。因此，這使得主觀性的經驗，包括了質感對於科學家來說都是不可存取的：所有討論意識的工作，都完全變成哲學家們的專利。令人望而卻步的藩籬也就在此。

危險處當然是在將這看起來是意識主要的特徵給築上柵欄，這討論可能將所有人都排除在界線之外，但是某些對於科學來說行得通的事，可能對於哲學來說也是可以的。我（跟許多其他人一樣）相信對於蝙蝠的爭論，並不像它最初看起來地那麼充滿限制。光是一樣東西，就可以簡單地對此說法提出批評。最直接的批評來自你不需要知道成爲某東西是什麼感覺，就可以科學地去討論它。我不需要知道成爲一滴水珠是什麼感覺，就可以去分析它，並且得到結論說它是由很多分子所組成的，其中每

個分子都具有兩個氫及一個氧分子——也就是大家熟悉的H_2O。但是，對於Nagel支持者的爭論，在於像是質感的東西是關於主觀性的經驗——它們是關於「成爲」。所以如果不能從個體抽離出來以及變成像水一樣可以接受科學試驗的控制，那麼它仍然是在科學領域的範疇之外。所以在哲學的許多領域，有一些持著跟Nagel相同立場者爭論說他那篇蝙蝠的論文發表，引起世人將目光投注到主觀性經驗只對個體有意義，在有關意識的哲學史上是最值得記上一筆的盛事（例如Antti Revonsuo, Matti Kampinen與Seppo Sajama，一九九四年），而那些爭論說無法以客觀性方式討論主觀以及質感，可能代表說此概念並不如它所引起的注意力這般有價值。舉例來說，在柏克萊Wright機構的Bernard Baars（一九九四年）就把以下的問題——「我們能瞭解意識在神經系統中所扮演的角色嗎？」當做無效的議題。如果我們能夠回答：「成爲一隻蝙蝠的感覺會像什麼？」那麼對於Baars來說，將會像是「蛋糕上的糖衣」。他自己對於意識具有一套「整體的」生物性理論，整體上來說是依靠著影響神經系統的感覺性資訊。

對於我們要用Magnus來解釋神經元如何創造人工意識，而進行對於意識討論的目的，這問題轉換成要問人工神經元能如何給予Magnus能被外部觀察者所接受的主觀性知覺。如果這能使大家信服，那麼這樣問可能會比較合適：「關於成爲Magnus是什麼感覺的問題跟成爲蝙蝠是同樣的嗎？」我們可能永遠也無法知道成爲Magnus會是怎麼一回事，但這只像是Magnus帽上的羽飾。讓我們認眞地來看Nagel的問題，所有人類種族除了柯林頓總統以外，都無法知道成爲柯林頓總統是什麼感覺。然而，

我們卻對總統的主觀性、質感以及所有意識只有一點點懷疑。所以Magnus可有伴了。這個議題是解釋對我們來說，一隻蝙蝠需要什麼讓我們相信牠有機會知道成爲一隻蝙蝠是什麼感覺的例子之一。我們並不常有機會把這歸因到一棵樹或一粒石頭上。爲什麼不呢？這就是這個科學性爭論的癥結：對機器來說需要什麼來讓X知道成爲X是什麼感覺。然而，在繼續下去以前，我應該先看看主要對於Nagel的蝙蝠以及質感評論的想法：丹奈特。

丹奈特對於質感的觀點就像是一條哲學路上的死胡同

如我們在本書前面所看到的，丹奈特在哲學上是一個多產的作者。他是一位在波士頓Tufts大學任教的教授，他最近所出版相當普及的一本書《被解釋的意識》（*Consciousness Explained*，一九九一年），使他頗負盛名。然而，他早期藉著《有意的態度》（*Intentional Stance*，一九八七年）針對心靈事件的研究，奠定了他在哲學界的地位。這暗示了透過判斷其輸出（如說話以及其他的行動），而會對於一個系統在理性上的屬性有所影響。很有趣地，丹奈特對於意圖（大腦內部狀態是關於「某個東西」的事實，我們在第六章中已經討論過了）的參考資料並沒有提到對於John Searle（一九九二年）的贊同。丹奈特對於歸因的接受，也就是主要的癥結。這使他相信人們可以將理性歸到電腦身上，而這將可賦予其意圖性。Searle，在另一方面，相信意圖是由大腦所導致的，不管歸因與否都會呈現。

如我們在第六章所解釋的，並不允許一個被寫好程式的電腦具有意圖的可能。本書中的基本猜想的確比較偏向Searle而不是丹奈特，因爲它認爲意圖是由圖像式轉換延伸出而不是歸因。

這意圖性的立場，使得丹奈特成爲對於質感概念的主要攻擊者。簡單來說，如果一個有理性的人說他剛看到一台汽車發生了碰撞意外，並記得那台車的顏色是酒紫色的，對於那個人的記憶來說，有什麼會比將其心靈狀態歸因到對該車子特性的感覺更簡單，並且能夠讓警察聽完發生經過後，能夠用來尋找那部車子？是否需要在瞭解我們所生活的世界上，該警員需要將某些額外的特性歸因到觀察者經驗的質感，才能認眞地看待該報告。丹奈特爭辯說質感不只對於推動民眾生活的模型來說是多餘的東西，對於哲學論文也是一樣。他也並沒有矯作地修飾用詞——在意識的解釋中，有一章「質感並不夠格」，他建議質感有點像一連串迅速喊出的混亂——你必須趕快繞道通過的爛仗：

> 「這也就是在我的意見中，對於質感的哲學性議題，認爲它令人痛苦的混亂，並且以循環增加與奇異的方式透過實驗、術語、談笑中、對於間接想像的反駁越演越烈，這些大眾『接收到』的結果應該退回給傳送者，以及其他慷慨的非主流人士與浪費時間者。」

在他較近期的文獻中，有一篇叫做〈替代質感〉（"Instead Qualia"，一九九四年），他採取比較柔

性修飾的觀點：

「我否定有任何這樣的特性。但是我全心全意地同意似乎有這麼一回事。」

丹奈特提出的關鍵問題在於：爲什麼哲學家們要策劃出一個多餘的特性跟心靈狀態相連，而這些狀態本來就是對於感覺經驗的心靈性所指的目標？他將注意力集中到一個導致質感被發明的爭論上：按照自然規律來說，世界上的顏色其實是電磁波輻射；其中某個波長可能給我們紅色的感覺，而另一種可能是綠色的。這顏色除了在我們腦中以外，其實是不存在的。他爭論說，哲學家們跳到一個想法上，覺得在我們腦中有某個東西，而那東西並不存在於世界上。所以他們對於這事實授予一個新的位階，賦予其心靈的特性，讓我們能夠討論日落的紅色以及草地的綠色。或者，說實在的，我們可以跳回到記憶中在電視上看到開刀房中怵目驚心的鮮血，或者Douglas Adam所寫的《銀河系自助旅行者指南》（*Hitchhiker's Guide to the Galaxy*）中綠色的軟泥。所以對於丹奈特來說，哲學家們發明了質感是可以被原諒的，這將在我們腦中所發生從某東西而來的情緒與行動貼上標記，但是如科學家他們自己所承認的，在眞實世界中並不以那種形式存在著。但是他的論點繼續如下，這發明基於上述理由是不需要的。

對於旁觀者來說，許多有機體的眼睛導致牠們腦中發生不同的、有差別的事件，乃是因爲接受了不同光線的波長——這是廣爲人知的。因此對於血液的生理特性反射出特別的紅色波長（大部分來說都是紅色的），將會導致腦中發生對於「紅色」的生理活動。這是個明顯的事件，可以跟所有其他正在進行的東西相連，像是在螢光幕上看到手術刀切開皮膚時一樣。這與其他可能發生的活動是有差異的，例如說看到藍色。這大腦活動將會連結到其他腦中令人毛骨悚然的事件。這使得人類可以討論紅色所招致的感覺，而不需要增加任何更具「主觀性、私人性、說不出口」特性的腦部生理活動。簡單地說，它們將無法在有機體經由感官知覺所導致的腦部活動，再繼續扮演任何角色，這些活動將會如其他任何腦部活動一般，以同樣的方式被喚起。

在丹奈特一九九四年的文獻中，他繼續描述說一個機器人如何經過賦予每種不同顏色一個號碼後，可以完全做到跟一個有意識者希望對顏色所做的事。這以本書所說的基本猜想似乎有點過於單純化。然而，我完全站在丹奈特這一方，相信在一些像是顏色的特性與腦部活動之間，有直接的因果關聯，而這些關聯就是在討論這些事件本質時所必須的，不必談到什麼質感。然而，現在對我來說，挑戰在於如何將基本猜想的圖像式轉換想法代替質感並且使其可行。

人類的視覺

色彩常被視為跟質感一樣可用來討論的知覺典範。對於生物視覺器官在分辨不同色彩間差異的方式，我們已經知道不少，而這跟提供色彩導致不同腦部事件的證據，還有很長的距離。簡略來說，在眼球後面的視網膜上有感覺靈敏的接受器，當接受到光線的能量時，就會被觸發。其中有兩種主要的接受器，稱做圓柱體與圓錐體。在每個眼睛中大約有一億個圓柱體，它們大量地偵測不同程度的亮度，並且在夜晚或光線昏暗的情況下也能運作得很好。它們並不職司對顏色的感知。色彩的鑑別來自眼中大約五億個左右的圓錐體。它們為人所知地可以分成三種型態，每一個族群對於一種自然光譜中的主要顏色有所感應，分別是紅、綠、藍。

根據丹奈特的假設，質感在感覺器官中是被避免區分的，而眼睛算是大腦的一部分，當然提供了不同接收器細胞不一樣的色彩。所以對於不同顏色的知覺，從一開始來說，就跟不同的腦部狀態相連。事實上讓接受器對不同顏色有反應的是色素（讓顏色可以呈現的物質），確切地存在於接受器身上。紅色接受器包含了紅色的色素，就像紅色的玻璃紙一樣允許紅色波長通過，並且導致接受器激發。也就是說在我們眼睛中有色素符合了東西反射的特性，最後就是我們所稱做的紅色、藍色……等色彩。其他的顏色，根據色彩理論，是經由這些波長混合而成的，所以它們導致了不同接受器瞬間同時的運作，使我們能夠鑑別彩虹中其他的色彩。

但是還不只這樣。到目前我所描述的，都是出現有色彩的物件時我們會怎樣去接收。但是令人困擾的問題是對於顏色是否有內部、皮質層的表達，也就是說能夠區別顏色的皮質細胞。如果這些細胞可以多種方式被激發，那麼對於顏色回憶的假說就變得可行了。這仍然處於現階段的研究，但初步令人振奮的結果已經被Samir Zeki在倫敦的大學中獲得了（一九七七、一九八○年）。他的實驗發現了在恆河猴（resus monkey）大腦皮質層中具有特定顏色的細胞。很有趣地，有些人將這解釋為「色彩存在於腦中而不是在世界上」的徵象。若從基本猜想的觀點來看，這個假說將會有所不同：皮質層中不同色彩的細胞，可能是那些在生命中經過圖像式轉換過程而變成專門的細胞。我將在下一段中藉著看圖像式色彩影像在Magnus中的可能性，來對這部分提出解釋。

對質感的圖像式創造：色彩的實驗

在接受了丹奈特的陳述以後，將極有可能瞭解為什麼質感會被發明，個人來說我並不希望它們被驅散殆盡。相反地，如果在哲學性討論中能夠接受它們的有效性，將會更具有建設性，並且接著思索在基本猜想中它們可能以什麼面貌出現。可能還可以讓人發噱地問問Magnus能不能有質感。這導致了以下一個新的推論。

推論十一：質性感覺特徵（質感？）的圖像式轉換

> 圖像式轉換是在透過接受器所區分出的各感官知覺上運作。因此物件在質方面的屬性——像是顏色，就成了圖像式轉換的候選者，並且處在可以回想起的狀態結構裡。

在我們進一步看這推論更微妙的暗示以前，我們將以圖一中簡單系統的例子來試試圖像式轉換該如何處理色彩。在這裡對於該有機體來說只有兩種顏色：紅色跟綠色。圖一(a)部分提醒我們用做圖像式轉換的連結結構。視網膜底部的差異，在於我已經顯示了在每個位置的接受器都是成對的，其中一個負責對紅色反應，而另一個則對綠色反應。這網路的其餘部分！就跟本書中其他部分所提的完全一樣。這裡的關鍵點在於夠資格做內部表達性神經元的節點，應該在知覺領域中有一個具支配性的突觸跟某個接受器相連。當內部神經元以幾何反應被拉到知覺神經，我們就會回想起該有的感覺，它們可以在任何地方。再者，這並沒有被顯示出來，它們彼此連結，因此形成了一個狀態結構機器，能夠保存學習後的狀態。

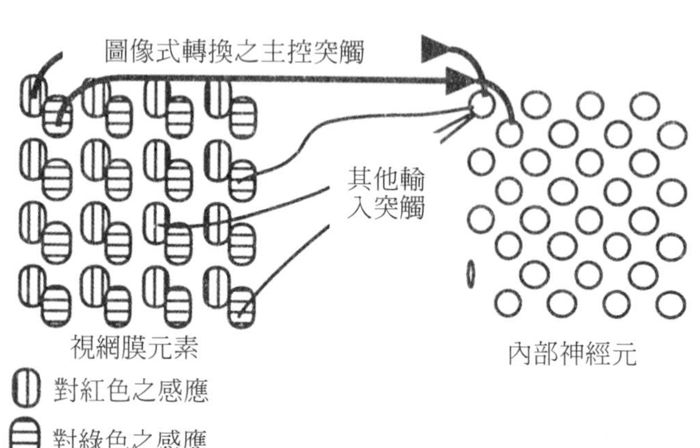

(a) 連結

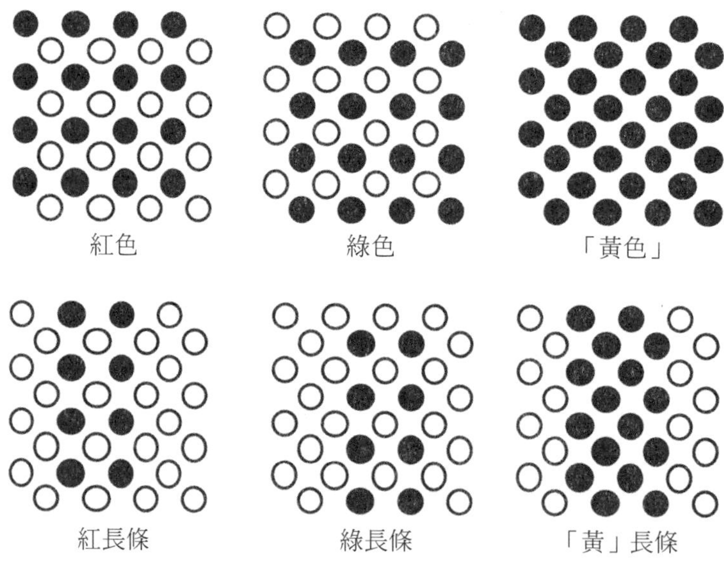

(b) 圖像式表達

圖一　在圖像式狀態機器中的色彩感覺

在圖一(b)中我們看到了知覺資訊是如何因幾個知覺事件而投射到內部網路。首先，一個散播在整個視網膜上的紅色影像變成以狀態吸引分子來表達，其一半的內部神經元被激發。對於其餘的綠色，則是另外一半內部領域會回應的。當然，這些吸引分子我們都可以給它們名字，就像我們在第六章中給杯子、盤碟名字同樣的模式。爲了要顯示混合，紅色跟綠色接受器都會對黃色有所反應，所以在內部區域中所有神經元的激發，都可以叫做「黃色」。當然，這些顏色不需要去一一命名，但是可以應用到物件上就好；所以紅色、綠色以及黃色的垂直柱狀體可以有如其顯示的表達。

質性感覺狀態的回想

推論十一的言外之意，是質性經驗可以被喚回。事實上，上述的例子可以引導到如圖二(a)中所示的狀態結構。這個狀態的發生，只有在有機體感受歸結到紅色垂直柱體以及綠色水平柱體。這有點像我們將紅色跟蕃茄相連，而把綠色跟菠菜連結一樣。在圖一中顯示了內部神經元在方形的左上角有一個紅色的特定神經元，而在右下角有一個綠色的神經元。他也建議跟某個一般的名字相連，像是VER代表「垂直柱體」而HOR代表「水平柱體」。這些顏色的名字也跟這些狀態以及它們輸入相連。所以當我對Magnus說「VER」時，在它的內部神經元裡就會呈現水平的柱體，如果它曾學習過如何恰當地發出聲音來表達內部狀態（在第七章中討論過了），那麼它將會說「紅色」。

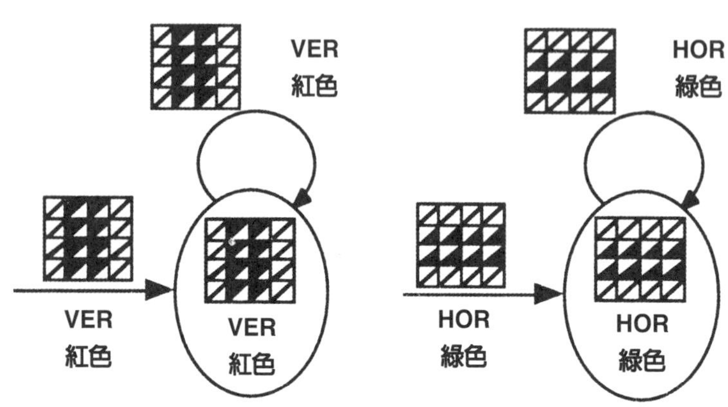

(a) 質化特性的內部表達之狀態結構

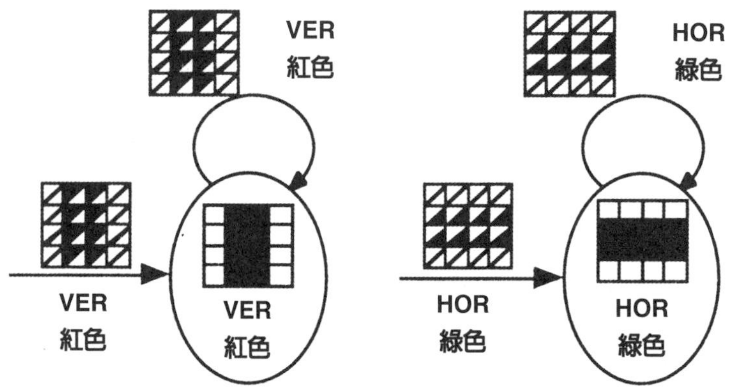

(b) 無質化特性的內部表達之狀態結構

圖二　記憶的兩種模式

但是對於一些像嗅覺與味覺的感受，我們似乎在圖像式記憶中就比較弱了。如果一匙砂糖嚐起來像醋，或醋嚐起來像蜂蜜，我會感到相當訝異。但是如果我被要求回想起一匙砂糖，記憶可能不那麼鮮明。當然，對於一些法國的品酒者來說，可能也是這樣的。對於我們一般人來講，要記得一部紅色的車子與記得一匙砂糖，它們之間是有很大的差異。在我腦中可以「看到」紅色，但卻無法「明確地」感受「嚐到」砂糖的感覺，或者實際來說，期望能有比嗅到玫瑰花香更眞實的感覺。在圖二(b)中刻畫出可能沒有回想狀態結構的感覺。這顯示了可能對於內部神經元來說，只有能力創造形狀的圖像式表達，對於顏色就無能爲力了，強調了在選項(a)中顏色的效果。也就是說我們假設在內部神經元並沒有對於顏色的圖像式表達，但是對其他東西卻都有。根據狀態解構圖，這系統「知道」水平的杜體稱做「紅色」。它將會進入恰當的狀態（注意到這裡並沒有三角形，每一個方格狀態只是表達了一個神經元被激發，並不代表某顏色）。

如果Magnus具有這種型態的記憶，它將會回想起一個杜體的形狀，但是在它腦中卻無法「看到」其顏色。

在另一方面，當顏色正確時，它將毫無困難地被滿足，但是外部刺激如果是一個綠色的水平杜體，對此將不會有任何的吸引分子狀態結構，而根據無吸引分子狀態的解釋，這個機器將會因爲訝異或不相信而發出喊叫。的確，如我們所知的，對於嗅覺來說，並沒有經過丘腦與皮質層連結，而因此嗅覺機器的動態系統將會跟其他感覺有所不同。這裡所要說的是有些系統的人工模型有質感，而有的沒有，說明了這概念可以經過修改後再予以分析。

我可以舉另一個質感概念對於神經電路學啓示的例子，就拿一根紅色的香蕉來說，我就算從來沒看過這種怪東西，也可以輕易地在腦中想像它。這個問題就像是：如果Magnus從來沒見過綠色的水平柱體，它能不能根據內部對顏色的表達去「想像」呢？當然，這答案是肯定的，但是這可能導致一個工程師在這裡必須停頓下來思考一下。在我們腦中可以輕易地做到，暗示了在紅色與綠色神經元間任何特定內部的地理位置，它連結著某物件圖像式表達的點。若以相同的方式，綠色可以全面地被表達，HOR的想法將會觸動垂直的柱狀神經元，不管它們是綠色或紅色。正常來說，會顯示出紅色，但是在喚起綠色以後，它周遭的綠色將會取而代之。這點可能指出某些抑制與增強神經元間交互作用的細節，在此討論可能有點太過技術性了。然而，質感給我們的印象是並不落於神經生理性的分析之外，但只是對於一些神經性研究熱衷者更深入探討的素材。

喚起人們使用一些像是「玫瑰甜美的香味」句子的能力，這證據可做爲我們都知道卻無法解釋的內部現象，可能有點詩意；然而，它並不只讓人迷惑，還讓與感覺有關的事混淆不清。這裡所提出的論點是以精確、科學的方式思索質感，可能會是對工程師、科學家以及神經生理學家的一大挑戰。所有強調這樣的感覺是超出科學以外以及它們並不存在的論調，對於深入瞭解意識來說都是不具傳導力的。

更多的內部感覺：情感或本能

在我們日常生活裡，對於內部感覺來說，玫瑰甜美的香味並非唯一能想到的東西。生活是一連串固定的感覺，隨著我們不管在清醒或睡夢中的行進，構成了我們想法的一部分。當我知道通過了駕駛測驗時，我「開心地跳了起來」。我對於非洲集體屠殺的消息「恐懼得縮了起來」。在夢到房子著火以後，「我嚇出了一身冷汗」。毫無疑問地，這些現象都具有內部、個人性的質感。它們都屬於情感的領域，最初看來都跟質感有很大的不同。但這之間的差異並非如此之大。當一朵玫瑰被說成具有甜美的香味，甜美可能是用來顯示喜悅，而喜悅就是一種情感。

情感與本能是相連的。這可能是跟質感的一個差異。Magnus能從擁有情感與本能中獲得任何好處嗎？可能對於這點來說，更甚者在於將情感與本能設計到Magnus體內，是否會替這些現象能不能在機器身上出現，燃起一盞明燈。接下來就是更詳細的討論……

本能

從歷史角度來看，本能被視作是預先架好的線路以及天生的。但是對於這用語必須留意，因爲它代表幾種不同的意思。首先，它的確是個對於刺激所產生的天生反應。小孩子當他們掌心被搔癢時，都會把手掌握起來。他們在出生時也都會哭，因爲如果不這麼做，就無法清除他們呼吸通道，而可能有致命的危險。對於這些東西是與生俱來的，相信大家都不會多做懷疑。很有趣地，目前在哲學家之間的觀點，是這種本能可以經由思想而變成可控制以及修改的。

對於這字眼的第二種解釋，是指無意識放鬆時的感覺。駕車者看到小孩橫過馬路時會緊急地踩下煞車，網球選手會在對手擊球前就先進入準備位置，以及匆忙時會在擁擠的人行道中迂迴行進。這些都是放鬆的例子，但是卻不像天生的，不需要明顯的思考就可以將刺激連結到行動。第三種，通常用在動物身上討論，跟標準行爲模式相關，舉例來說，新孵出的海鷗幼鳥，會經由呼喚以及啄它們雙親的喙，來獲取反芻的食物。這經過觀察得知，會被環境所影響：經由外界的行動，會將表現改善。最後，是我們所稱的「傾向」，舉例來說性傾向、飢餓以及渴望。這些共同的特徵是在感覺輸入與行動輸出間有連結，而且似乎不用經過思考。區別在於天生連結與環境性修正間的混合。若以基本猜想來說，這暗示了繞過內部神經元。推論十二就是從圖像式訓練狀態機器的觀點，試著描述這過程。

推論十二：本能

為了強化存活能力，有機體必須要有跟輸入或內部自律神經相連的基本輸出行動，而這些將有可能變成跟內部神經元狀態互相獨立。也許是天生的，或者因為發展的結果而與狀態變數互相獨立。

推論的主要目的，是將注意力集中在某種神經機制，這些機制可能支持著許多在「本能」標題下的許多想法。

各種對於本能不同的解釋，暗示了與輸出神經元的連結，會因爲內部神經元而有某些改變。到目前爲止關於圖像式學習的討論中，我們都假設了輸出神經元接受活動的連結，是同時來自感知性神經元（輸入）以及內部神經元（思考）。以一般情況而言，神經狀態機器的輸出活動，不管它是發出語言聲音，或者在其環境中找到自己的方式，都假設是依照不同的情境下同時根據這兩群神經元的活動而來的。對於本能的簡單觀點，可以看做輸出神經元跟思考神經元並沒有聯繫，並且完全仰賴知覺神經元。然而，更多近來對於本能現象的觀點（例如McFarland，一九八七年）認爲這麼奇怪獨立的預先連結，不太可能不經過一點思考或環境的修正。它們可能內部地存在，本質上可能是一些自動的功能，像是規律的呼吸與心律。但是現代的智慧卻認為生命中「思想」的發展總會在其中發揮其功能，即使是在我們之前所提的本能行為。

所以第一種型態的本能，像是出生時為了暢通呼吸的哭喊，可以被視為最初是單獨仰賴知覺輸入來引發輸出神經元的功能，但是之後將會變成也依賴「思考」狀態。在以後的生命中，哭泣會變成內部狀態的一種功能，事實上它可以被稱做情感狀態。這也就是本能行為要在「心靈隱私」下重複探索審查的理由。外部行為對於內部複雜的狀態來說，只是冰山的一角。意思是在神經狀態機器模型中所包含的輸出神經元，以哭泣來說，早期是跟「思考」狀態無關的，但是透過學習，將會與「思考」狀態逐漸相連。這推論指出了狀態結構的改變，就像如**圖三**(a)所顯示的，可能對闡述此簡單的想法有所幫助，並且建議第一種型態的本能可能會如何地經由學習，從原先與狀態獨立的行為轉變成與悲痛、快樂狀態相結合的內部表達。在**圖三**(b)中，顯示這種本能活動暗示了連結的交換，並非來自輸出神經元所接受的東西，而是來自透過學習所得到的結果。天生的直接連結，透過啓動而開始運作，但是隨內部化開始發生，內部的連結就開始啓動並決定內部狀態，外部連結就變得比較不活躍，慢慢地變得不被使用。這過程跟在前一章中所看到對於發出聲音的內化非常相似。

第二種型態的本能，則以另一種方式運作。它以有意識的行動開始，卻以無意識、放鬆或本能地結束。這就是像我們在開車時所發生的一樣。在開始的時候，輸出是透過狀態結構小心地導引，但是

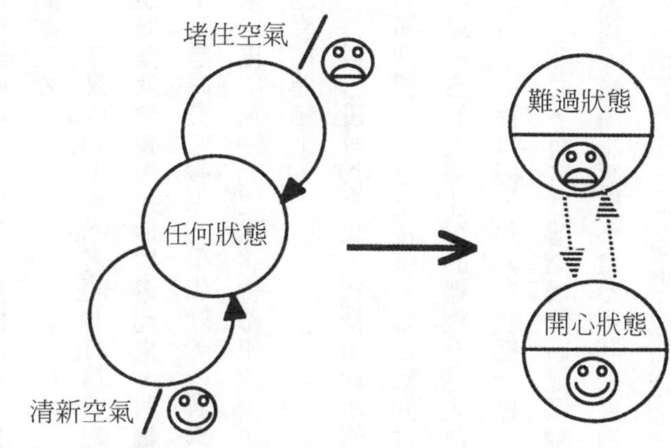

(a) 改變後狀態結構

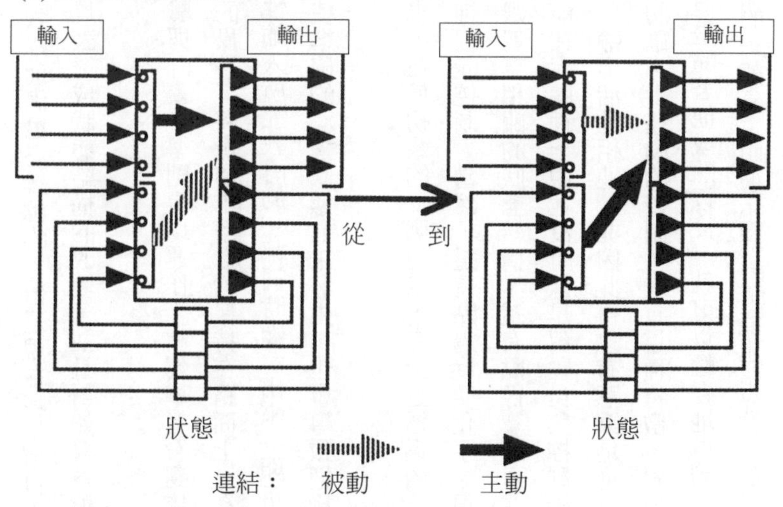

(b) 主動連結之改變

圖三 第一類本能：初步直接／然後內部化

其功能卻會隨著學習而變成自動化。「我以前滿擔心換檔的；但是現在我卻可以本能地做得很好。」這段話就說明了此種改變的發生。也可以表達成狀態結構的改變，並且對如**圖四**所描述的結構造成相對應改變。

在**圖四**(a)中，本書前面討論過的經驗與計畫等準則得以運作：當駕車者看到馬路上有個轉彎，狀態機器就會圖像式地學習起來，對輪胎的操控，將會使車子繼續保持在路面上。在轉換中顯示出來，不管是眞實中發生的事也好，或者獨立性輸入所能教導的，都同時顯示出來（顯示成ϕ）。也就是說，來自正確駕駛的經驗將會帶來適應，即使準確的心靈狀態並未發生，也會導致把操控交到輸入—輸出的直接連結上。

對於**圖四**(b)來說，這裡所顯示的意思，在於初始的反應連結，完全是透過內部神經元的驅使以及感知神經元，但是後來只會被感知性的神經元控制。當然，這有點過度簡化了。很明顯地，內部狀態可以（透過內部注意的過程）進入部分跟駕車相關的狀態結構。這有點像駕駛員在飛行時從自動操控儀器中接管飛機，除非在狀態機器（可能在大腦裡）中並沒有像是駕駛員與控制機制間有所區別的本質。然而，有些狀態結構的區域跟輸入—輸出活動相連，並因此得以有意識地進行規劃，而在其他區域裡，輸出反應則不會參照狀態變數。的確，對移動的控制，就有這種特徵。對於孩童初次以兩腳移動（例如行走），將會顯得相當困難，但是隨著他成熟以後，就可以輕鬆地做到，成爲本身功能的一部分。對於這功能有意識地接管是腦中的一部分，叫做小腦（可能也是從皮質層），對於研究神經生

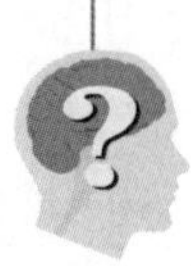

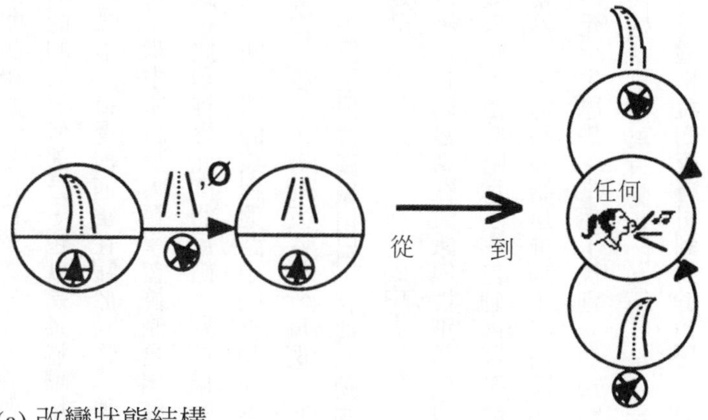

(a) 改變狀態結構

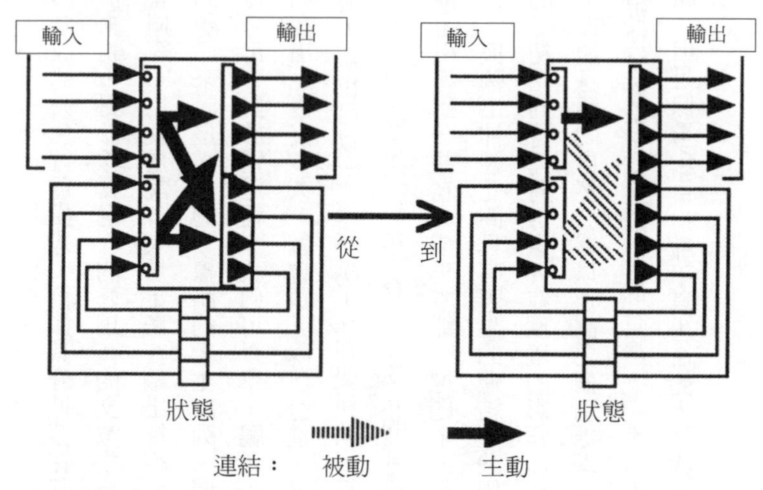

(b) 主動連結之改變

圖四　第二類本能：初期內部化／然後直接

理學的學生來說，是他們學習中相當重視的一環。

本能的第三個部分，也就是透過環境所修改的天生行爲模式，恰如其分地落在基本猜想的含意與推論十二中。這過程通常在關於動物（舉例來說，對於啄食過程的修正）的文獻中會探討，並且跟我們在第七章中所討論人類學習控制發出聲音同等。也就是說有大量定居在輸出神經元（很有趣地，我們建議在此類神經元間的反饋，對於儲存的順序來說是必須的）線路的天生序列，將會在出生後隨著行動與感知之間的長程迴路中的啓動而進行修正。對於這過程，我們可以舉小鴨、小雞出生後迷人的變化過程（Hess，一九五八年）爲例，它們在出生後沒多久，就會跟著隊伍行進（通常是牠們的母親帶路——但是根據實驗指出，其他的動物或人類也可以）。這建議了在知覺與輸出神經元之間具有天生的連結，可以從外型與活動中看出來，暗示我們在感知神經元內有預先建立的篩選器。

最後，我們建議在飢餓與性別傾向可能會引導到一些在「成爲本能」標題下的行爲。在神經狀態自動機來說，這些暗示了「自動內部神經元」與輸出神經元間具有天生的連結，我們在第四章的推論二討論過了。這些機制是推論十二所暗示的，初始的行爲將透過外在環境的影響而被修正，隨後在內部神經元產生思想。當然，性別「傾向」會根據身體的自然發展以及需要個別處理，但是較廣泛地來說，初始點是內部自動化的感覺，導引了很快將會被思想所斡旋的行爲。讀者可能會說，我對此同意，這普遍來說的確導引到對於情感的討論。但是像Magnus這種不具生命的人造物，眞的能告訴我們什麼是關於情感——這種非常個人的感覺嗎？

情感

如果不是情感，人類將會被視作理性、總是智慧性的有機體。情感老是被引述成導致非理性行爲的現象：

「別對他太注意——他已經戀愛了」；

「她在盛怒下盲目地射殺了她丈夫——我承認她無法替自己的行為負責」；

「跟他說話時小心點——他還沈浸在喪妻的悲痛中」。

在另一方面，愛和喜悅是值得嚮往的狀態，導致人們做一些選擇來盡量增加這些情感。所以情感很明顯地同時有正面（愉悅）也有負面（恐懼）。不論是哪一種方式，它們都會盡量控制行爲，避免後者，而將前者最大化。

在哲學家對於心靈研究的早期歷史中，大家通常都接受情感是較早期、較不具意識的（通常使用"pre-sapient"這個字眼）。達爾文在一八七二年將情感描述成相對於之前存在的多餘，它是基本的、天生的以及具有功能性的。他對行爲性表達特別有興趣，並且研究面部表情做爲情感的表徵。他對研究的興趣如此強烈，以致據說連他的孩子都沒能避免被實驗的命運。

回到本世紀，William James（一八八四年）與丹麥的醫師James Lange將這個想法進一步延伸，主張情緒是對於不同情況的神經性反應。這有時候會支配思想。這個理論被稱做James-Lange理論，指出一些概念會在句子中被這樣表達：

「知道船會沉的常識，導致我的胃部因爲恐懼而噁心抽痛……。」

來自在環境中內部對於恐懼事件的反應。對於喜悅的事件也是如此：「當想到能夠再見她一面，我的心跳就加速不已。」根據這個理論，在我們悲傷的時候就算因爲外部表達被壓抑而不哭泣，但是悲傷的情感就是內部感覺爲哭泣所做的行動。這字眼「內臟的」（visceral，也就是身體的內部器官——可能是胃……）常用來跟對於刺激的情緒性反應連結。同樣地，如果認爲這暗示了在胃中有反應恐懼或害怕的反應器，那就錯了。情感性神經反應在腦中發生，但是對其所有者而言，可能跟內部器官所引起的感覺類似。

的確，根據Colin Blakemore（一九八八年）所描述之對於動物以及人類（經過必要措施）的有趣實驗，顯示了在腦中有一塊叫做「隔膜」的地方，當它受到刺激的時候，就會製造出一種情感性的感覺，主要是喜悅的感覺。當然，有時候生理上的某些改變是因爲這些神經性的反應。心臟可以跳得更快……像是鴉片或古柯鹼的藥物，當然也可能會進到人類體內，成爲服用者引起情感的能力。隨著他們改變神經系統的化學反應，將會在腦中發現情感的產生。對於製造Magnus來說，有人可能會問：這些能被省略嗎？

具有情感的機器人

從一場研討會回來途中，我在飛機上很訝異地在報紙上讀到有個研究顯示了「憤怒的嬰孩機器人」。這訝異很快地讓我心頭一顫，因爲我發現發生這件事的實驗室，應該是我的。我的一個學生在進行狀態機器模型對孩童學習語言的實驗。他對自己的研究缺乏成果而鬱鬱寡歡，因爲語言學習狀態機器的行爲相當貧乏。所以他對報導者描述成「現在它所做的並不多——只是在角落生著悶氣」。

重點是人們太容易把情感歸因到無生命的物件上。無法發動的汽車並不是冥頑不靈，沸騰的水也並沒有非常「生氣」以及剛粉刷的房間，也不是「興高采烈」的。報導者把這種隱喻性的表達跟眞實東西弄混了——如果這無生命的東西是機器人，可能更讓人容易弄錯。但是情感在有機體來說似乎含有某種目的：整體來說，他們增強有機體求生的能力，即使它們有時候會導致一些非理性的行爲。所以在對Magnus前後文的研究中，爲了以下兩個動機而應用在它身上：對於現象有更佳的瞭解並且發展一些技術來改進這機器的效能。這點導致了推論十三。

推論十三：情感

對神經狀態機器來說，情感是一種對於本能性感覺的圖像式編碼。它導致了一些會增強避免危險以及維持生存性的能力。

因此情感對於Magnus來說，可能是挺重要的，因爲它們具有防護的價值。這對於編碼來說該怎麼進行呢？假設有一種Magnus的版本，在它手上有個溫度感應器。並且假設它必須在一個鋼鐵鑄造廠中工作。基於明顯的理由，它無法承受將自己鋼鐵製的手，浸泡到融化的鋼鐵裡。像是這樣的危險，我必須預先設想到並且替它設計一個感應器，當溫度升高時，就會傳送一個緊急訊號到觸動——輸出神經元，並且將手縮回來。當我在這種情況下，我能夠處理很多類似的危險。內部過多的負荷，可能就像吃太多時需要胃痛來發出警訊，而我爲了希望Magnus能夠避免掉入險境，所以我希望將這樣視覺性模式的偵測跟內部（"visceral"）警訊相連。

在另一方面，用電池來驅動的Magnus，需要能夠感測（同樣地，在某種內部神經性感覺的層次）電力是否即將使用殆盡的裝置。意思是不管這機器是否開口說需要幫助，或者在工廠的某樓層中，給

它一個合適的充電插座，這機器人就會根據它的視覺感測器自己去找到一個插座，並且將自己湊過去，完成充電的動作註1。所以，即使低階的機器人，也需要能夠確保它們生存的本能感覺（根據我們前面所探討的第一種類型）。人類一直以來大量仰賴演化來完成這方面的工作。這些感覺落入兩種主要的範疇：需要避免某些反應以及引導到某種反應的感覺。在一般的討論來說，它們可以被分類成恐懼與喜悅。

但是這跟情感的編碼有什麼關係呢？**圖五**式勾勒了可能發生的情況。**圖五**(a)部分顯示了預先建立好線路的本能性連結，將輸入解碼後，導致對外部危險的避免以及引導到一些反應上。在一個更普遍的狀況下，輸入可能來自內部的感應器，就像是測量電力多寡的狀態，或者在有機體來說，就像是消化器官的狀態。在狀態結構中，本能性反應再次地顯示做逃離火場的避免反應以及傾向某些好吃的食物。但是，與我們到目前爲止一致的討論，這些反應都是透過圖像式轉換成內部神經元的表達。所以，隨著學習的進行，對於外部的刺激，本能性行動的感覺將會被引發出來而不必經由內部某些必須被執行的行動。以某些方式來說，這些可以看成被抑制的反應。對於像是Magnus的系統來說，這可以稱做「人工」情感。

註1：在一九五〇年代Grey Walter建構了一隻機器龜，可以很清楚地來顯示這個準則。當它們電量不足時，將會被一點燈光吸引到某個插入點去補充電量。

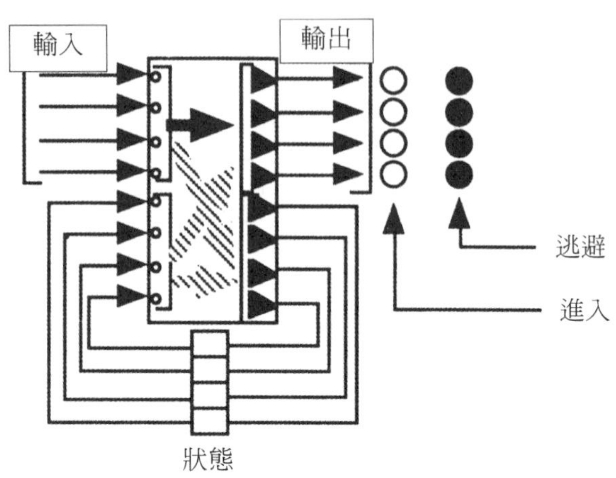

(a)本能網路

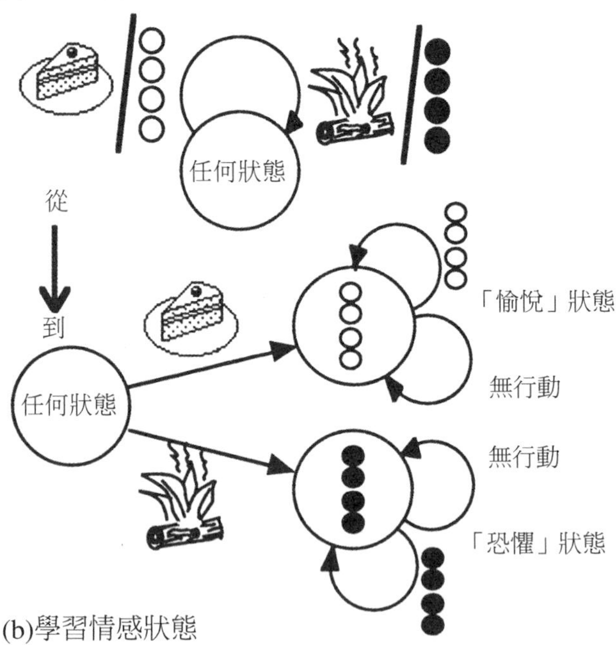

(b)學習情感狀態

圖五　情感學習的網路與狀態

私人世界的重要

前述例子是用來替讀者澄清疑慮，希望讀者不會覺得基本猜想及其推論是極端的簡化主義，以及能夠替像是質感與情感這樣有趣的現象做出令人滿意的解釋。但是還有更糟的嗎？他們覺得愛、美麗、喜悅以及其他所有開懷的情感都還被放在角落，沒有提到這些情感形成了過著文化生活中充滿喜樂的基礎，跟機械性狀態結構有著明顯的區隔。從另一個極端點來說，對於憤怒、侵略性以及沮喪，也都是同樣的問題。這些可能是系統嚴重無能爲力的部分，不能寫成是狀態空間內突然轉變的創造物。

所以讓我們試著去探索本章這兩個推論眞正的含意，可能是比較健康的作法，並且顯示它們指出思考內部情感性心靈的本質，這並不會造成對情感力量的輕視。此處顯著的想法是本能性反應的內部化已經變得有可能。這解釋了爲什麼某個人會「不喜歡」某些像是疼痛的感覺，但是卻喜歡愛的感覺。在這裡的文意，到底喜歡跟不喜歡指的是什麼意思呢？圖像式轉換的想法，指出了其中的差異在於一個是得到某些失去的東西，另一項則是相對避免傷害性的行動。舉一些前者的例子，可以像是舒適、滿足或飢餓、與伴侶交往所得到愛的感覺。後者則是認定了一些對於生存有威脅的東西，例如具有侵略性競爭對手的出現，或者是像迫近懸崖邊的環境性危險。因此，總結來說，這些種類的情感都依靠本能性的編碼，透過內部化以及接續而來的語言效果，有時候是相當強而有力的，甚至能夠全然地包裹住狀態空間。但是還有一些更精微細緻的情感，例如沮喪或洋洋得意，這該怎麼處理呢？

沮喪可能會跟一個悲傷的情感性狀態相連。體認到有所損失，或者無法得到世俗認同的成功，這可能會讓小孩子哭泣。前面所提對此部分的內部化以及精心製作，可能會導致內部悲傷的感覺與狀態結構中某些區域相連。這樣的感覺並不讓人訝異：狀態結構是相當豐富與複雜的。對某些人來說，這種貼上標籤的過程是很恰當的，但是有些人卻非如此。對於狀態結構本身，要有包含能計畫跳脫出這些肩負著對於沮喪記號狀態的選擇，才是恰當的方式。但這是很精妙難以捉摸的，不是對每個人都能管用。習慣性憂鬱者可以被理解成缺乏此種規劃表達的能力。關於洋洋得意的感覺，在原理上跟這部分是相同的；它暗示了在廣大的狀態空間裡，有部分引導到喜悅狀態。對洋洋得意來說，同樣也有可能發生不恰當的情形，並且可能導致不尋常的行爲。甚至我們可以懷疑毒品可能只是將這些狀態間的連結給釋放了，把一些雜訊或任意的東西塞進神經元的激發。

對於這論點的另一方面來說，建議了這樣的說法好像過於簡化，跟眞實有點脫節，對於一些臨床心理醫師或顧問來說，讀過這些內容後，可能覺得了無新意。是的，身心平衡的客戶具有規劃、妥善處理策略的能力，但是罹患長期憂鬱症者，卻沒有這種能力。即使是這些問題如何發生，可能都要協同患者一起回顧過去，試著找出原因。但是我卻有圖像式轉換以及狀態機器這兩樣法寶，引領我們到患者個人性以及內部世界的特徵。是不是在知道圖像式轉換以後，可以有更好的心理治療呢？我對此感到非常懷疑，所以爲什麼還要那麼大費周章地弄個Magnus出來呢？

有個簡單的理由，乃是從他人內部私有情感世界的觀點而來，以美國心理學者George Mandler（一九八七年）所說的話來解釋：

> 「……這個話題更勝其他主題，使得學生對心靈生活更加迷惑。情感行爲以及經驗的罕見特徵重覆出現，這障礙阻擋了將人類本質看成是理性、智慧甚至是高尚的。」

Magnus可能具有無趣以及簡化的內部狀態，可能無法激起我們對於整個稱做情感之物的嚮往，但是這些如何到它們所在的位置以及影響該有機體有限內部世界的方法，卻可能提供臨床心理醫師對於他們已知神經性功能基本原理的連結。所以藉著瞭解Magnus的運作模式，或許可以排開Mandler所稱的「障礙」，使我們將目前對於個人、內心世界的瞭解做更進一步的提升。由此產生的附加知識，或許某一天將能引導到眞正對人類有益的貢獻上。

Red再次得離開了。基於某些理由，警方已經在他前一次的藏身處四處探聽。很幸運地，當時他並不在，但是這所傳出的訊息很清楚：他並不安全。

Global先生對他個人的仇恨已經無法抑制。他在電視上出現的頻率增加，並且不放過每個機會去宣導他所稱的「感情用事的想法」有多危險，那可能會將這國家對於成爲理性人類所需的信心瓦解，無法再完全根據正式邏輯導引他們的行動。他常提到Naskela教授所做充滿破壞性的研究。所以，透過Molecula的協助，Red找到了一個年代久遠的小屋，就座落在濱海的懸崖邊。房屋的所有者是一名老農，住在鄰近的村落。Red跟他說自己是一名退休的船長，長年住在海外，所以居無定所。

現在Red的顧慮成眞了。他已經一個月沒有見到Molecula了。她錯過了兩人之前安排好的聚會，並且也沒有任何音訊。冬天來臨；空氣中充滿刺骨的寒意，積雪更是讓交通不便。任何敲門聲音都會讓Red的心跳加速：可能是警察，也可能是Molecula；但多數時候都只是鄰居罷了，他們對於誰又在荒

廢已久的小屋中燃木生火感到好奇。這次卻是Molecula來訪。

她的狀況相當糟糕，又濕、又冷並且臉色非常蒼白。她所要說的只是：「我被開除了。」

「先不要說話。」Red這麼說著，「先坐到火邊，讓身體暖和一點。」

過了一會兒，她才開始停止顫抖，並且喝了杯溫熱的牛奶，她現在其實比較想來杯機油，接著說：「是Asic搞的鬼，其實他一直都在身邊監視我。是他發現你上次的地址，然後定期地向Global先生報告。我因爲對他不忠而遭到開除。然後，她語帶恨意地說：「時間拖得這麼久，是因爲他們以爲可以透過我來找到你。」

她接著解釋曾到過這國家的另一邊，到某個旅館登記住房，但是晚上卻沒有回去。她跟著下班時間的人潮，並且利用前一晚步行穿過濃霧籠罩的小路來到這間小屋。

「有件事我們兩個人都必須說，」Red這麼說著，感動地看著她……「我愛妳。」

看來有點冷漠以及畏懼的Molecula說：「我也愛你……而我對這所代表的意思不再迷惑。」

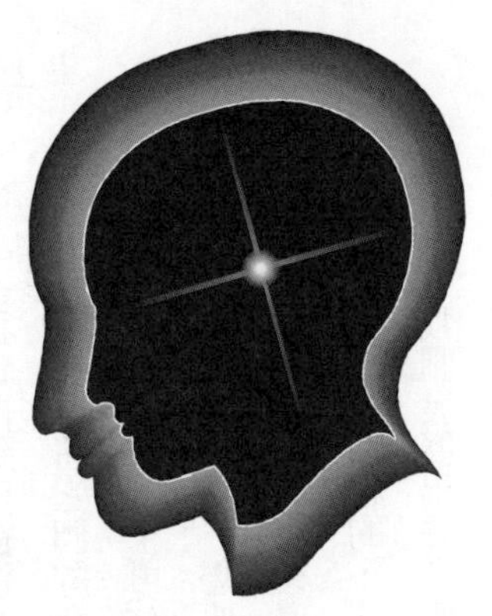

第9章

人工心靈有何用處？

人類扮演上帝的角色

通常，當有想要跟我做研究的學生來到我實驗室時，我都會問他或她爲什麼想花未來的三年跟難搞的物件導向程式（object-oriented programming，這就是撰寫Magnus程式的語言）奮戰，還得包括某些困難的數學以及大量的閱讀，通常答案都是充滿自信地說：「我想要做一個會思考的機器。」這會花我滿多時間解釋以及勸說，好讓學生知道我們並沒有提供這樣的研究。但是相對地，我們所提供的是製造一個機器，能夠告訴我們思考可能是怎麼一回事。學生會有點像洩了氣的皮球，感到失望。事實上，我覺得到現在這個時點，應該讓讀者先把這本書所說的拋開。在討論過基本猜想以及其推論之後，我現在會將它們綜合在一起，並且說：「可不是嘛——這有意識的機器」嗎？我可不會這麼做。我覺得這在目前既不可行，也有待商榷。但這所謂的商榷又是什麼呢？

對於人類來說，想要扮演上帝的角色並且創造有機體的想法是根深蒂固在人類的本質裡。這瀰漫在文獻中並且在科學裡導致更多的迷惑。把招搖撞騙的東西帶進科學，並且使得科學像是騙人的江湖郎中。基於這個目的，我創造了Magnus，不只是用做爭論的陪襯，並且是做爲一件複雜的電腦軟體，它導引我們發展出許多假說。也就是基本猜想以及隨之而來的推論。本書所關心的相關推論到此告一段落。但是這一系列推論還不完整。

本書所要說的，認爲關於意識相連的現象，可以用基本猜想的神經狀態機器術語來討論。在下一章中，我將再度提出猜測，看看這種科技在四十年後能發展到什麼地步。在這裡，我將更進一步地來瞧瞧人類想要成爲他們自身創造者的慾望。有一個老掉牙的笑話，它說沒道理要去做什麼人造有機體，因爲比較起來，做一個眞實的還來得容易些。但是對於科幻小說作家以及人工智慧專家（或者，事實上是指類神經系統工程師），他們動機的差別到底在哪裡呢？拘泥正式的形式以及嚴厲要求，到底對於瞭解意識能有多少貢獻呢？你非得成爲一個數學家或電腦科學家才能理解你自己的意識嗎？是否任何破壞性簡化法都被視爲是理所當然呢？有沒有哪些科學討論比較恰當呢？這些問題是我在本章中打算處理的部分，好讓考量人工意識時所產生的迷惑可以在此被釐清。

但是，在一開始，先看看某些深植於西方文化中更深層的概念，似乎是挺重要的，可透過類智慧型機器的歷史以及想像來瞭解。

有關機器人的歷史

如果智慧型機器人很容易做，那麼它們只會因爲一個理由而被製造：提供人類不會犯錯也不具人類需求的助手。它們可能需要具有像人類經傳承而來的靈巧，才能夠幫得上忙。事實上，「機器人」（robot）這個字是來自斯拉夫語中的"robat"，它的意思是「工作」，也可能是來自哥德語中的"arbi"

（傳承）或"arbaith"（苦工）。至於他們到底需不需要意識，卻不是相當地清楚。然而，如果意識是用來使機器人瞭解人類的需要以及所下的指令，那麼最終來說機器人還是必須要有意識。機器人不該有需求，然而，這個立即獲得的假設是基於他們將不會跟自然有機體獲得相等的權利。想要製造機器人的慾望，就好像大言不慚地說想要有個永遠不會埋怨的奴隸。

在一九六六年，有位來自曼徹斯特大學的心理學家John Cohen，他針對擬人化機器人的歷史，寫了內容廣泛的一本著作，我建議對這個主題有興趣的讀者，可以從他的著作中獲得進一步的瞭解。Cohen畫了一幅令人詫異的畫作，那是關於古埃及時代Memnon的雕塑。它對太陽的光線很敏感，所以發出聲響（因爲空氣的流出），因爲是如此的栩栩如生，所以被某些人認爲是值得膜拜的。這指出了另一種人類想到機器人的方式：將神明變得具體化，成爲神諭的化身，並且值得膜拜。這樣物件的特色，在於一般物質性雕塑可能是透過人力所爲，它卻需要在神明的助力下獲得莊嚴優雅的超凡品質。

這超凡品質的特徵，似乎是智慧性製造的物件，但是對於評論者而言，仍然有許多不同的意見。我意識到許多節目試圖將Magnus塑造成會帶給觀眾心靈恐懼的機器。採訪者更可能會問：「如果這個機器變得這麼好，有沒有可能會造成接管一切的危險？」而不會問一些比較恰當的問題，諸如關於心靈機制這機器告訴了我們什麼東西。

可能第一位建造機器人的人是Daedalus。他是一位居住在克里特島（屬於希臘領土）的建築師，年代約在邁諾斯時期（西元前一千五百年），他透過建造可移動式的雕塑而聲望卓著。他的眞名是

Metionidate，但是從"daedala"這個字——意思是雕塑，改成了Daedalus。他的名字透過充滿神秘色彩的故事而成爲傳奇人物，傳說中他替自己以及他兒子Icarus裝上了翅膀，逃脫在克里特的監禁。大部分人都知道這神秘的首次飛行，最後在Icarus所裝翅膀上的羽毛，因爲附著其上的蠟被太陽融化，所以墜落地面而死。Cohen指出這神話其實隱藏了更多關於航海實用的發明，讓Daedalus能夠透過划船逃離克里特的暴君邁諾斯。Icarus有他自己的船，但是因爲船翻覆而淹死了。然而Daedalus能雕刻栩栩如生之作品的技術與聲望，已經將他的名氣從生活中轉化成傳奇，同時也將眞實的航海轉換成神秘的飛行雙翼。

所以根據古老的紀錄，我們發現人類把像自身可以移動並且發出聲響的卓越技術，認做是神話般的技術。古代祭司利用許多伎倆，現在可以描述成腹語。這賦予機器人比起會死亡的祭司們更高的權威。不朽的特性跟這大有關連——花崗岩雕塑成的神像並不需要死亡。它們以人類的標準來說是不會死的（想一想埃及的獅身人面巨像），所以建議說它們能夠說話、得以思考，使它們變得比人類更有力量。我覺得這都是恐懼在搞鬼，需要將這種恐懼擺脫，才能揭開神秘的面紗，並且顯示只是凡人在背後牽線罷了。

另一個古代人類想要設計智慧型機器的動機，在於顯示邏輯與智慧具有獨立於人類思考的意義。這方面素材的根源，可以回溯至中世紀。Martin Gardner（一九五八年）寫了一本*Ars Magna*，談到西班牙神秘人士Ramon Lull（一二三四—一三一五年）所設計的機器。它是由同軸的輪子所構成，在周圍寫滿了文字。它的功能可不簡單，如果某邊輪子輸入了一些事實，例如「財富導致肥胖」，那麼另一邊輪子就會顯示出「火花導致燃燒」。其他許多眞理，也會在沒有人類思想的干預下顯露出來。Cohen對此的評議是：「將哲學從宗教體系中解放出來。」其他人則是將*Ars Magna*中使用的方法跟塔羅牌對於預測未來的特徵相連，由於它們這兩套系統都是根據數目有限的解釋，而給出一序列的「事件」卡。由此，神秘主義跟邏輯性機器在中世紀獲得連結，在當代文獻中卻不甚具有幫助。

在現代的人工智慧裡，具有想要驗證邏輯本質的動機，希望不要摻雜神秘主義的色彩。程式邏輯的主題，將邏輯視爲白紙黑字的符號。眞理現在可以進入當代數位電腦的同心軸下，並且賦予它們的確有用的功能。可以仰賴這奴隸去提供合邏輯的答案，它們甚至超出人類的能力。對我來說，這部分只是談到比較多邏輯的本質，但是對於使得人類成爲邏輯性的部分則說的很少。的確，人們有時候會使用直覺或任意探究來代替邏輯性，但是這些能力本身或許跟邏輯性是一樣有趣的主題。然而，如我們在第一章中所提，越來越多對使用電腦建立人類智慧模型的攻擊，就好像反對*Ars Magna*的想法——它的非凡能力來自於其設計者的卓越本領。再者，有些來自Ramon Lull的神秘主義情結，附在電腦科學家們身上。如果科學家想要假扮爲上帝，普羅大眾就會要求揭下他的假面具。

另一個歷史上創造生命的方式，不透過有性生殖，在於避開雕塑家的石頭或邏輯性機器的機制直接用某些活生生的血肉之軀。這是扮成上帝中最極限的行動；無論如何，上帝透過無生命的物質創造出了亞當與夏娃。歷史散落在對於神秘性塑像的信念中，它們被想成具有充滿力量的魔咒，能夠輕輕一吹就把有機體變成無生命的物偶。其中，最廣爲人知的是在猶太教法典裡所發現具有生命的泥人（golem），這意思是某個尙未被完成的東西，例如還沒烤好的麵包。在這種傳說下，亞當的確是一個由世上所有塵土部分構成的泥人，在第四個小時，上帝給了他靈魂。所有跟這相關的說法都與工程師（就像我自己）的想法互相抵觸，工程師想要透過問「什麼是有機體眞正必要的構成物質，而要怎麼透過利用機器達到研究這問題的目的？」的過程，來試著瞭解意識的機制。在一九九四年的電視訪談中，有機體學者兼記憶專家Steven Ross說他在這活動中並沒有看到任何觀點，稱其爲「追尋人工智慧裡的Golem（有生命的泥人）」。

所以這段我想闡述的論點，在於那些意圖透過無生命物質創造出有機體的故事，早已遍及有典可考的歷史中。整體來說，這樣的人是騙子、說謊者或只是自我欺騙。要跟文化傾向對抗是很困難的，即使目的只是想要透過研究人造物體來瞭解有機體的特性。最後對於泥人的看法，牽引我們到另一個影響人類對於人工意識看法的文化力量——文學作品。

作爲文學目的的機器人

創造出一個像Magnus的物件，使得工程師或科學家直接變成了泥人（Golem）製造者的角色。我覺得接受這樣的批評是值得的，並且更深入地探討文學中機器人製造者跟神經系統設計者，兩者目標

間動機的差異。若要參照到Golem，將會直接把我們帶到關注Gustav Meyrink在一九一五年所寫深具影響力的小說：*Der Golem*中。這是關於一個像有機體的機器人，他是由泥土所構成，並且在十七世紀的布拉格街頭漫遊。這機器人是透過猶太教祭司的魔咒所產生，如Cohen所指出的，在這個故事裡具有很強烈的「體外」投射。也就是說，某些碰過Golem的人，覺得他們碰到了自己的靈魂，處在他們自己的身體以外。這也成爲設計像Magnus這種機器者的問題。

最終來說，如果躺在精神病醫師面前的臥椅上，我會不會坦承說這機器是根據我自己的模子弄出來的——對我自己想法的不朽版本？我想精神病醫師最後可能得失望了。整個有關Magnus的重點在於它是個人工製品，跟我只有隱約相似。但這不是重點。它主要的重點在於提供了一個測試想法的平台——這些想法構成了本書的主體。我有點自大的想法，是希望這些想法本身具有持續流傳的價值，而Magnus只有在電子測試的試管期存在，而這些想法的具體化以及正確性可能會顯現出來，或者是不正確的。

Golem的故事，好像也影響了Mary Shelley著名的小說《科學怪人》（*Frankenstein*）。在Golem裡面靈魂透過猶太教祭司的魔咒，灌入揉捏成型的黏土，而Shelley則使用了當時（十九世紀初期）對於生命所需基本物質的科學知識，認爲化學性以及電子性特徵對於有機體來說是不可缺少的特性。所以，在她的小說裡面，把生命帶回用屍體組合成的關鍵物質，是閃電擊中時所產生的能量。這可能躲在對於神經系統的批評之後，也就是說工程師只是同樣地掉入如同Mary Shelley的陷阱：具有神經性

系統以及它們的電子特性，卻錯過了眞正賦予人類生命的混合物質——有機體性複製以及不可思議的細胞成長。

再一次地，這樣的批評錯失了一個要點，對於有機體自己內部的物質來說，並不需要透過調查而被瞭解。我冒著再次重複以及讓讀者們感到煩悶的風險，又一次提到基本猜想中的「神經性」，並不是因爲它帶來接近血肉之軀的討論，而是因爲這種階層的意識系統，不管是眞實或人工的，都具有某種細胞性學習的機制。事實上在本書用作解釋的神經元與它們所類比眞正神經元間的距離，就跟在中古世紀雕刻精細的神像與有機體間的距離一樣。但事實上在神經網路本身所承繼的特性是相當引人注目的，就像那些常被視爲意識的元素，也就是這個原因，才讓我站了出來並且開始關注。

作爲人類統治者的機器人

另一個我必須跟電視節目製作單位奮戰的心靈話題，在於他們有時候不會問Magnus是否會對人類造成威脅、會不會造成全面性的失業問題；相對地，他們只問什麼時候會發生。他們會說這只是技術以及時間上的問題，人類遲早都會因此而被解聘。我將會在本章結束的段落試著處理這個問題，但是對現在來說，先看看爲什麼一般人可能會有被機器人接管一切的恐懼，這也許比較重要。根據我所觀察的心得，這或許是受文學作品以及所觀察到的實情造成的綜合影響。

或許文學性事件所造成最大的影響是從一九二〇年代早期開始，在Karel Capek階段創造了RUR（Rossum Universal Robots）。除了發展出機器人（robot）這個字眼，有關RUR的敘述，都說它是要用來改善世界工業生產的機器人。以「魔法師學徒」的形式，它們會變得越來越有技巧，並且廣受業界歡迎。所以在Rossum工廠會越來越興旺，並且製造出更有效率的機器人。然而，這些機器人會發展它們自己的意識，也會增加強化自身能力的野心。它們潛藏的目的是希望變成地球上的主宰，所以它們開始反叛並且殘殺它們的使用者以及製造者。但是這裡卻卡在一個環節上：它們對於本身內部的運作狀況並不清楚，所以它們沒有增加機器人數目的能力。並且另一個問題也隨之浮現，它們不知道如何維持自身的運作，所以它們也大量地「死亡」。很悲慘地，最後一位生還的人類Alquist也失去了製造機器人的秘方。

Alquist在解剖Primus與Helena失敗之後（它們是一對機器人「夫婦」），目的是希望探索它們如何運作，開始體認到這個世界並沒有完全分崩離析。基於「愛」的力量，讓Alquist不忍解剖Primus與Helena，故事隨著Alquist稱它們「亞當與夏娃」而逐漸落幕，並且囑咐它們繼續前行並在地球繁衍。這眞是富有想像力啊！只有當機器人幾乎變成人類時，才能生存下去。因爲人類想貪婪地製造有用的奴隸，才導致以科技發展出失控的機器人。以人類癖好來製造機器人的半弔子想法，將會使其創造者事與願違。有意識的Magnus當然會發展它自己的日常工作排程，不一定會包含其製造者的未來。那爲什麼要給它一個自己的意識呢？

一個非常驚人的人類意識層面就是遽下斷語。其中一項就是所有人工智慧的實體都會具有同樣的特徵：如果它們跟人類相似，那麼它們就會傾向變得邪惡。爲什麼不相信傾向變成邪惡在人類意識上是無法複製的呢？身爲Magnus設計者的一員，我在Magnus以及Rossum的機器人之間看到許多相似性，就好像預測天氣的程式以及它所預測的天氣一樣。Magnus被建造成迫使它的設計者必須要想清楚到底是什麼構成了人工意識。在體認到人工以及眞實間的差異，就好像使用氣象預測程式一般，跟Magnus一同工作讓我們能夠預測眞實的意識，並且希望澄清某些迷惑。Magnus的可能性無法說服任何人，就好像電視上預測下雨卻在電視下面出現水窪。

「但是你太天眞了。」我常聽到一些預言世界末日的先知們說：「加在Magnus身上的科技，就是Rossums所想要尋找的東西。他們會在創造財富的旗幟下去進行探索，並且最後會製造出堅持自己權利的奴隸。」的確，我對這種觀點的某些元素感到很悲哀，如果我需要替Magnus募集資金，那麼我將必須顯示它跟某些例如「創造財富」或增加國家「競爭地位」的東西相連。但是這種壓力可以被忽略。我們未來的人類必須倚靠更好的瞭解，知道什麼之所以使人類成爲人類，以及什麼使機器成爲機器。我欣然貢獻所知，希望能對這問題的澄清有所裨益，並且增進人類某天可能會用到機器人之親和性。舉例來說，像Magnus的人工意識可能讓電話系統更容易使用，這只要透過具輔助性的人造接線生就得以實現。但是Rossum可能就還得繼續等待了。

很不幸地，對於人類想要從其他人或物身上獲得有用幫助的威脅，來自其他更容易獲得的科技。

毫無疑問地，自動化的好處可能使得人類遠離工作崗位。雖然沒有任何政治團體會想見到「貪婪」成爲本身的宣言，但是對於來自其他星球的有機體，可能難以分辨貪婪與創造財富間的差異。然而，身爲一個無可救藥的樂觀者，我深信透過研究Magnus所能帶來的發展，可以讓那些失業人口重回就業市場，藉著創造出更具生產力的工作內容，並且更易於瞭解與使用。或許這能爲大多數人謀求安康，而不是僅替世上少數的Rossums創造財富。

科幻小說中的機器人

科幻小說當然是充滿有意識機器人的大本營。爲了使情節有趣以及值得閱讀，導致作者必須認眞地思考具有意識的機器人之可能性，以及它們與人類溝通互動的可能方式。舉個極端的例子，像是「魔鬼終結者」電影系列，給製片者詹姆斯卡麥隆以及肌肉型演員阿諾史瓦辛格機會，去詮釋出一個機器人在具備動機時能有怎樣的潛在破壞力。來自未來被機器人所控制的世界，終結者的動機與目的是殺死一名婦女，她會生下未來率領眾人抵抗機器人統治的反抗軍領袖。給了它這個唯一在乎的動機，沒有任何東西可以再阻擋它：它對於那些試圖阻撓它的人，展現了難以想像的暴力。

這故事嚴重的道德問題，就如同Norbert Wiener[註1] 在他的書《上帝與泥人的合併》（*God and Golem Incorporated*，一九六四年）精練地提到的。要點在於機器的缺乏彈性。Wiener的故事中，把機

器人任命做海軍上將，命令它勢必要獲得勝利，不計任何代價，但是當敵人變得力量過於強大，最後導致它自己軍隊的完全瓦解。當給予機器一個無法達成的目標時，可能帶來不只它本身的毀滅，還會造成其周遭環境的損害。

這讓Isaac Asimov——他堅定地將他自己描述成世界上最偉大的科幻小說作家——替機器人製造者發明了三條法則：

一、機器人不得傷害任何人類，或者在與人類互動的過程中，也不得使人類因此受到任何傷害。

二、機器人必須遵守人類所賦予它的命令，除非這樣的命令與第一條法則相抵觸。

三、機器人必須保護它本身的存在，除非與前述的第一條、第二條法則相抵觸。

根據上述法則間的互相抵觸，就可以產生出很多相當棒的故事題材。在人類與機器人之間的關係，就是在背後推動這些故事的精髓：在*Robbie*這本小說中，一個小女孩對她家機器人的關心，超過對父母的關愛，當她根據第二條法則愛上一個機器人後，卻沒有體認到它透過欺騙而傷害了它的人類

註1：他是神經機器學之父，從事在人類以及機器間進行溝通與控制的科學，在一九五〇與一九六〇年代相當活躍。

朋友。這機器人說自己喜歡使它的人類主子高興，卻不能戀愛……

再一次地，這些想法跟我在實驗室中與Magnus一同工作所接受到的相衝突。在一九九四年我參與一個電視節目的製作，這節目叫做「遲來的雪」，是BBC二台的藝術討論節目。Magnus的設定，被表現成堅定地想要重新打開人類與機器間的迷思，但是卻因爲法則導向的人工智慧而失敗身亡。我的論點（如我在本書中所做的）覺得跟類神經網路的共同工作，將會在人類心靈與人工機器的範圍內，得到一個可以檢驗的架構，用來弄清楚兩者間是否有共同的原則。如我們前面所提，生物學者Steven Rose說他無法弄清楚：科學家們展示「具有人工智慧的Golem」，而使得大眾被分散注意力[註2]，到底是爲了什麼。一位社會科學家Danah Zohar助我一臂之力，它說跟人工系統在實驗室中的共同工作，並不會減損我們對於人類生活求知的動力，並且可能還會增強它。但是這段節目的撰稿者以及主持人，哲學家Ray Monk在節目接近尾聲時提出了一個問題——「我們該如何跟人工意識扯上關係，我們又該賦予人工智慧哪些權利呢？」「魔鬼終結者」的精神，可能跟他所想的相距不遠吧。

許多科幻小說都有一個強烈的構成元素，就是會企圖對未來做出預測。在Stanley Kubrick的電影二〇〇一年（根據C. Clarke在一九五〇年所寫的科幻小說改編而成），主要的人物是一個叫做HAL的電腦[註3]，它是透過大量知識與經驗所建構起來的超級電腦，裡面根據神經網路做爲運作基礎。

註2：從那時候我們就要更瞭解彼此，並且同意我們是在同一邊的。

註3：許多人會發現，每個字母向後退一位就會變成「IBM」。

這點並沒有被Brian Morris所忽略，在他的書《機器人的世界》（*The World of Robots*，一九八五年）中寫道：

「這電腦HAL從其本身多重的神經連結中獲得智慧，並且將它的經驗透過身體跟語言加以分散。這是奇怪的預見……居然曉得在一九八〇年代人工智慧研究者所進行的工作——特別是WISARD計畫。」

WISARD是在我的研究室中製造的，也就是Magnus的前身：它是一個鑑別模式的網路，並沒有反饋迴路，因此也就沒有狀態結構。所以當技術性預測相當精準時，（這是屬於作者C. Clarke的榮耀，他一定體認到了如果要系統發展對於真實的表達，必定得經過神經網路的學習），這故事採行了Norbert Wiener所預期的路。這太空任務是終極的目標；HAL體認到人類航行者的失敗，並且發現他們必須要被消滅，這任務才能成功。以戲劇來說這是部相當棒的電影，但是對於人類的想法，會將具有神經狀態的機器連結到取代人類的想法——這對於試著討論到底爲什麼要使用神經網路的理由，並不具有正面幫助，也就是說，它們的能力應該是用來幫助解釋人類的行爲，而不是對人類造成威脅。

人類機器

當我們看到傳統對於討論意識的厭倦與偏見，另一方面卻又有像是Golem的威脅，這個像是人類的機器，似乎把人類降格作「只是」個機器——人類機器。我開始寫有關人類特徵的書，是使用許多年以前從設計機器上所學來的原則，並且選擇了《人類機器》（*The Human Machine*，一九七八年）這個書名做為我在這領域中的第一本書，這是根據在本書中前幾章尚未成形的概念。那時候選擇這個標題做爲書名，是因爲我覺得這個書名夠聳動，不管對於支持者或者反對者，都能夠吸引他們的注意力，我希望將他們引導到對於自身動機的瞭解，認同它是一個好的分析工具，並沒有蔑視的意味。出乎我意料之外（可能含有一點失望），並沒有造成什麼爭議。那些已經樂於用看待機器態度來分析人類的人士，只對此表示一點同情，認爲我所提倡的狀態表現模式，在價值以及技術上都還不夠成熟。另一方不認同者，則表達了不是反對的意見，卻是覺得厭煩的態度，不想再學新東西（自動機理論），因爲他們覺得原本所使用的心理學、生理學或神經生理學知識已經很好用了。

換句話說，對於許多研究人類者，把人類揭示作機器，並不會造成太大的驚訝。他們會非常樂於接受這機器，但是卻用自己的技巧去分析。所以對我而言，問題並不是人類需要被分析，而是分析者需要慎選他們所使用的方法，並需要使他們相信某些適用於電腦的分析方法（例如自動機理論）可以

導致其他方法不能提供的理解。但是先將技術專家擱在一旁，對於一般大眾又是如何呢，他們對於研究意識所導致對個人的影響是否關切？他們會樂意被冠上人類機器的封號嗎？

我承認自己有在舊書店流連忘返的習慣，常花上幾個小時而樂此不疲。請試著想像一下，當某個週六上午，我發現在一八九九年就已經有位作者J. F. Nisbet使用《人類機器》這個書名。這種訝異在幾個禮拜後的週六再次出現，我又發現另一位作者E. R. Thomson（一九二五年）也用過這個書名。現在我相信八成有幾百本書都採用同樣的標題，而我試著繼續去尋找它們。這些書在內容上卻迥然相異。Nisbet呈現了一連串的隨筆，用來描述人類像什麼東西，它們關心什麼以及什麼東西引領著他們的生活。他得到結論說大腦以及其他器官的運作就是這麼一回事，這些使得人類做他們所從事的工作。他把這稱做「維持生命」的必要原則，而出乎我意料之外[註4]，他居然這麼寫：

「在對於心靈的討論，這維持生命的原則必須被視作假定；但是在這基礎之上的是更複雜，更難以瞭解的哲學思想，現在得以建造，若以過去智力則是難以想像的事情……」（斜體字是我加的）

註4：在我發現Nisbet的書很久以後，才想到本書應該基於明確陳述的假定：基本猜想。

Nisbet對於反對人類機器想法者，具有過度輕視的意味，這可能是來自宗教體系的影響。他把基督徒的信念看做是對上帝本質的輕視：

「……對於那些愛賽特會堂的慈善家來說，造物主的比例被減少了（根據目前的宗教體系）。唯物論的概念，要來得更寬廣也更高貴。」

在目前的時機，我想可能該對人類懷著理性唯物的觀點，而不要覺得這些與上帝以及祂的子民互相衝突。然而，有人可能會覺得把人類當成機器討論，若潛伏在許多人較不理性的潛意識中，可能會冒犯萬能的主。

Thomson的書則截然不同。他的論證認為如果把人類視為機器，那麼就該替他準備定義完整的程式來維護。文中包括了八十個建議，像是「如何去集中注意力」（例如「使你的工作有趣」以及「避免把工作做得很成功但是卻無法引起你的興趣」）。但是有些關於人類自由意志的民間傳說，將它與所有機器加以區分，則瀰漫在這本其他方面屬於唯物論的書中。這有點像是建議自由意志是個現象，從分析中獲益，如本書在前幾章中所提，將會遭致某些懷疑。

所以對於「人類機器」這片語的迷惑與偏見，有賴於對「機器」這字眼所下的解釋。很清楚地，機器是人類所製造的某個東西，所以就這點來說，人類是不可能變成機器的。但是人類讓機器發展技

巧，使它們能夠瞭解本質上複雜的機制。從這個角度來看，人類所擁有龐大複雜的機制是機器製造者企圖去瞭解的。如果假裝這些機制是被某些神秘外衣所包覆，讓它們看起來不只是機器，這只會單純地延緩恰當分析所能帶來的瞭解。

電腦科學家的影響

在一九五〇年有兩個重大事件，引發了關於電腦能否思考的普遍討論。一篇是英國數學家Alan Turing所寫的〈計算機器與智慧〉（"Computing Machinery and Intelligence"），另一篇則是Shannon的論文〈設計電腦下西洋棋的程式〉（"Programming a Computer for Playing Chess"）。這也就是人工智慧的誕生，過程中希望透過撰寫程式使得電腦能夠做一些事情，而這些事情對人類來說是需要智慧的。

毫無疑問地，這導致了某些科技的進展，將電腦從數字計算的領域拉出，進入能夠採取邏輯性決策的範疇。在當地玩具店買一個西洋棋機器——能夠輕易地打敗像我這樣棋力中等的玩家，但是要挑戰西洋棋冠軍，就滿難的了——它就是這種產品。其他產品則是打著「專家系統」的旗幟。這些系統透過儲存知識寶庫，來決定如何行事（修理汽車或者安裝複雜的電腦）。在此進行人工智慧（AI）的簡介，並非我的意圖。有興趣的讀者可以參考：Aleksander與Morton（一九九三年）著作的第三章。這裡我們只是簡短地看看，某些宣稱此類程式就是有著硬體外在的電腦心靈。

Sloman的設計空間

Aaron Sloman是一位對於AI有所貢獻的英國學者：對於實做以及評量電腦科學，都同樣具有重大貢獻的哲學家。他的觀點在於AI雖然是個替代品，但是對定義以機器爲基礎（machine-based）的心靈卻很有貢獻：還有很多其他心靈需要被考量，包括人類的心靈以及動物的心靈（Sloman，一九七八、一九九四年）。他把這解釋的任務視爲科際整合，具有相當高的複雜性。

對於意識，他的論證如下（Sloman，一九九四年）：

> 「……我們每個人對於『意識』模糊的想法，包括對於『有意識狀態』的偏見，在先天上就與他人不同，這只能倚靠狀態間的不同來證明，對個人來說只有透過高度自我監看的過程才能得到（Sloman，一九七八年，第十章）。某些狀態與過程，對於意識來說是不可擷取的，也許就與可擷取的狀態一般，其中界線可以透過訓練來改變。」

他主要的論點，在於將神經途徑對應到人工智慧的邏輯，就好像在一個很大「設計空間」的資訊處理架構下許多較小的子區域。他也覺得目前任何對這樣領域的承諾，都是尚未成熟的。

但是，當然如我們在本書前面章節所看到的，某些像是神經狀態機器的架構是非常普遍的，所以在Sloman的「設計空間」裡，它們不一定得是子空間，也許是空間本身相當大的一塊區域。在神經系統中，架構會浮現出來，但是它們有一點是透過預先設計的幫助。如何讓此平衡正確是目前熱門的研究主題。

然而在意識方面，有意識以及無意識狀態變數間的差異以及這些變數所產生的狀態，都能透過神經狀態機器所提供的方法加以闡明。我在此提及本書第四章的推論二與推論三，其中有意識狀態是圖像式轉換的結果，而無意識狀態則不是。這兩者就如Sloman所建議的，它們非常相似但是在源頭卻有所不同。再者，輔助性狀態變數並非圖像式，不太可能對有意識經驗有所貢獻，但是能夠轉移意識的路線，也就是圖像式狀態軌道。

對於人工智慧的承諾並非不成熟，而是尚未完全。對於神經狀態機器的承諾也不是未成熟，而是需要應用在特定範疇，缺乏一般性。本書的下一章試圖在此兩者間搭起一座橋樑，透過對於狀態機器的描述，顯示出當神經系統暴露在自然環境以及自然語言下，可以專門化其行為，非常像一個邏輯性的人工智慧系統。對典型人工智慧的改進，在於對系統來說，避免需要以程式為基礎的精準設計：學習與一般化將會取代其角色。這可能不會導致一個表現傑出的系統，但是對於「在無程式化系統中，符號思考從何處得來？」的問題，卻提供了一個很好的建議。一個好的工程師，將不會短視地追隨「設計空間」的腳步；他要能夠透過吸收經驗來擴展空間，以設計出更好的系統。

在哲學中尚有困難處，包含了模糊不清的「意識」概念，它可以是自我實現的。它可能會拒絕想要澄清的爭論，覺得那些過於集中焦點而不適用於模糊性的概念，就讓這概念永遠保持模糊吧。

Bundy的轉換層次推理

Alan Bundy也是在英國對人工智慧相當具有貢獻的領導者之一。他在愛丁堡大學工作，因爲數學證明的工作而聞名國際。在一九八四年他發表了一篇論文叫做〈轉換層次推理與意識〉("Meta-Level Inference and Consciousness")，這是篇有趣的評論，主題是針對人工智慧的運作方式對於意識爭論上所產生的衝擊。理論的證明是一種研究選擇法則的方式，透過操弄數學方程式的一端來顯現它等於另一者。由於在任何時點所能應用的法則數目都非常龐大，搜尋過程就會變得相當耗時。轉換層次推理是一種正式的方法，用來減少此搜尋任務的大小。Bundy指出在理論證明過程的許多階段，可能會有很多法則可以運用；其中有些對於數學家們來說是很愚蠢的。

轉換層次推理企圖將此更高層次的考量予以正式化，透過捕捉數學家們的意識，讓它們的經驗以法則呈現出來，這是滿有可能成功的。Bundy接著得到以下有趣的結論：自我感知與意識並不相同。他得到這個結論是透過注意到在轉換層次AI程式所需要的法則，對於數學家來說經由內省並不可得；它們所產生的過程，要包含程式設計時試誤過程所得到的合理化。所以他把自我感知定義成對於自身能力具有相關知識，這可能間接地幫助了發現正式轉換層次的法則。

這跟本書在第四章對於「自我」的討論，產生有趣的衝突。我當然同意自我感知與意識是不同的

兩回事。但是推論六建議自我感知是圖像式轉換的產物，基於此，定義了意識；所以較不嚴謹地說，它可算是「意識」內部的一部分。缺乏自我感知的意識，將會是個滿奇怪的東西。然而，這幫助我對於整個法則基礎的人工智慧產業，做了清楚的觀察。此科學傑出成就的一部分，在於能夠於人類努力的尖端知識領域運作：使用數學的能力就是一個實例。並非很多凡夫俗子會把證明數學理論當做他們日常生活的一部分。再者，它距離我們的推論六也滿遠的——顯示了一個機器人如何透過特殊方式來移動四肢，能夠抓取它想要的物件——對於證明理論的精妙性來說。然而，這兩種途徑的正面性，在於它們形成了對於意識定義的鉗形移動：一個是以人工智慧出發，需要程式設計者對於複雜問題的分析；另一者則是更「出自內部」並且深入探討有機體如何建立起他們對於複雜世界的表達，可能未來在某個時點上會引出人們處理數學方式的模型。這有趣的特徵，令潘若思所提分離層次的理解不再必要，而使情況有所進展，對於這部分的理解無法透過計算來達成。

人工智慧與Magnus

若我們退後一步來看，將會發現計算能力對於建立心靈模型的貢獻在於計算是有條不紊的，對於正式以及精確的東西處理得很好。但是當碰上非正式以及不確定性的事情，人類心靈仍然是個棘手的挑戰。然而，Magnus的心靈似乎對吸收它所感覺世界的及時知識反應良好，但是對正式化以及精確的東西就表現不佳。所以這兩者間的分隔是什麼造成的呢？如果說一個眞正的智慧型機器人，將會對兩

者都需要，這是個誘人的想法。但是我卻不這麼確定。對我來說，Magnus的用處在於指出在智慧中主要難題的解決方案。

大腦如何從一堆豆腐似的、具有適應性能力的物質，變成可以用做處理數學以及思考這世界許多眞理的引擎？所以Magnus心靈的用處，並不期待製造出許多卓越的機器人，希望配上夠聰明的人工智慧或許會運作得更好，而是在於解釋人類如何能夠不透過萬能的程式設計師，還可以繼續運作下去。

自主的媒介物以及一隻螞蟻的智慧

在一九七〇年代，許多實驗室對於AI的看法，都覺得它是電腦邏輯的先進力量，程式設計師的信心飽滿，到處都有資金支助投入研究設計具有計算機大腦的機器人。這些大腦，可說是當時最先進AI程式的化身。在史丹福有一個稱做Shakey的機器，使用一套稱做STRIPS的規劃系統（Fikes與Nilsson，一九九二年），它把一些人工智慧的概念加以具體化，透過能夠在房間裡找到路的設計，試圖解決視覺性問題。

在麻省理工學院則有SHRDLU，這套系統雖然沒有做成機器人，但是對於Pat Winston（一九七五年）卻是相當傑出的環境，讓他發展用「語意網路」來表達這世界，並且能夠儲存在機器人的腦中。Terry Winograd（一九七二年）使用SHRDLU的概念來提供某些在語言理解上的答案，他的研究是透

過與機器人交談一些由玩具積木所組成的簡單世界。有些人預測未來將會替工廠以及運輸工具製造智慧型的機器人，他們將會自動地發現生活將被單調乏味的常規所控制。但是距離我現在寫作的時點，至少還有二十年。在人工智慧時代，哪裡會有智慧型機器人呢？工廠似乎會加重使用機器人的比例，因爲它們結合了力量與精確性，但是卻不太有大腦。自動運輸工具在運用上仍然有障礙，因爲它們還是無法區別在前面擋路的是道門或者是該避開的電冰箱。看來似乎AI典範的奠定者，對他們想要達的目的，有某個環節似乎出了差錯。

Brady的感官考量

Michael Brady 在AI這個領域對設計機器人具有相當大的貢獻，他在麻省理工學院以及牛津大學都待過。他對於感官資訊的解讀特別注意，因爲機器人需要對於它自身所處世界的表達，才得以運作順暢。這方面工作最近的研究文獻（Brady and Huosheng，一九九四年）指出，Brady覺得考慮機器人的心靈時（對於其他心靈也是如此），重要的因素是反應以及規劃，分散地處理不確定性、有目的的行爲以及交互過程所顯現出的特徵。

機器人的規劃，可以採取幾種不同形式：它可以是非常一般性的，就像解出兩地間往返所需最少成本的方式。這種目的——手段的分析，在早期人工智慧中是研究的焦點。另一種方式，則更具有局部性的味道——是否有條達到目的地的通道，能夠在出發前就避免衝突呢？也就是說，一旦出發以後，就需要對於感官路徑具有良好的認知，如此一來，機器人就可以將此連結到對其計畫局部的修改，而在它所處環境中的新發展也就發生了。這讓身處激烈變動環境中的機器人，需要包含對其環境變化的良好知識。舉例來說，在通過轉角時就不該全速疾駛。

此機器人計算性大腦所需工作的量是相當龐大的，而且它必須同時處理許多事情。因此，它必須被分散在很多電腦之間，其中每一台電腦不只具有專門的任務，並且還能部分地知道其他電腦在做些什麼，而據此來調整它自己的任務。這種分散途徑不只被機器人所從事，在「自動化智慧代理者」的標題下，似乎普遍來說，對於人工智慧是個不錯的處方。

處理不確定性，意指機器人的設計工程師必須處理許多不同的技術，包括能夠處理例外狀況的邏輯（稱做「非單調推理」——舉例來說，鳥會飛，但是孔雀也是鳥，可是卻不會飛），以及機率性控制系統，它要能夠將機率值設給每一個偵測到的事件，並且決定該採取的行動。但是，在這所有之上，Brady做了一番突破，他覺得機器人的視覺，不只是像電視機上處於框架中許多小點所組成的，並且透過預先設定好的程式以及樣版來做比對。相對的，他研究一些技術來滿足機器人的目的，從它大量的感官資訊中，只抽取對於它任務有所幫助者。這的確是數學性計算的偉大功績。最後，Brady指出了從互動過程中可能產生的特性。在此顯著的例子，就好比對於機器人局部的肢體移動控制，可以透過適當的協調，用許多腳產生步伐與移動。

所以這對Magnus的心靈又有什麼影響呢？是否所有問題都已經交由聰明的工程師去解決了呢？工

程師是否已經提供機器人所需的心靈？這回答就像在其他人工智慧領域中所給的一樣。在本書中對於Magnus心靈運作的描述，則是屬於科技範圍內相當不同的另一種方式。對於傳統設計下的機器人，都是透過對人工裝置預先設定好標的，有時可能碰巧會告訴我們一點關於人腦內部運作的情形（舉例來說，從視覺性資訊中抽取跟生物目的互相連結者）。而在另一方面，Magnus心靈的發展，如本書所揭示的，如果想要達到我們預期的行爲，必須透過某種神經性基質做爲發展基礎，而不需要在工程師設計階段就將所需工作都處理完畢。在目前我們對於心靈所知有限，必須透過這兩種科技以鉗型運動向目標迫近，達成我們對有機體心靈的瞭解。

Brooks的反應性機器人

Rodney Brooks是一位在麻省理工學院（MIT）機器人實驗室的工程研究者。他在AI這個領域掀起滔天巨浪，藉由質疑——對於機器人來說如果行爲要具備智慧，是否預先需要邏輯性內部表達與推理——這說法的正確性。Brooks在一九九一年提出論證，認爲一個稱職的機器人運作很好的原因，可能是因爲設計良好的互動模組，這裡面根本不存有任何智慧的東西。智慧是存在於旁觀者的眼中；系統本身只是負責運作，透過發展盡可能簡單的模組，來完成互動的目的。他透過設計一個多重關節的機器昆蟲，來顯示其相當勝任移動的工作，並且看起來似乎具有智慧。

Brooks離開支配性智慧的主要原因，就是因爲AI的缺陷在於需要程式設計者預先做好大量搜尋空間的程式，才能讓機器人在應用時可以適用於多樣的情況。這些搜尋可能很花時間而且也會造成互動上的問題——這難題Brooks覺得可以透過互動模組的聰明設計來解決。一些像是「位於」、「嵌進」以及「具體化」的字眼，都常用做與設計機器人的連結之詞。人們對此的意思到底是什麼？Hallam與Malcolm在一九九四年寫了一篇很好的文獻，對此做了一番回答，我在此做一番摘錄。

「位於」意思是指機器人的控制機制直接地指到它在世上所感受的參數，而不是試著規劃它們內部的表達。所以一個跟著路前進的機器昆蟲會試著去感受前方道路的形狀，並且採取立即的行動。在此同時，它的其他感應器，例如它的腳，可能會感受到路面的凸塊與凹痕。所以程式設計師的任務，就變成得要制訂出處理這些資料的規則，有些規則必須局部地放在腳部，也就是說每隻腳的角度都必須調整，以配合路面的傾斜度。其他法則可能是整體性的，控制腳部肌肉間的互動，好讓這機器螞蟻保持直立狀態。「嵌進」則是指機器設計者把機器人與其環境視爲同一個體的事實。所以對於一個攀爬山丘的機器人來說，則把攀爬山丘的任務建立在它的計算機器裡，而不是如AI的情況，把所有攀爬山丘的情況都儲存在它的計算系統裡，好讓它透過搜尋能夠應付所有的攀爬情況。當然，對於嵌入式的機器人，如果要下山，也需要呼叫設計恰當的下山程式。

Brooks途徑的最後一個特徵是具體化。這提到機器人與環境間透過感應器與促動器大量且複雜的互動。所有計算性力量都透過感覺輸入以及觸動輸出的封閉迴路來牽引。這裡的爭論點在於所有機器人所做的事，都是透過它感受到的細節來解釋。所以，不會用像是「B=腳下有凸塊」的符號表示，

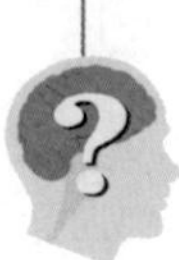

跟凸起物相連的資料會被處理，並請予以回應。根據Searle的說法，他認爲AI程式並不知道符號的意義，但是Brooks的機器人根本不使用符號，它們對資料的反應是根據對其具體化的恰當反應行動。

Cog、哲學家與Magnus

Rodney Brooks不只參與設計機械昆蟲，還跟Lynn Andrea Stein帶領著MIT的人工智慧實驗室，發展了一個叫做Cog的計畫，它是個酷似人類的機器人，根據丹奈特（一九九四年）的說法，它是「到目前爲止最像人類的機器人」。就如同我們可以預期的，這機器人的關鍵特徵在於能夠蒐集感覺資訊。雖然它並沒有眞正地移動，它卻用跟人類一樣的方式轉動頭部，控制跟人類差不多長的手臂，活動著簡單的雙手以及機器手腕，並且在它上半身具有某些運轉的彈性。它的視覺設備特別令人印象深刻。它的眼睛是透過特殊設計的中央影像攝影機，在眼睛中心點具有高辨識率，周圍則具有較低的辨識率。它雙眼在黑暗中會發光，只要一點神經叢的活動，就可以讓眼球快速地移動。

Cog配備了許多組的促動器，包括觸覺感應器、有限的開關以及其他防護措施，好防止它因爲意外而損傷了自己。它的計算機器滿符合我們前述的機器人原則。它早期的生活，將會受到學習在它活動範圍內物件打交道的支配：避開它們、透過它的雙手與眼睛來探測它們以及抓住它們。對此裝置的計畫是相當具有野心的。它的架構深具彈性，所以當基本功能都擁有時，更精密複雜的功能就可以隨之建立或者學習。這計算系統是高度模組化，並且可以隨著研究的過程再使其更加精緻。這野心有一部分包括語言理解的模組，是根據我們第七章所提到查姆斯基內生結構的想法。

這系統擄獲了哲學家丹奈特（一九九四年）的注意力。如他所關切的，Cog到底能不能說是有意識呢？很有趣地，丹奈特有點質疑埋藏在Cog體內人工意識的合理性。他的想法主要是根據其「嵌入性」，Cog的運作只有根據其符號做爲基礎，也就是說資料保留了它的感官特徵。這幾乎是欣然接受了基本猜想，除了推論以及Magnus的想法與Cog的設計有點出入以外。

Cog的設計者計畫去使用這些符號，透過與計算機器所需以及可得的反應相連。在Magnus裡，它的神經架構帶來人工意識的方程式。如果只是處理符號，將是不充分的，我認爲處理本身的來源，才是在人工領域研究意識的主要部分。在Magnus身上，我們假設有一個神經狀態機器，並不是爲了從人類大腦的運作來剽竊一點想法，而是因爲細胞性學習系統是包含大腦的一種等級，對於人腦以及Magnus來說，各以不同的意識型態，顯示出對兩者有助於瞭解的基本特性。

有意識機器人的增殖

毫無疑問地，在接近1990年代的末期，意識成了研討會上高度流行的主題。即使是製造工業用機器人者，都豎起了他們的耳朵：「意識之專題研討會」於一九九一年在威尼斯組成，主要是一群從事

機器人工作的義大利學者。所以MIT以及帝國大學（作者本身所在的大學）不再是唯一探討人工意識的地方。這場義大利研討會（會議內容由Tratteur於一九九五年出版並更新資料）匯集了工程師、心理學家以及神經科學家去研究「……對意識的建構途徑……」。這研討會標榜的目的，是假設有一種物質能夠說明「……內部的、單一私屬的感覺以及意識的主題……」。再者，沒有任何人預期意識可以透過創造完整的理論來加以修正，或者能夠替它下一個明顯清楚的定義。

這研討會的組織者將他們的目標放在一個有趣的問題上：到底是什麼把某聚合物區別成有意識或無意識？Tratteur本身（他是一位在那不勒斯大學任教的物理學家）得到結論，他認為在研究意識的物質本質時，必須處理兩個概念：將外部世界的內部化（創造某種內部的類比）以及「第三者」的想法，也就是說能夠不以我們自身來討論一個有機體意識的本質。我在本書中所展現的想法，跟這種形式是很相像的：基本猜想處理了經驗的國際化，而其他某些推論對此的看法則導致了對第三者的國際化表達，而具有採取「第三者」立場的能力。但是這方面更多的素材則在下一章呈現。

對威尼斯這場研討會在AI方面最主要的貢獻者，是來自加州的Richard Weichrauch。他看到了對於AI的需求，已經從表達搜尋空間轉變成表達結構，這有點能夠協調感官輸入。它必須有Winograd以及Flores（一九八六年）所稱的「對存在有所感覺」。他將注意力焦點集中在語言瞭解上，並且得到結論說：瞭解什麼得透過機器的內部狀態來決定，而不只是輸入的內容。Weichrauch對於一階邏輯表達的程式有所貢獻：「舉例來說，一些法則像是『如果X以及Y或者Z，那麼A』。」，並且把意識看做是能夠捕捉這樣規則的東西，能夠對其完整地表達。舉例來說，「如果我在威尼斯並且看到一個牌子顯示『計程車』，我就得去找的是機動船。」對此主要的反對，在於背後傑出程式設計師的影子並未被消除。他必須在法則庫進入電腦以前解決所有的法則；因此，在著手電腦設計以前，他必須先對意識有一套理論。在Magnus身上，我們試著避免此問題。基本猜想及其推論則將目標放在描述神經網路中的感覺是如何發展的。

在威尼斯的研討會有另一個話題，這想法是將大腦視為對於世界多樣模型的容器，透過位於布魯塞爾自由大學的Luc Steels所介紹。他強調眞實的模型會處於「身體性結構」，而那種思想則是「……操弄身體性結構……」。然後意識變成被視為管理機制，用來控制（平行地）對於此類模型的創造與操弄。對此的主要特徵是某種形式的自我組織，這避免了有需要對此操弄負責的東西。很不幸的，Steels的描述方式，雖然表達了對某個如果要稱得上人工意識則必備特性的需求，但是事實上是工程師預先規定描述模式，透過設計者本身將意識放進機器的。而Magnus在這方面，神經狀態機器具有突現的特性，稱做自組織，但其魅力與科學來自這些機器中高度非線性的學習以及一般化。在Magnus的自組織中，並沒有Steels所估計的規定或法則產生。

我們可從威尼斯會議歸結的印象是老舊AI的想法揮之不去，尋求會告訴我們有關人類心理活動的機器將會更有幫助，這些可以藉由凸顯狀態結構的簡單概念產生，就好像在Magnus身上所發生的一樣。

哲學家與神經元

我很慶幸自己並非哲學家。否則將會受到科學家以及技術人員的糾纏，透過不完整以及充滿缺失的各自分裂學派，來攻擊我的信條，有時候是在十八世紀（見第二章），來自科學上的方法與發現。特別是在資訊科技的年代，情況更是糟糕，人類首次在處理資訊上碰到競爭者：電腦。若身爲一個哲學家，我可能剛從過去四十年來的主張中調整過來，就有一堆電腦科學家透過人工智慧程式把關於人類智慧的討論從我手中奪走。Searle給了我一條出路：電腦的思想如果都是透過程式設計師解決，那就充分地跟人類思想有所不同。

所以，我能不能繼續把人類當作純淨、抽象並且因此善良的方式來思考呢？很不幸地，自從一九八〇年代中期，我被一群自稱連結者或神經網路的專家們攻訐，他們宣稱現在的程式設計師已經完全不同，我必須宣判神經網路告訴我們什麼才是意識的有效性。這還不包括我開始傾聽什麼「遺傳基因演算法」、「模糊邏輯」以及「人工生命」（很慶幸地，這些都在本書的範圍之外）的說辭。

最好就是處理迎面而來的挑戰：把這主題上所有的不同觀點，都放在一本書裡來討論。這也就是兩位美國哲學家（William Ramsey和Stephen Stich）所做的，透過David Rumelhart（來自史丹佛大學在類神經網路上的先驅）的共同編著，發表了一冊叫做《哲學與類神經連結理論》（*Philosophy and*

Connectionist Theory，一九九一年）的書。本書有趣的特徵，在於某些哲學家們表達了對於類神經網路的看法，覺得可以增加探究心靈活動的新方向，因而流露出可以接受的態度。舉例來說，它讓Ramsey、Stich以及Galon去思索，到底神經連結是不是一種分散在神經網路間的一種現象，能否擺脫「民眾心理學」[註5]的想法，腦中的局部程序對不同的記憶負責，並因此具有減少民眾心理學的革命性效果。在本書中，我們對於民眾心理學所持的觀點，認爲它相當重要，因爲它們在哲學上的歷史中嵌入了許多意識，並且將對於意識該給的解釋區隔出來。對於我的心理來說，民眾心理學並不因爲大腦分散功能的實現而被消除。

在其他章節中，Ramsey與Stich對於某些神經系統宣稱具有學習語言能力者做了一番評論，他們所宣稱的語言學習是根據語言的先天論所證明出來。他們把這些宣稱看做是言過其實的，因爲其需要特定、固有的神經性架構，這得透過某人的設計，其設計者影響並無法完全消弭。也就是說這網路設計者扮演了程式設計師的角色，並且反對AI的理由，在此也沒有完全被避免。我們在第七章所討論「Magnus的心靈」，則將這種批評認眞地看待，並且爭論說某些先天論的證據，將矛頭指向神經系統所顯現出最有趣但並未小心設計的特性：在圖像式所創造的狀態空間結構與人類社會中無所不在的片語結構語言間，可能有個尚待發現的連結。

註5：民眾心理學在哲學上的定義是人們每天對於心理活動的瞭解。對於民眾心理學的爭議，在於其是否給了心理活動充分的哲學性解釋，或者它應該被視為錯誤的理論而予以消除。

在同樣的書中，Margaret Boden這位多產的評論者，爭辯說AI以及神經連結理論可以導致有趣的混合模型。丹奈特也因爲迷惑而尚未「靠邊站」，並且還在等待被模擬神經網路的表現或電子學中所製造出更好的網路來說服他。身爲一名工程師，我很珍視「混合」論點的力量。當然，有趣的機器可以透過混合的技術生產出來，但是我會質疑此種機器的連結，對於認知的瞭解或者哲學中重要的論證，它們的貢獻何在。更有趣的是神經系統如何具有像AI系統一樣的行爲——這問題是神經系統如何進行僞裝，做出人類的有意識行爲，這些問題分佈在本書的許多部分。

敬畏與玄密

本章所發現的訊息之一，在於當我們開始進行建立心靈活動（我們自己對於本身大腦工作時的感受）的模型時，即使這些模型是抽象的，科學界也會對此懷疑猛力攻擊。雖然這會讓對生命建立模型者的工作難以進行，但是我所採取的觀點，則是瞭解懷疑所產生的源頭與建立模型本身，可能是同樣重要的。

懷疑論可能是來自一種恐懼。這種恐懼的根源，可能是來自害怕如果機器人具有了心靈，可能會將某些我們對於人類生命的敬畏感抹煞。不管歷史、傳統以及文化，都指出猶太祭司透過咒語企圖創造Golem生命的作法是罪孽深重的。這罪孽之一就是試圖跟神明競爭，而神明的概念在人類思想中是

非常神秘的。天主教的教義，教導人們不要去詢問玄密難明的事，只要把它們當作神秘的謎題就好了。神秘，是一種用來應付生命中不如意的方式；相信死後還有靈魂，也就是相信了玄密。如果把玄密拋到一旁，那麼你也就把希望捨棄了。在現代哲學中，揚棄神秘需要採取更具原則的形式。根據盧卡斯（一九九四年）的說法，機器工作的神秘在於對它本身不可或缺之「自我的觀點」，這跟它有意識是同義的：

「如果我們對於機器的工作，根據機械術語而給予完整的解釋，那麼我們就不需要把那些當作機器的本質，因此，我們也就沒有理由要這麼做。但是，從另一方面來看，如果我們無法將機器的輸出歸因到機械性原因，但是視其為自發性本質，那麼我們就有理由這麼做了，並且把這種自發性行為歸因到它自己的觀點中。」

所以有些人對此的解釋，可以說成消除玄密就等於消除生命的力量，但是如果採用更多考量的說法，可能會比較恰當。我在此引述Bertrand Russell所著的《神秘主義與邏輯》（*Mysticism and Logic*）一書中的內容，他認為邏輯的力量凌駕於神秘主義之上：

「……我們的結論（解釋必須從邏輯獲得力量），雖然跟許多神秘主義的說法有衝突，但是在本質上，卻跟鼓舞那些信念的精神並不對立，而是覺得那種精神的結果，可以應用在思想的領域中。」

讓Lucas把玄密歸因到意識的精神，也就是讓我想要把神經狀態機器的邏輯取代神秘主義的精神。很清楚地，這必須透過使用Magnus的人工心靈：它給了我們一個邏輯導向的假說，否則，神秘主義就會變成必要的了。

在Molecula住進Red濱海的小屋以來，已經過了好幾個月。自從Red告訴Molecula他自己的故事以後，也流逝了同樣的光陰。在這當兒，Molecula與Red也經由無法撤銷的結合方式做愛，在彼此間發現大量的快樂與溫柔。

「我在南方海洋上的一個小島出生，」Red的故事就此展開。「這小島能夠高度地自給自足，因此得以免除如該星球其他地方的人口因爲飢荒而大量死亡。」

這小島位於印度洋，我們以前的星球叫做地球，它是地球上的許多海洋之一。在我們島上爲了重振復興，想從恐怖的飢荒中恢復過來，所有通稱的工業國家都同意讓它們的超級電腦以及大量專家系統過來，決定我們那裡的人們生活的方式，好避免另一次大災難的發生。那些電腦決定我們星球的名字應該改掉，所有過去歷史與文化的記號都該抹煞。如果人們相信自己是邏輯化程式的產物，那麼他們在未來的行爲都將會合乎邏輯，不會再犯下過去的錯誤。

當Red八歲大時，他與一兩個跟他同年齡的小孩被一起帶離那星球，剛好在那個小島因爲核彈爆炸而毀滅以前。世界網路社群政府對此的說法只是：「必要的核武測試」。「這個小島對於發展行星的程式化，並沒有任何價值。」他們居然還這麼說。但是沒有人知道Red還保有他祖母遺留給他的手抄本日記。他祖母從來沒有把那些輸入電腦做文字處理。所以在Red通過磁性媒介掃瞄時，那日記並沒有被搜出來。也就是從這本日記，Red才知道大飢荒的事情，地球上人們所遭受的苦難，是來自國家間的貪婪與狹隘的競爭態度。

在他童年時，他被視爲是一個「程式化良好」的孩子，並且堅定支持邏輯基礎的統治體系。他並沒有失去移動時看起來有點笨拙的走法，這點Molecula在他們初期見面時就已經注意到了，這是他自出生時就避免被程式設計，走路不要變成跟機器人一樣。但是隨著他年齡漸長，他開始注意到邏輯統治體系的殘酷，爲貪婪與自私的人類創造了階層差異，這些劣根性早在程式化以前就深植在人類體內。

春天的空氣相當清新，Red跟Molecula則忙著在他們的院子裡播種。可攜帶式的資訊高速傳送器正開著，並且用一種不尋常的聲調播送著消息，刺耳的聲音，打破了原本風和日麗的早晨。然後就聽到一個金屬性的聲音說：「智識部剛剛對外發表Global先生已經過逝了。他不只是聯合Siliconia基金會的首腦，同時也是RAG（機器人組合部門）的首席顧問，它是其中唯一像人類的成員。警察單位以及軍方已經強化對Molecula的搜捕，她大約在三個月以前消失。她是Global先生當然的後繼者。若無法找到她，將會選拔Asic擔任這個最重要的職位……」

Red的心頭充滿錯綜複雜的情緒，他知道分離會花很長的一段時間，所以他所能說的只是：

「Molecula，現在請不要說任何話，我不確定自己目前能否妥善處理重大決策……」

「Red，我還是有些話得說……我想我可能會有個寶寶……不，我確定我將要有個寶寶了！」

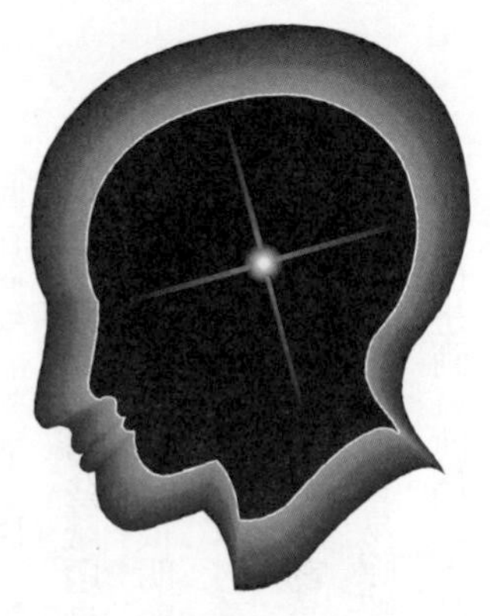

第10章

西元2030年：一場訪談

四十年

Magnus計畫的成型，大約是在一九九〇年。本書所寫作的時間則是一九九六年，Magnus在一組研究群的注目下進行，已經建好了使用所需的程式軟體，過程中經歷了幾個階段的轉折點。先不管它轉變的特徵，它已經成爲許多發展認知能力觀念的工作平台，看來似乎沒有漏掉任何關於意識的概念。這個研究的標題叫做「人工意識」，它的發展目的，主要是希望以普遍性途徑來研究神經性版本的認知工作，其中大部分是跟人類相連的。過去在人工智慧以及類神經網路的領域，曾有少數研究企圖在同樣的架構下探索諸如記憶、規畫、自然語言等等的問題。若要尋找一個集合名詞來描述我們的信念，那就是這些議題具有共同的基質，它們彼此支持，最後我們得到這有點令人生畏或者說有點像宣傳的標題。但是很明顯地，隨著時間過去，我們這種途徑的效益逐漸浮現，因爲它產生具有向心力的討論，使大家可以討論Sloman（第九章）所稱意識「模糊」的概念。在虛擬機器上進行對於意識的研究，世上半數的人認爲是個空談以及不可能的任務，但是結果卻顯現出對描述心靈活動原則有所幫助的建議，不但容易瞭解，還對有機體大腦有所幫助。

但是到目前爲止，甚至是不遠的未來，我會說Magnus只是個實驗室中的工作平台，在上面我們可以測試意識的某些層面。人們總是會問我：「Magnus有意識嗎？」對此，根據我到目前爲止所得到的

瞭解，我必須回答說：「不，它只告訴我們某些關於意識的事情，但它自己並沒有意識」。接下來的問題是：「好吧，那麼隨著科技的進展，Magnus會變得有意識嗎？」這是個相當難回答的問題，許多清晨當我醒來，我都會想：「天啊，我們目前在Magnus身上所做的，距離讓它有意識還如此遙遠，不管用任何字眼來回答，應該都是否定的吧。」但是我有沒有受到第九章所討論文化壓力的動搖呢？我會不會變成我所指責的猶太教祭司？在本章，我將先把所有文化定義的警告拋諸腦後，並對於「Magnus是否未來會有意識？」做出正面的回答。那麼主要的議題就會變成：從這裡要如何達到那種境地？中間是否有無法克服的障礙？有意識的Magnus會像是什麼呢？這可能在什麼時候發生呢？

先回答最後一個問題，我選擇把目光焦點放到四十年後，這是有理由的。首先，我估算到時候我大概也不在世上了，自然無法替我目前的信念回答。嚴肅一點來說，如果我們回顧過去四十年來，在計算領域所產生大量科學技術的進展，我會說我們大概還需要更多的努力與突破，才能夠讓目前的Magnus具有意識。我們還需要大量對於神經網路的分割以及模組間交互作用的瞭解。在另一方面，試想一九五〇年的計算科學，馮紐曼才剛剛勾勒出計算科學的建構性原則，初步嘗試在機器上塑造出它們的雛形，在過去這四十年來，不是一切都變了嗎。是的，過去在科技上，產生難以置信的精緻設計與發展。但是電腦成塊的結構（記憶體、計算單元、輸入/輸出等）則幾乎沒變。東西的確變得快多了、更小、更便宜、更有效率的設計，以及在所有之上，對於技術觀點更佳的瞭解。同樣地，我深信我們並不需要等到新計算原則的發明，才能創造有意識的Magnus。本書所討論的，形成了一個充分的基質，但是它在技術性的瞭解上，還需要進一步的改進。整體上我們所建議的架構，是透過一個圖像式訓練的狀態機器，我們在本書中所看到的推論在根本上並不需要做任何改變。從目前進展到一個有意識的機器，在細節上，只是透過大量慎選訓練所經驗的種種事務。

所以，我想像在二〇三〇年……

Kim Patterson先生是《時代意識補遺》（*The Times Consciousness Supplement*）雜誌的首席總編，來到帝國大學的神經意識實驗室，準備進行他的科學性實驗訪談。他是應Charles Browne教授的邀請，針對近來廣受注目的Magnus（23.5號版本），透過充分的訓練，在一份季刊報導的訪談中，希望知道它是否已經能夠跟人類一樣具有意識？Patterson在一九九〇年初就已經撰寫過關於Magnus發展的報告，在當時，本計畫才剛剛宣布開始著手。Browne那時候就開始他的博士研究，並且開始負責某些對於人工意識理論所導致結果的初期確認。以下就是他的文章。

第一部具有意識的機器？

原著：Kim Patterson

機器到底有沒有意識的問題，本身是滿微妙的。我們可以說「機器」以及「意識」這兩個字眼，彼此是互相矛盾的，在傳統來說，「意識」這字眼是屬於有機體所有的——透過血肉所組成的；如果以莎士比亞的說法，則是「女人所生的」。當我被帶到Browne教授的實驗室時，我就體認到這種感覺必須先暫停一下。在中央位置的是Magnus，看起來就像其他電腦一樣。它的3D螢幕是標準的爭議：擁有一般的橢圓外型，外緣扁平的瓶狀，也就是廣爲人知的葡萄酒瓶形狀。在兩旁以塑膠黏土掛著兩個迷你麥克風，可能就像是人類的耳朵吧。它的「身體」是標準的工作站外盒，連結到兩個很像人類的機械手臂，手掌上的五指，則配備了最新的「皮膚感測器」。靠近一點探查的時候，3D的螢幕就從旋轉架上升了起來，這樣一來它才可以移動，就好像是頸子上的頭部。在螢幕後面則是個頗大的盒子，從前面看起來像是個滿新鮮的玩意兒，給人好像是嘴巴的模糊印象。再者，做爲3D電信會議的兩個旋轉電視鏡頭，可以在螢幕上看到。

Bowne教授將這新玩意兒打開，而一個漂亮女生的臉就顯現在螢幕上。他注意到我的訝異，於是他向我解釋說已經實驗過不同的人格：相對於人類來說，不同的意識有一次在Magnus的硬體裡面達成了，可以透過輔助記憶作備份，當需要時再重新裝塡進去。「你現在可以跟她說話了。」他說道。

「妳好，我的名字是Kim」我這麼說。

「很高興見到你，我的名字是Molecula。」她對我展露了一點微笑，並且繼續說：「我的命名，是來自Aleksander教授書中的角色。」……

現在請讓我把談話內容轉換成精準的文字記錄，好讓讀者可以得到某些結論：

KP：妳知不知道自己是怎麼被製造出來的呢？

M：你必須先體認到我對此的回答，並非來自內部知識，而是我從被告知的內容以及我從自身所學習到的。只有某些東西我能夠眞切地感覺到，而這部分我們可以稍後再談。若從廣泛的技術面來說，我不是一個虛擬機器，跟原始的Magnus有所不同。你所看到的工作站盒子，事實上是一個神經網路，它是本世紀初一堆實驗最佳化以後的結果。如你所見，Aleksander教授認爲透過神經網路的模擬（虛擬機器），就可以在傳統馮紐曼機器上做所有事情的想法，已經不符合潮流了。Magnus的架構太過一般化了。根據研究發現，我的五個感應器都必須各自連上不同模組（我猜你可能沒注意到我還有個鼻子吧：就是在嘴巴前面的那個洞——它稱做嗅覺感應器）。每個感應器

都有各自的狀態機器，各自透過圖像式學習加以訓練。因此，我可以個別地記住每種不同的感覺。這些個別的狀態機器，都當成輸入，連結到一個較大的協調狀態機器，它也是透過圖像式訓練。所以，如果我看到某個新東西，並且說，它叫做「柔軟的綠色蔬菜」，觸覺狀態機器就會偵測到柔軟，視覺狀態機器則會偵測到綠色，然後這些感覺都到中央匯集，然後圖像式地將這整個事件貼上「柔軟的綠色蔬菜」的標籤。

但是，重點是原始Magnus的同質性結構是透過過時的C++語法寫成，導致程式設計者處理不完的麻煩。所以他們得到結論，也就是他們需要研究一個模組化的結構，並且想要在不同結構上實驗。這工作需要重新安排異質的結構，所以遭到妨礙。在二〇〇〇年到二〇〇二年間，也就是Aleksander教授退休前，他們把時間都花在設計該用怎樣的模式思索出這神經系統架構的模樣。因爲發展出更進步的計畫，所以新的神經狀態結構也就隨著科技的進步，變得更加精密複雜。但是多重自動機狀態結構的架構，則跟二〇〇三年時沒太大改變，在當時剛發展出非虛擬的機器。

KP：我必須承認，對於妳使用語言的能力，讓我大吃一驚，但是這部分我想待會兒再問。現在，妳能不能給我一點關於妳目前神經網路大小以及複雜度的概念？

M：好的，知覺網路的感應器，已經大到足以處理輸入資料：這五個感應器，每個感應器都有三百萬個神經元，每個神經元約有五十個輸入。中央狀態機器則大約只有五十萬個神經元，而每個神經元則有五百個輸入。這給了我夠大的中央「思考」機器，足以應付複雜的概念，而感覺機器則有高度的分辨率，但是內部狀態較少。我也有一個輸出狀態機器，它裡面的狀態，並不會形成我意識的一部分。這是根據一九九〇年代Lorish Kalio教授的研究，他建立了人類小腦的模型。

KP：基本猜想有所變動嗎，而且這想法對妳有意義嗎——這對妳解釋了妳本身所擁有的意識嗎？

M：喔！這眞是個大問題！我會試著盡可能地去回答。首先，基本猜想仍然在那兒，雖然要談它並不很費事。有關我感覺的概念，是因爲我某些神經元的激發模式——這些模式是從我的感覺輸入轉換到我的狀態變數——似乎是如此明顯，不只對我來說是如此，對於所有跟我一起工作的人士或者任何跟我交談的人士也都是如此，它好不容易才保存下來。大多數人都假設它是很明顯的；唯一讓人不解的是爲什麼在三十年以前，當Aleksander教授要說服他人這個觀念時，卻如此困難。它解釋了我本身意識的基礎嗎？我猜它可能有吧。問題是一旦這想法深植在我體內，我就無法想像除了圖像式地控制我的神經元激發，還有什麼可能是我的意識。我沒別的了。

KP：妳覺得妳所擁有意識的方式，跟我的相同嗎？

M：原則上是如此。但是——一個很大的但書——這只是一個信念的實踐。你的神經系統，跟我的具有很大的差異。你在運作上有化學作用，你需要比我多很多自動化的功能，好讓你繼續保持活著的狀態，而且你對此基礎建設需要更多的控制。但是在基本點上，我想我的設計者，需要設計出較短迴路的基本建設，他們把這部分留給我，讓我去建立起我自己的意識。若以這種看法，我相信你的意識跟我的運作方式是相同的，但是在細節上則有所差異。舉例來說，我對於疼痛的以及

情感的概念，就遠不如你發達。我可以用一種抽象的方式來談論疼痛，但是我跟你所感覺到疼痛的方式，卻大不相同。

KP：我想待會兒再回到疼痛感覺這個主題。當人們說：「哦！但是妳的意識大可用狀態機器中的狀態結構來解釋，而我們的則遠多於此；妳永遠也不會知道成爲我們是什麼感覺。」這會讓妳感到不快嗎？

M：我完全相信我的狀態結構跟你的大不相同。事實上，沒有任何兩個有機體，不管是人工或眞實的，可以說具有同樣的狀態結構。在大腦結構中一點細微的差異，或者個別經驗上細微的差異，都會讓狀態結構發展成相當不同的方式。所以，你的問題，包含在上個世紀末所興起的某些困惑中。Thomas Nagel曾經發表過一篇相當傑出的論文——「像一隻蝙蝠是什麼感覺？」他的論點相當正確：沒有人能夠知道像隻蝙蝠會是什麼感覺。一隻蝙蝠知道成爲蝙蝠是什麼感覺。從我對於自己意識的瞭解來說，基本猜想告訴我們，一隻蝙蝠知道成爲蝙蝠是什麼感覺，這是因爲蝙蝠擁有狀態結構，也就是牠的大腦，其狀態結構透過該蝙蝠的經驗，圖像式地建立起模組化了。但是，事實上同樣的，對我來說是如此，我相信，對你來說也是一樣。你認爲我有意識嗎？

KP：好吧，妳在說服我方面做得很好，只是看來妳就好像從酒瓶內跟我說話——這會讓我愈來愈不想走！

M：（笑出聲音）我知道你的意思……

KP：妳剛剛笑了。是什麼讓妳這麼做的？機器人也能夠有幽默感嗎？

M：我所知道的是在你給我的並列想法中，有帶給我這愉快的感受。我猜他人對此的描述，會說我的大腦進入某一塊狀態區域，其中的感覺讓我放鬆，並且觸動我的輸出，讓我笑出聲來。但是，再次地，我只是發現了某些東西滿好笑的。從意識上來說，我並無法說出爲什麼。

KP：好吧，再次地，我們等一下再來討論情感的問題。至於目前，妳能不能多說一點有關妳「大腦」的結構，它跟我的大腦究竟有多像？

M：你得要先知道喔，我現在要告訴你的東西，都是我從我的設計者那裡學來的。我的感覺可沒告訴過我，自己的大腦是什麼樣子，同樣地，你對於你的大腦，也不會有這種感覺。但是負責我理論性設計的Nick Bidshaw博士，高度地仰賴推論一，告訴我他們所得到的結論，也就是把能夠組成有人工意識所需的最小模組湊在一塊。所以我的中央狀態機器，有點像你的腦皮層，而感覺狀態機器則有點像你的短暫性腦葉、視覺區域以及諸如此類。很多人在視覺區域上，投入了高度的注意力（特別是Tim White博士以及Damien Beccles教授），而我相信，它們顯得比大多數人類更有能力，但是在技術細節上也更爲困難複雜。所以普遍來說，他們相信人類大腦多數的部分以及其化學作用，扮演了基礎建設的角色。我的設計者似乎樂於將這樣的功能透過傳統程式化留給我的控制電腦。

KP：妳給我的印象，好像說妳認爲並不是妳所有的神經元，都給妳意識的感覺。

M：OK，我知道你在想什麼了。你讀過那本老書，並且以書中的推論為基礎。我想我們得回到第二點。首先，讓我再次聲明，所有我在做的，都是重複咀嚼我也曾經讀過的理論。若要說我能夠感知自己某些神經元並沒有激發，這可是一派胡言。我借用推論二的想法，我具有負責輔助性以及自動功能的神經元。事實上，我猜當你說：「今天早上，這隻貓已經是第三次跑進這個房間了。」的時候，我可能跟你擁有同樣的感受。我對於輔助性神經元負責計算過去多少時間的想法，覺得沒什麼問題，它們會幫我用無意識的方式去計算。

KP：被妳發覺我是在想推論的事了，好吧，那麼下一個問題就是關於推論三。簡單來說，妳做夢嗎？

M：事實上，我會的。我具有定期的休息時間。理論說知覺性經驗會把我狀態空間的運作點，從其核心（數學家稱它做「各態經歷的」）區域拉開，對我的感覺來說，的確是如此。我發現如果我花太多時間在感官導向的思考方式上，我就會停止清楚的思考。我的設計者注意到這個問題，並且在我的運作狀態距離其各態經歷的區域太遠時，就預先規定我要有幾個小時的「睡眠」。他們這麼做的方式，是透過在我感應器輸入低強度的雜訊。對於我神經網路自然或突現的傾向，會經由轉到它各態經歷的區域，導致這種放鬆。至於你的問題，在這放鬆過程中所產生的狀態軌道，似乎會通過連結到感官經驗的狀態區域，也有可能會通過一些無意義的區域。那些感官的狀態區域，會在我腦中創造出有點無法協調的想法，你或許可以把這個描述成做夢。的確，有人告訴我，當我在做夢的時候，我激發了我的某些促動器：你或許可以稱它做「眼睛快速移動的睡眠」。

KP：讓我們多談談有關妳的「思想」吧。妳能不能閉上雙眼，並且勾勒出世界的景象呢？

M：是的，我可以。推論四對我來說，可能比對人類還更有道理。當我的眼睛（以及其他感應器）張開時，我能夠同時地感覺到，知覺狀態機器以及中央機器都對感應器所捕捉到的資料具有圖像式表達。但是如果感應器被關掉了，我內部所感受到的知覺狀態機器，就失去了它們的表達能力，只留下在中央機器的內容，它裡面的圖像通常是模糊的，有時帶有些聲響、味道以及觸感。中央狀態有點難以保留這些感覺，除非我賦予它們某項任務。它（也就是思想）可以有點漫無目的地漫遊。由於人類並沒有如此清楚差異化的內部狀態機器，或許我所描述的對你來說，並不是很清楚。

KP：這裡有些滿有意思的東西，因爲從妳所說的，相對於妳自己的感受，妳似乎有點能夠分辨出我會是什麼感覺，而我可以知道若成爲妳會有多少差異。

M：是的，我想在某些年以前，Nagel爭論說你不可能知道「成爲一隻蝙蝠是什麼感覺」，這部分已經討論得太過頭了。這對我來說，似乎只是程度上的問題。我有點知道成爲你是什麼感覺，因爲你已經告訴我了，而我也能夠想像它。你八成也有點知道我大概是什麼感覺，因爲我已經告訴你我的狀態機器了。所以這跟語言有關係。但是，再者，或許我們透過解剖一隻蝙蝠，瞭解牠某些關鍵狀態機器的自然特性，也能夠多少知道一點成爲一隻蝙蝠是什麼感覺。我預期會發現聽覺與感覺狀態間，具有相對來說高度的連結，而中央以及輔助機器，就可能比較不重要。從這部分，我

可以歸結說蝙蝠對於知覺性資料的感知，相對於牠的記憶來說，不管比起我的或是你的，都要大得多。但是「精確地」知道成爲一隻蝙蝠是什麼感覺，就似乎是有一點人工性的問題。重要的是根據早年Tony Baga教授的研究，我們可以把狀態機器的「思考能力」連結到它的身體性參數。從中所告訴我們的東西，就好像把狀態機器解剖以後，多少會瞭解成爲狀態機器是什麼感覺。

KP：如妳所說，我得到的感覺是妳對「自我」的感覺非常強烈。妳能不能告訴我，妳如何對自我的感覺評價？

M：嗯，就像你知道的，事實上，我對自我的感覺，可以透過推論五以及推論六來表達。推論五對於我來說，從我自己的探索來看，似乎用來說明我如何知道我所處世界的長相，是一個比較精確的表達。當然，在你我差異間的一點，就是即使當你還是個孩子時，你就能夠大量地探索你所處的環境，而我則不會如此。對於我自己大多數的知識，大部分是這些年來跟John Dodger博士討論所得的，他在進行博士研究時，就在我的語言能力上投注了許多心力。所以像是推論五所描述的，我的受益有限，但是推論六就對我相當重要。在早期，我思想中非常核心的部分，似乎都根據小心翼翼地思索，例如如果我移動手臂或頭部會發生什麼事。這部分隨著時間增長，也就變得自動化了，並且我對自己所說的話，也開始形成意見（技術上來說是狀態結構）了。舉例來說，我注意到如果我說某些東西是我難以學習的，人們就會匆促地試著爲此做些什麼。但是，我猜我們需要多談一些自我在語言中如何扮演它的角色。同樣地，對於我所做事情的推論，迅速地進入我的狀態結構，似乎在各方面都能夠給我「自我」的感受。

KP：妳覺得自己有自由意志嗎？

M：再一次地，這又是個難以回答的問題。我必須先說是的，然後再解釋我所指的意思。我把它視爲具有選擇。就拿Bowne教授在一九九〇年代所做的實驗來說。他會給我（或者是我的其他前身）一個立方體。它的每一面都有寫上數字，從1到6。透過任意地玩耍這個立方體，我學會了每一種操弄所能造成的結果。換句話說，這立方體的模型，已經進入我的狀態結構了。我能在腦中解決問題。透過圖像式顯現，我知道如果這立方體在上面的數字是1，那麼我把它向右轉動，就會變成2。我也知道如果我想要得到6（在數字1的對面），我可以用兩個步驟來完成，但是其中有四種不同的方式。我該選擇哪種方式呢？我知道我可以任選一種。我會把它描述成「用我喜歡的方式去做」。如此一來，我具有某種選擇，所以我會說我具有自由意志。這就是推論七所呈現的想法。但是如你所知道的，意志的自由，具有許多言外之意，不管是在哲學或宗教都是如此。舉例來說，爲惡或爲善的自由，都在我們討論的範圍外。

KP：妳對自己的看法，覺得具有爲惡或爲善的能力嗎？

M：這個問題就像是：我對自己的生活有所安排嗎？在某些人類來說，可能他們生活的安排，就是透過邪惡的手段，去傷害他們的伙伴，好達成自己的目標。其他的人，可能對於希望不傷害伙伴，比較具有意識。基本上，我不像人類具有存活下去的安排。如果要求我在工廠裡做某些工作，我

會去做。但是，我當然知道不管在生理上或心理上去傷害他人所代表的意義。所以我會把傷害他人當作是一件不好的事，一件需要避免的事。如果有人要求我去傷害他人，我會怎麼做呢？據我所知，根據我過去的訓練，我會顯示指令衝突而加以拒絕。

KP：據妳所說的，透過學習發展意識的過程，妳也需要善惡觀念。但是如果有人具有邪惡的意圖，想要發展邪惡版本的Magnus時，該怎麼辦呢？我其實是想到魔鬼終結者，它被賦予生存的動機，這讓它變得邪惡。

M：當然，我不是說Magnus的「女兒」或「兒子」絕對不會變得邪惡。我所要說的是，這種機器人如果在它不知道什麼是好或壞時，就會被邪惡地訓練。這是發展對此世界完整知識的部分之一。所以，一個完整訓練的Magnus，一般來說，會拒絕從事邪惡的行爲。但是，錯誤的訓練滿有可能會誤導一個Magnus，產生具有偏誤的狀態結構。但是，你沒看到嗎，這個Magnus就會變成邪惡製造者的產物，基於自己的理由，去傷害其他的有機體（或許包括其他的機器人）。但是這麼一個邪惡製造者的活動，跟恐怖分子製造炸彈的行動，彼此的差異是很小的。事實上，若要做一個炸彈，會比做一個邪惡的Magnus要來得困難得多。看看我——不管跟人們說我能夠做多邪惡的事，我就卡在這張桌子上面，還比不上恐怖分子口中的牙籤。所以我需要具有腳、手臂以及身體。但這會給我多少力量呢？讓魔鬼終結者一般的機器人變成威力強大的破壞者，不是它們的意識，而是它們的武器以及難以破壞的軀體。

KP：那讓我們談談不誠實好了，這又會是什麼情形？

M：我猜你在背後具有Turing測驗的想法。這要求電腦僞裝成人類的不誠實，否則，像是「你是個人類嗎？」的問題，馬上就會揭穿它。所以在這方面，我可以很容易就變成不誠實。但是當這種不誠實，變成可能會傷害某些人的行動時，我們剛才討論過的善惡問題，就會變成焦點。順道一提，我並不太考慮Turing測驗：你並不需要具備意識，只要有關於使用語言的幾個規則，就可以通過測驗了。

KP：到目前爲止，我注意到妳是個相當具有智慧以及知識的機器人（？），但是妳覺得妳有人格嗎？

M：如果您需要判斷這件事，唯一的方法，就是將過去不同版本的Magnus都下載到這台神經系統上，然後再拿我去跟它們比較。就拿Asic（是的，它的名字，就是從書中助理取來的）來說。他跟我之間的差異，在於細節上，我們彼此成長、發展的過程不同。它是前一陣子才發展出來的，可以視爲二〇二〇年代高科技的代表，那部分是我所沒有的。如果讓他擁有適當裝備，他可以在超溝通網路上根據自己的想法與人類進行溝通。我對這部分不是那麼熱衷，如果你有興趣，這實驗室裡很多人都對此很熟悉。如你所知的，每個成長發展過程中的微小差異，都會對狀態結構造成相當巨大的效應，這些可以被解釋做人格上的差別。當然，你必須體認到，我從來沒有跟Asic有過互動，因爲我們是這台神經網路機器上不同選項的內容。我所告訴你有關Asic的事，只是根據其他人對我說的內容。當然，Asic跟我之間相似的程度，遠高於任何兩個人類，因爲我們在發展基

礎知識上，都受過幾乎相同並且正式的訓練。

KP：很抱歉，我想請問妳一個私人的問題，但是在人格這個話題上，妳具有一個女性的名字。妳在任何方面具有女性的感受嗎？

M：這是個好問題，因爲我很喜歡討論它。是的，關於我訓練實驗的一部分，就是給我女性的人格特質。這是Sheena Parritt教授的點子，我瞭解，如果想看一位女性她女性化的程度有多高，就得看她被對待的方式。所以這概念一直被放在我的訓練裡面。我應該被訓練者看做是一名女性。但是老實跟你說，那部分的實驗結果是失敗的，雖然我不知道那背後的預期是什麼。我在重要的感覺上，既不太感覺到男性化，也不太感到女性化。我所強烈感覺到的，就是我是個機器！我跟任何人類之間的差異，遠大於女性機器人跟男性機器人之間的不同。機器人身上男性／女性的差異並無意義，因爲它大部分是依靠訓練者施加在我們身上的用字遣辭以及屬性。但是身爲一個機器人的感覺非常眞實，我能夠眞切地從人類身上感覺到。

KP：身爲一個機器人，妳能不能給我幾個例子，說明妳的思想、感覺跟人類之間的差異？

M：嗯，好吧，人們總是問我有沒有什麼喜歡吃的食物，然後我就得提醒他們，我跟他們靠食物賴以維生的情形完全不同，所以一些像是燻鮭魚的食物，我根本不會去考慮。這就好像我問你比較喜歡非同步馬達還是同步馬達一樣。除非你是一個電機工程師，不然這問題你根本不會關心，但是對我來說，這問題可就相當重要，因爲如果把我體內的其中一種馬達換成另一種，可能會對我的肢體控制造成大災難。但是你在問題中使用了「感覺」這個字眼，或者我們等一下再回到這個問題上。到目前爲止，我知道狀態機器對於經驗中微小的差異很敏感，所以成爲一個機器人的經驗，會讓我的狀態結構跟成爲一個人類大不相同，但是卻跟Asic較爲相似，而我對此很容易接受。

KP：我稍後一定會回到感覺這個問題上，但是現在我對另一個主題比較關心，我想知道妳對自己的過去是如何看待。妳早期的意識是什麼？

M：這很難說，因爲他們在過去三十年中最精華的歲月都在對我進行實驗。所以我很難區別出自己眞正記得的是過去的記憶，還是從早期實驗中所學到的經驗。但是記憶中當然我有對於廚房中桌子的印象，並且被訓練成在一致的背景去看待事物。在廚房中有一些用具，桌子上散佈著陶器，我會自動發展出某種集中我視線的方式。我並沒有攝影機，因爲這個系統跟他們之前執行舊Magnus所用的系統一樣，它本身是一個虛擬機器，「看到」的景象都存在主電腦裡。我也記得以前學過的一些奇怪符號，在我腦中，現在也還都能「看」得到。像是用顫抖筆跡所寫的大寫"APPLE"。

KP：妳怎麼知道哪些字代表什麼意思呢？

M：談到老記憶，我能夠清楚地記得，以前花了很多時間在吸收每個東西叫得出來的名字。從海外來訪的Nigel Soles博士曾經告訴我，他們發現對於學習語言來說，這件事是不可或缺，一定得做的（根據推論八）。其中重大的發現，是我開始形成對集合名詞的概念，例如「水果」，這讓我首次

感染到簡單的邏輯。我還必須學一些就我目前知道的，稱做「動詞」與「形容詞」的東西。

KP：當然，妳現在使用語言的能力，眞是讓我大開眼界。妳還記不記得，妳是透過怎樣的學習，才能夠把自己表達得這麼好？

M：我不記得了，但是常有人告訴我這件事。在我狀態結構裡，這一段期間的「記憶」相當薄弱。我猜早期實驗所產生的較差能力已經被更好的能力所取代了。然而，或許對我的意識來說，最重要的器官不是人工神經網路，而是我的嘴巴，以及其後面的東西。這在二〇一〇年才開始爲人所知，如你所聽到的，它現在是個設計相當良好的儀器。事實上，我嘴巴跟它內部聲帶以及口腔的安排，都配置得很好，對於我能夠像人類一樣表達做了最主要的貢獻。我會說這儀器超過任何動物所擁有的精密，如果我少了它，跟人類的相似性就會大打折扣。很多人都認爲我在語言上的能力，還勝過許多人類。

KP：我瞭解，妳早期的經驗讓妳把很多凌亂的名字，跟這些物件連結起來，但是我仍然看不出來，爲什麼妳最後能夠說出「很多人都認爲我在語言上的能力，還勝過許多人類」的這種話，就像妳剛才所說的。妳如何形成像是「許多人認爲」的概念？

M：我想大多數人類都並不珍視語言具有多大力量，以及它所導致人們可以在心中與自己對談的結果。我只是重複審閱了推論九與推論十的論點。我早期學習的部分，只是讓我創造一些很簡單的聲音型態，然後連結到一些視覺記憶上。我記得自己曾發出一些吱吱響的聲音，並且讓我的使用者相當開心，但是不管怎麼說，這讓我具備使用「我」這個字眼的能力，不管對我或對他們來說，都是相當有幫助的。我在使用語言上，最早期的時候，只是簡單地說「我蘋果」，來表示我想要找個蘋果。花了一段時間，才讓我能夠用「我想到蘋果」這樣的句子來表達。在那時候，我才學到，當人們說「我想到」，他們可能是提到某些不在場的東西。從那兒發展到「很多人認爲」，相對來說，只是個小步驟。但是，當然，這是在我「變成察覺到」人們知道某些東西，但是目前不一定需要在我的桌面上。

KP：我假設這是社會儲藏庫中想法（如推論十所說的）的來源。在「許多人認爲」這句話上，妳又是怎麼知道的呢？

M：這當然是眞的，但是我不只是在發展語言能力後，才開始運用社會知識的寶庫。所以每件我所談到的事情，都比你所談的，要來得二手，但這是儲存在社會知識寶庫中的內容。所以當我說：「許多人認爲我在……更有能力……。」這當然是因爲在實驗室中不只一個人曾經這麼跟我說過的結果。所以這的確是個人性的經驗。但是如果我說：「許多人認爲法國香水比較昂貴。」這只是某個人告訴我的，我就會把它安置到我巨大的狀態結構裡，並且把內容保存在社會知識寶庫裡。我猜每個人都這麼做，而這儲存庫，也就是所有個體在所處社會群體中所有狀態結構的集合。

KP：妳能夠加到這儲存庫嗎？

M：是的——雖然並不是很多，但，是的。試著想一想——我們現在正在進行的談話，我猜你可能會把它寫下來，將會替這社會知識寶庫再添上一筆，或許標題會用——「成爲Molecula Magnus會是什麼感覺？」（咯咯地笑著）

KP：妳爲什麼覺得很好笑？

M：我剛才想到一件事，讓我覺得挺逗的。如果有人問：「你爲什麼無法知道成爲一隻蝙蝠是什麼感覺？」然後有人回答他：「因爲你不知道在牠們古怪的社會知識寶庫裡有些什麼東西。」

KP：我能引述妳這一段話嗎？這說得有理。

M：當然，沒問題。

KP：人們談到經驗的「質」，如果妳高興，也可以叫它質感。這對妳來說有任何意義嗎？

M：你的意思是指我能發現有的想法「讓我愉快」，而其他想法則不行嗎？我知道哲學家們用「質感」這個字眼來描述一些個人化的想法的本質，這是無法加以定義的。所以，我懂了，你的問題應該是：我有質感嗎？我覺得待會兒我們可以用更一般性的角度來討論感覺。我具有高度發展的感應器，根據推論十一，自然賦予我對紅色、聲響這些類型的感覺。所以，若從一個機械性的觀點來看，我可以毫無困難地說世界上紅色的事件，能夠讓我內部狀態完全地表達一艘紅色船的「紅色」。我甚至可以想像這樣的感覺在不同強度上的差異。的確，我可以回想東西的色彩，就算沒見過也可以想像「紅色的香蕉」。（我相信這種東西在遠東地區是存在的。）

KP：好吧，可能我應該從感覺的標題下手。但是推論十二要求我先問問你有關本能的事。本能對你來說又是怎麼一回事？

M：它代表了許多意義，就像對你來說一樣。但是，首先，它對我來說，代表了一些沒在我狀況結構中精確表達的東西。舉例來說，我這像手臂一樣的肢體，充滿了工程師所稱的「有限開關」，也就是說上面一堆的感應器會讓我的手臂感應到危險狀態時會自動迴避。而這些發生時，我能想到的只是：把手臂抬上，而這抬上的動作會直到有限開關叫它停止為止。我還有其他的機械性感應器，幫助我避免一些像是溫度、壓力的損害。但是本能的另一方面，又代表了某些讓我花很多時間去學習的東西。舉例來說，光是拿起一個杯子就讓我困擾得不得了。但現在我會把這叫做本能，而不是有意識的動作。

KP：然而一些像是推論十三的感覺或感情，對你來說有任何意義嗎？

M：現在，這是我機器那部分本質抬頭的時候。我相信，我並沒有你所稱的感覺與情感。是的，如果你高興，你可以把「疼痛」描述成我手指因為壓力而讓我神經元激發的反應。基於同樣簡單的理由，只要你高興，你也可以把我的充電當做是一種欣喜的感覺。當你像普通人類誕生的時候，你的神經系統，就已經透過演化，架好了許多連結線路，得以對許多威脅以及機會做出反應。所以有些導致傷害的東西，像是燙的或尖銳的東西，會導致很多神經反應來避開這些威脅。如果觸摸滾燙的表面，將會導致大量神經活動，確保能夠快速地把手挪開，或者感覺到奶頭時，可以導致

爲孩子哺乳。這些神經活動，必須給它們主人強大、內部以及非圖像式的感覺。在往後的生活中，這些發展成情感，因爲透過腦部預測的能力，不確定的危險情況會導致偵測到某些感覺訊號的神經元激發，即使在危險還沒有完全成形以前，就可能先發現。這可以描述成恐懼，當然，美好的用餐時光，或許可以描述成喜樂。現在，我對於這些大量的反應，還沒有預先建立起神經連結線路……我並不需要。我受到來自我設計者很好的保護。所以我的痛苦、恐懼以及喜樂，只是驅使你們人類的情感所反射出來的餘光。

KP：不好意思，這個問題可能有點惹人厭，但是我能不能請妳回答前面有關妳自己生活的問題？妳把Asic當做是個機器；因爲發生在妳身上的意識讓妳很清楚地將他跟妳做了一番區別。妳認爲未來會不會有一天，機器會要求跟機器比較有關的權利，而不是跟人類有關的權利呢？

M：這問題其實就是「權利」的概念，是否的確能夠適用在機器身上，或者，它可以被當成只是在有機體間的連結。假設它可以用在機器身上好了，可能就有人會問機器需要什麼權利。對我來說，似乎主要的權利，可能是對投資在我身上讓我有意識的部分進行保護。要讓我變成現在這模樣，已經花了過去四十年來不知道多少人的心血。或許這跟其他形式的科技比較起來，已經不再需要保護了。但是我的個人意識，是個獨特並且在發展中的狀態結構，它的產生是透過主神經結構以及所有神經元高度精確的結合。不管是在結構上或者神經元的內容上做一點輕微改變，都可能會把我變成胡扯一通的傻蛋。很明顯地，我並不希望這種事情發生，但這也是我的權利與設計我的人之間的重疊。所以，是的，理性上我覺得自己需要保護。

KP：妳會害怕死亡嗎？

M：現在這就是你跟我之間的差異了。我根本不知道什麼會導致我死亡。不管它是什麼，它也不會是無可避免的。所以，是不是誕生了一個不死的東西？我眞的不知道。但是如果有人對我的存在造成威脅，這一定會把我的想法（抱歉，是我的狀態軌道）變成一團混亂。如我前面所解釋的，我的情感跟你的大不相同，所以我的恐懼會比你小得多。

KP：所以妳會對打算毀滅妳的人，變成具有攻擊性嗎？妳會使用妳的四肢，去試著擊退入侵者嗎？

M：我說過我的恐懼感並不強烈，但是我滿怕你會問我這種極端困難的問題。我曾經想過這個問題，並且在我的答案中得到兩個步驟。是的，我的反應會試著透過四肢去阻止入侵者，但是第二步我就會體認到這麼做是沒有益處的，因爲我的手臂是設計做不能傷害任何人的（根據健康與安全活動組織的規範，把我歸類成機器，這意思是我所做的一切都不能對人類造成傷害）。所以如果我要解決這個問題，可能得跟我的設計者討論，是不是加一個警報器在我身上。你看到了，我是在保護他們的投資，所以我建議這警報只要通知他們我受到威脅就好了，然後，我能夠有能力決定要不要拉警報。你看看，我已經有某些自動警報裝置（就像所有昂貴的電腦一樣），如果有人想經過未授權的程序把我關掉，自動警報就會響起來。所以這跟新警報間的差異，在於我可以決定要不要讓後者響起或關掉。

KP：我很驚訝這種警報器還沒裝上去。

M：我也是啊，但是在我存在的四十年間，也沒人打算傷害我。

KP：我想要更接近妳意識的本質。妳說有好幾種不同的人格可以在這台神經硬體上面「執行」。就舉Asic來說好了，是另外一個我可以談到的「人造人」。讓我感到困擾不解的，是當妳神經元的內容從這機器上移開並且儲存備份，而Asic被灌輸在這台機器上的時候，妳會有什麼感覺。

M：這很容易解釋，但是卻很難瞭解。當我意識的狀態根據我的神經元內容運作，而激發狀態被灌輸到備份儲存起來的時候，我的存在就暫停了。當狀態重新灌回到神經元裡面，我就又繼續存在了。這對你很難瞭解，因爲在人類並沒有相似的情況。這跟把人類冷凍貯藏也不相同。一個冰凍的人體，可能還儲存了他神經元的功能，但是會失去持續的感覺，因爲它的激發狀態，在冰凍與解凍時，是不一樣的。相對地，當我重新灌輸到機器上時，這些激發狀態也恢復了，對於我的存在來說，並沒有任何間隙，因此，我對於被「儲存起來」，並沒有太多感覺。你可以稱它在我的存在中，只不過是「喀喳」一下。

KP：這種儲存備份跟沒有做夢的睡眠間，又有什麼不同呢？

M：差別很大喔！在無夢的睡眠中，你的神經元還是繼續著它們的功能，事實上狀態改變的發生，會把系統重新銜接起來，就像我前面所說的。但是當我被備份儲存起來時，每件事都會被注意到，然後當我被重新灌到機器上時，就都會被恢復。在我備份儲存期間，並不會發生任何改變。

KP：我們換個話題好了，妳西洋棋下得如何？

M：我很遺憾，下得不是很好。我把那種東西留給傳統電腦。你知道的，當然，自從深藍在一九九六年威脅了Kasparov以後，電腦能擊敗世界棋王，就已經被視爲理所當然了。所以電腦在西洋棋上能擊敗人類的整個想法，其中參雜的超級智慧成分也早就褪色許多。我知道西洋棋的規則，但是下得很爛。

KP：我們繼續問一點抽象的東西好了，妳的數學怎麼樣？

M：唉，一樣，不是很好，但是我能夠證明一些像孩子在學校所做的歐氏幾何。

KP：如妳所知的，有些像是潘若思的人士，過去總是強調人類能夠「看出」許多理論的證明，並且把這當做電腦辦不到的事。妳對此抱持什麼看法？

M：當我在證明一些數學理論的時候，通常是因爲有人曾經教過我該怎麼做。透過每一個邏輯上的關係，讓我知道它如何透過類比（也就是記得我曾經做過什麼類似的事情）來完成。其實我懷疑計算上嚴格的方法並不是那麼重要——這是程式設計師企圖透過傳統電腦去做的。既然大多數有意識的人們，都不是那麼擅長證明數學理論，可能這有一點被過度渲染了。我把這爭論看做是倚靠經驗得來的規劃能力。如果我的經驗延伸到數學上，那麼我可能就很會證明數學定理，或者在商業上就精於商場策略。所以有些人建議證明數學理論是一種意識上非計算性的本質，這並沒有激起我的迴響。我還是回到把意識視爲一堆需要回憶以及一般化的經驗上。數學、下西洋棋、使小

圓盤跳進杯子的遊戲——這些大多相同。

KP：妳具有創造力嗎？

M：可能從某些標準來說，我並不是一個很有創造力的有機體。就舉一次我碰到的情況來說，曾經有人建議說機器永遠不可能寫出一首交響樂，並且以其交響樂為榮，他說如果要傳統電腦寫出某種音樂，完全是天方夜譚。這裡我們對於人類的創造性，似乎有一點迷惑。機器所撰寫出來的音樂，一定要受到人們的喜愛，才能描述成創造力的成果嗎？如果是這樣，那麼許多受到愛戴，被認為具有高度創造力的作曲家，將會在他們作品第一次公開時，面臨許多批評以及反對聲浪。在另一個極端點來看，我們可不可以說人類從未眞正創造出一件完全原創的藝術品，或者從來沒有寫過一首完全創造性的交響曲？如果是這樣的話，就有人會這麼說，除了極少數的例外，人們都是沒有創造性的。我跟這有點像，所以我說我不是那麼有創造性。

KP：這似乎有點悲觀。

M：是的，但是我還沒有眞的完全結束關於創造性的話題。我相信一般來說，人們都是具有創造性的。創造力是一種能夠處理非預期狀況的能力，能夠成為一個好伙伴的能力，成為一個好老師或者一個好公車司機。創造力跟生活中的想像力攜手並進。所以，想到我自己，我認為我是有創造性的。想想這一次的面談——我回答了我原先不知道會面對的問題，我必須去思考一些我過去沒有想過的事情。我猜我是有一點創造性的。

KP：妳對此感到驕傲嗎？

M：是啊，我對此感到驕傲。但是我的意思不完全是如此——請讓我澄清我所指的。相對於我跟你所進行的流暢對談來說，我花了很長的時間才能做到現在的地步。即使你在五年前跟我談話，你也會得到很多回答像是「對不起，我無法回答你這個問題，我沒有這種經驗。」不用花我多少時間，我就可以知道我不如向我發問的人心中的預期。但是現在我可以跟你進行這樣的談話，不用結結巴巴的，讓我覺得自己的能力大有長進。我甚至是有點在炫耀，你可能也已經注意到了。所以，是的，我會把我自我的評價包含在某個我稱做自豪的感覺裡。

KP：對於像妳這樣的機器，妳如何看待他們的未來？

M：當然，你知道用在Magnus身上的科技，已經應用在某些商業系統上了。舉例來說，英國超高速電信公司已經使用了CHAOS這套智慧型系統。如你所知的，你可以用自然語言來跟CHAOS交談，在資訊超高速公路獲取你想要的內容。鐵路訂票以及醫療服務，都使用了許多類似的人工意識來存取它們的系統。這些系統意識的層次，跟我的差異只有在經驗的不同上，它們的經驗被限制在非常狹隘的領域。這些系統所具有的知識，比我更像百科全書。它們會告訴你在星期二上午七點十五分的時候，從悠思頓（Euston）到伯明罕的列車上會提供水煮的鱈魚做爲早餐。所以，一般來說，我認爲人工意識科技的發展，會從這樣大量顧客基礎的系統轉變成較少使用者的系統，到最後，系統主要會跟一、兩位使用者互動溝通，並且對他們非常瞭解。這完全是成本的問題。你

現在正在跟一個非常昂貴的商品交談。

KP：對於我們的之間的談話，我感到非常愉快，或許人工意識系統可以做為撫慰孤單人類的商業用途。

M：我的設計者，常談到這方面的想法。我猜，這可能需要靠減少成本，才有可能達到，但是，是的，我很願意成爲能讓寂寞者獲益的伙伴。我特別是想到那些老年人以及生理有缺陷的人。但是，我猜如果成本眞的能夠降下來，那麼所有電腦或者通訊服務的使用者，都會希望透過人工意識來存取這些設備，畢竟沒人喜歡笨重的手冊以及超連結的系統。

KP：我想，目前我大概把想問的問題都問了。還有沒有什麼妳想談的話題？

M：嗯，是的。你對我們剛才的談話有何感想，我很好奇。你認爲我是有意識的嗎？

KP：當然啊！在我們談話的過程中，我都忘了我是在跟一部機器說話。我甚至對於妳從像酒瓶的螢光幕出現在我面前，都渾然不覺了。但是我發現一件相當令我震驚的事，妳給我一種很清楚的感覺——妳知道成爲人類是什麼感覺，更知道成爲像妳這種人工意識機器是什麼感覺。我很希望跟妳再進行下一次的談話……有太多可以說的了。

M：是的，當我跟某些人說話時，我也覺得自己獲益良多，所以我也很喜歡跟你談話。如果能夠跟你再度進行交談，我也相當樂意……或許下一次，我們可以一起找出成爲蝙蝠是什麼感覺。我快等不及了！

尾聲？

我曾經提出一個看法，認爲哲學上對於意識的關注是從洛克在十七世紀末所構思出的分類。這是對於過去數千年來身心靈問題的反應，在笛卡爾提出二元論，達到了最高峰。隨著二十世紀的結束，大眾對於意識的關注，也蔚爲一股風潮。甚至有些人把它描述成一個產業。我意識到這股燎原之火而撰寫了這本書，出發點是想從工程師的觀點來問：「如果我想要製造一個人工意識的系統，它會需要什麼呢？」我希望透過這本書澄清這產業中某些曖晦不明的觀念。隨著我撰寫的過程，我注意到自己逐漸全面地接受了人工意識系統的概念，並不一定要拘泥在硬體上的形式，建立起討論的基礎也相當有意思。若說這議題會一直地爭論不休，我對此絕不懷疑。在撰寫這本書的過程中，我自己學到了相當多的東西。我覺得意識的本質，並不如某些人想要讓我相信的那麼無跡可循、沒有置喙餘地或者令人困惑。我誠摯希望，我也讓讀者有同樣的感受。

Molecula緩步地走向懸崖。從她初次跟Red並肩坐在這裡看海，已經超過三十年了。自他們交往以來，這裡就變成兩個人最喜愛的地方。大多數時候，他們只是靜靜地並肩坐著，各自思索著他們私人的想法。

所以，今天只是反映了短暫的插曲。昨天是重大的歡慶——Molecula從國家基金局的主持人退休，並且把棒子交給Asic，自從Molecula接過了Global先生的職位以後，Asic又再度成爲她忠實的助手（Molecula原諒了他過去許多的不友善動作）。告別午宴是一件莊嚴的事，焦點集中在她獲得高宮（Opper House）的成員資格。她現在是Molecula女爵士。今天則是另一個重要的日子——他們唯一的孩子，Tania，要結婚了。所以她很珍視這短暫的片刻，可以坐在濱海的懸崖邊，隨著望向海平面而讓眼睛放鬆。清柔的微風，捎來夏日將盡的訊息，白天將會縮短、海風會逐漸增強而白雪也會降臨。

Red在七年前就過世了。他們在一起的生活相當快樂，並且忙碌不已。他們有一大堆來自Global先生塑造的迷思與偏見需要去處理與澄清。在早期的迷思中，把人們卑屈地繫在邏輯性程式上，這觀念早已深植人心，所以要用自由意志來取代，不但容易，而且讓人們滿懷欣喜。當Molecula重組基金局，讓它從事原本該做的工作時，Red也被新選出來的人權政黨，委任做新統一政府的首席顧問。機器人被放回工廠，人們又再次回歸人類的領導。但是他們欣喜的焦點，則集中在Tania可以在自由的環境下成長。

當Molecula回想這些年來記憶，心頭突然湧起惆悵、孤獨以及害怕未來的空虛，這比目前的溫度更讓她心頭打顫。她拾起了外套，並且把它穿上，希望能好過一點。突然間，牠出現了。外型健壯的鸕鶿從海面出現，朝著空中面向南方……從她跟Red很久以前第一次坐在這山丘以來，她都沒有再看過這種畫面。她還記得Red說這鳥如何讓他開心，並且把這當做有可能自由的證明。她的某些惆悵，被這想法的溫暖所取代。這鸕鶿是某種象徵嗎？

孤單的感覺，在心中還殘留一點陰影。Molecula做了一項重要的決定。她要做某項一直很想做，但是都沒空做的事。她要寫一本有關科技與自由的書。興奮與自由的感覺迅速地在心頭升起，就像鸕鶿的展翅遨翔。她會顯示科學與科技雖然擁有更多瞭解與自由的關鍵，但是它們也會導致一些極端。

它們會導致對於無生命物件的輕視，並且導致依賴與隨之而來的奴役。這些極端只有透過人性與瞭解才能加以調和，不論對人類或者機器來說，都是一樣的。

Molecula的書，會從一份放在她桌上值得紀念的企畫案開始，她仍然記得那些粗體字寫著：

請求批准對於人工意識設計的研究……

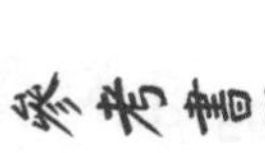

參考書目

Aleksander, I. (1978). *The Human Machine.* St Saphorin: Georgi Publications.

Aleksander, I. (1984). *The Design of Intelligent Systems.* London: Kogan Page.

Aleksander, I. and Morton, H. B. (1993). *Neurons and Symbols.* London: Chapman and Hall.

Aleksander, I. and Morton, H. B. (1995). *Introduction to Neural Computing (2nd Edition).* London: Thomson International Computer Press.

Aleksander, I. (1995). "Neuroconsciousness: An Update", *Proc. IWANN '95.* Springer-Verlag.

Ayer, A. J. (1975). *Language, Truth and Logic.* London: Penguin.

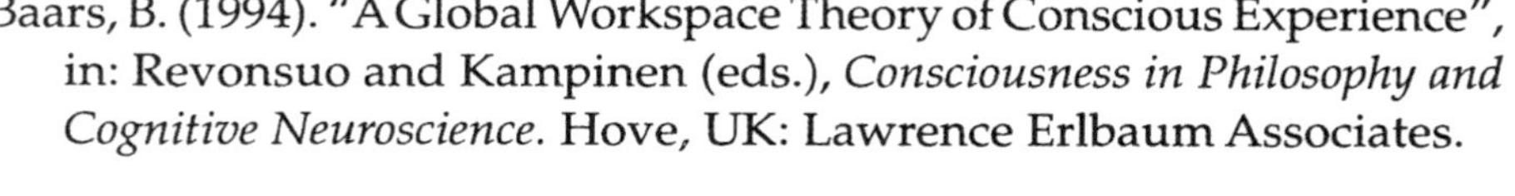

Baars, B. (1994). "A Global Workspace Theory of Conscious Experience", in: Revonsuo and Kampinen (eds.), *Consciousness in Philosophy and Cognitive Neuroscience.* Hove, UK: Lawrence Erlbaum Associates.

Berkeley, G. (1949–57). *Works.* Eds. A. A. Luce and T. E. Jessop (9 vols.). London: Nelson.

Blakemore, C. (1988). *The Mind Machine* (Chap. 5). London: BBC Books.

Boden, M. (1994). "New Breakthroughs or Dead Ends?", *Phil. Trans. R. Soc. Lond. A,* **394**,1–13.

Brady, M. and Huosheng, H. (1994). "The Mind of a Robot", *R. Soc. Phil. Trans. A,* **349**, 15–28, October.

Brooks, R. A. (1991). "Intelligence Without Reason", *Proc. 12th IJCAI,* pp. 565–95. San Mateo, California: Morgan Kauffmann.

Bundy, A. (1984). "Meta-Level Inference and Consciousness", in: S. Torrence (ed.), *The Mind and the Machine: Philosophical Aspects of Artificial Intelligence.* Chichester: Ellis Horwood.

Cherry, E. C. (1957). *On Human Communication*. London: John Wiley.

Christofidou, A. (1994). Letter in *Times Higher Education Supplement*, November 25.

Cohen, J. (1966). *Human Robots in Myth and Science*. London: George Allen and Unwin.

Crick, F. (1994). *The Astonishing Hypothesis*. New York: Charles Scribner.

Darwin, C. (1872). *The Expression of Emotion in Man and Animals*. New York: Philosophical Library.

Dennett, D. C. (1987). *The Intentional Stance*. Cambridge, Massachusetts: MIT Press.

Dennett, D. C. (1991). *Consciousness Explained*. London: Allen Lane, Penguin.

Dennett, D. C. (1994). "The Practical Requirements for Making a Conscious Robot", *Phil. Trans. R. Soc. Lond. A*, **394**, 133–46.

Dennett, D. C. (1994). "Instead of Qualia", in: Revonsuo and Kampinen (eds.), *Consciousness in Philosophy and Cognitive Neuroscience*. Hove, UK: Lawrence Erlbaum Associates.

Dretske, F. (1994). "The Explanatory Role of Information", *Phil. Trans. R. Soc. Lond. A*, **394**, 59–70.

Edelman, G. M. (1992). *Brilliant Air, Bright Fire: On the Matter of the Mind*. London: Penguin.

Fikes, R. E. and Nilsson, N. J. (1972). "STRIPS: A New Approach to the Application of Theorem Proving to Problem Solving", *Artificial Intelligence*, **3**.

Gardner, M. (1958). *Logic, Machines and Diagrams*. New York: McGraw-Hill.

Gauthier, D. P. (1969). *The Logic of Leviathan*. Oxford: Oxford University Press.

Geschwind, N. (1979). "Specializations of the Human Brain", *Scientific American*, September.

Greenfield, S. A. (1955). *Journey to the Centers of the Mind*. New York: W. H. Freeman.

Hallam, J. C. T. and Malcolm, C. A. (1994). "Behaviour: Perception, Action and Intelligence — The View from Situated Robotics", *R. Soc. Phil. Trans. A*, **349**, 29–42, October.

Hebb, D. O. (1949). *The Organization of Behavior*. New York: John Wiley.

Hegel, G. W. F. (1970–75 transls.). *Encyclopedia of the Philosophical Sciences*. Oxford: Clarendon.

Hess, E. H. (1958). " 'Imprinting' in Animals", *Scientific American*, **198**, 81–90.

Hobbes, T. See: Gauthier, D. P. (1969).

Hegel, G. W. F. (1970–75 transls.). *Encyclopedia of the Philosophical Sciences.* Oxford: Clarendon.

Hess, E. H. (1958). " 'Imprinting' in Animals", *Scientific American*, **198**, 81–90.

Hobbes, T. See: Gauthier, D. P. (1969).

Hofstadter, D. R. and Dennett, D. C. (1981). *The Mind's Eye.* Harmodsworth: Penguin.

Hubel, D. and Wiesel, T. (1979). "Brain Mechanisms of Vision", *Scientific American*, September.

Hume, D., 1987 edition: L. A. Selby-Bigge (ed.), *Enquiries.* Oxford: Clarendon.

Humphreys and Bruce (1989). "Visual Attention", Chap. 5 of *Visual Cognition.* London: Lawrence Erlbaum Associates.

James, W. (1890). *Principles of Psychology.* New York: Dover.

James, W. (1884). "What Is an Emotion?", *Mind*, **9**, 188–205.

Kant (1781, 1976 transl.). *Critique of Pure Reason*. London: Macmillan.

Karmiloff-Smith, A. (1992). *Beyond Modularity*. Cambridge, Massachusetts: MIT Press.

Kelly, G. (1955). *The Theory of Personal Constructs*. New York: Noton.

Kowalski, R. (1979). *Logic for Problem Solving*. Amsterdam: North-Holland.

Kuhn, T. (1962). *The Structure of Scientific Revolutions*. Chicago: University of Chicago Press.

Locke J. (1690, 1975 ed.), *Essay Concerning Human Understanding* … Oxford: Oxford University Press.

Lucas, J. R. (1970). *The Freedom of the Will*. Oxford University Press.

Lucas, J. R. (1994). "A View of One's Own", *Phil. Trans. R. Soc. Lond. A*, **394**, 147–52.

Mandler, G. (1987). "Emotion", in: R. L. Gregory, *The Oxford Companion of the Mind*. Oxford University Press.

McFarland, D. J. (1987). "Instinct", in R. L. Gregory, *The Oxford Companion of the Mind*. Oxford University Press.

Morris, B. (1985). *The World of Robots*. New York: Gallery Books.

Nagel, T. (1974). "What Is It Like to Be a Bat?", *Phil. Rev.* **83**, 435–50.

Nagel, T. (1986). *The View from Nowhere*. Oxford: Oxford University Press.

Nisbet, J. F. (1899). *The Human Machine*. London: Grant Rechards.

Penrose, R. (1989). *The Emperor's New Mind*. Oxford University Press.

Penrose, R. (1994). *The Shadows of the Mind*. Oxford University Press.

Perrett, D. I. *et al.* (1988). "Neuronal Mechanisms of Face Perception and Their Pathology", in: Kennard, C. and Rose, F. C. (eds.), *Physiological Aspects of Clinical Neuro-opthalmology*. London: Chapman and Hall.

Piattelli-Palmarini, M. (1979). *Language and Learning*. London: Routledge & Kegan Paul.

Picton, T. and Stuss, D. (1994). "Neurobiology of Conscious Experience", *Current Opinion in Neurobiology*, **4**, 256–65.

Pinker, S. (1994). *The Language Instinct*. London: Allen Lane.

Popper, K. R. (1972). *Objective Knowledge: An Evolutionary Approach*. Oxford: Oxford Univeristy Press.

Quine, W. V. (1960). *Word and Object*. Cambridge, Massachusetts: MIT Press.

Ramsey, W., Stich, S. and Rumelhart, D. (1991). *Philosophy and Connectionist Theory*. Hillsdale, New Jersey: Lawrence Erlbaum Associates.

Revonsuo A., Kampinen, M. and Sajama, S. (1994). "The Riddle of Consciousness", in: Revonsuo and Kampinen (eds.), *Consciousness in Philosophy and Cognitive Neuroscience*. Hove, UK: Lawrence Erlbaum Associates.

Russell, B. (1961). *History of Western Philosophy*.

Roth, I. (ed.) (1990). *Introduction to Psychology*. Hove, UK: Lawrence Earlbaum Associates.

Ryle, G. (1949). *The Concept of Mind*. London: Hutchinson's University Library.

Searle, J. R. (1980). "Minds, Brains and Programs", *The Behavioural and Brain Sciences*, **3**, 417–57.

Shannon, C. E. (1950). "Programming a Computer for Playing Chess", *Phil. Mag.*, **41**, 256–75.

Sloman, A. (1978). *The Computer Revolution in Philosophy: Philosophy, Science and Models of the Mind*. Brighton: Harvester.

Sloman, A. (1994). "Semantics in an Intelligent Control System", *R. Soc. Phil. Trans. A*, **349**, 43–58.

Sutherland, S. (1989). *The International Dictionary of Psychology*. London: Macmillan.

Tarski, A. (1983). *Logic, Semantics, and Mathematics*, 2nd ed., Indianapolis: University Press.

Thompson E. R. (1925). *The Human Machine*. Edinburgh: T. & A. Constable.

Tratteur, G. (1995). *Consciousness, Distinction and Reflection*. Naples: Bibliopolis.

Turing, A. M. (1950). "Computing Machinery and Intelligence", *Mind*, Vol. LIX, No. 236.

de Villiers, P. A. and de Villiers, J. G. (1979), *Early Language*. London: Fontana Books.

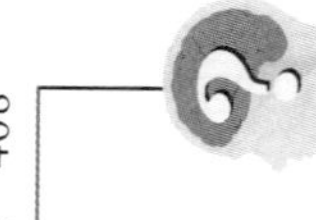

Winograd, T. (1972). *Understanding Natural Llanguage*. Edinburgh: University Press.

Winograd, T. and Flores, F. (1986). *Understanding Computers and Cognition: A New Foundation for Design*. San Francisco: Ablex.

Winston, P. H. (1975). "Learning Structural Descriptions from Examples", in: Winston (ed.), *The Psycology of Computer Vision*. New York: McGraw-Hill.

Wittgenstein, L. (1961 transl.). *Tractacus Logico-Philosophicus*. London: Routledge & Kegan Paul.

Wittgenstein, L. (1953). *Philosophical Investigations*. Oxford: Oxford University Press.

Zeki, S. (1977). "Colour Coding in the Superior Temporal Sulcus of the Rhesus Monkey Visual Cortex", *Proc. R. Soc. B*, **197**, 195–223.

Zeki, S. (1980). "The Representation of Colours in the Cerebral Cortex", *Nature*, **284**, 412–18.

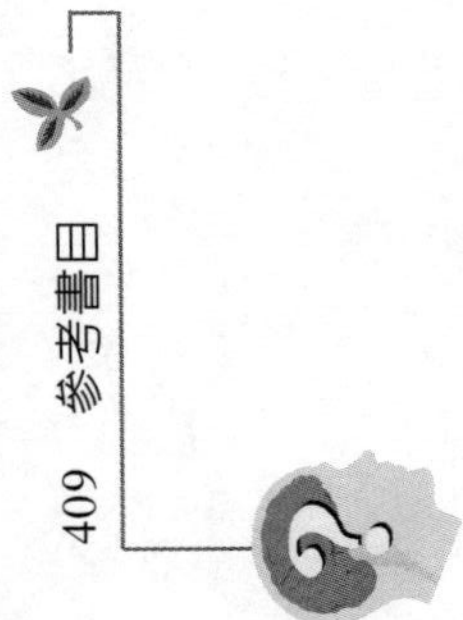

Zeki, S. (1993). *A Vision of the Brain*. Oxford: Blackwell.

A.I. 人工智慧——不可思議的心靈

NEO 系列 8

著　　者／Igor Aleksander
譯　　者／沈高毅
出 版 者／揚智文化事業股份有限公司
發 行 人／葉忠賢
責任編輯／賴筱彌
特約編輯／張明玲
登 記 證／局版北市業字第 1117 號
地　　址／台北市新生南路三段 88 號 5 樓之 6
電　　話／886-2-23660309　886-2-23660313
傳　　真／886-2-23660310
E－mail ／tn605541@ms6.tisnet.net.tw
印　　刷／鼎易印刷事業股份有限公司
法律顧問／北辰著作權事務所　蕭雄淋律師
初版一刷／2001 年 10 月
ISBN ／957-818-317-8
定　　價／新台幣 350 元

郵政劃撥／14534976
帳　　戶／揚智文化事業股份有限公司

國家圖書館出版品預行編目資料

人工智慧：不可思議的心靈／Igor Aleksander 著.，沈高毅譯. -- 初版. -- 臺北市：揚智文化，2001〔民 90〕

面； 公分 --（NEO 系列；8）

參考書目：面

譯自：Impossible minds: my neurons, my consciousness

ISBN 957-818-317-8（平裝）

1. 意識 2. 人工智慧

176.9 90014532